国家出版基金项目
NATIONAL PUBLICATION FOUNDATION

"十三五"国家重点图书出版规划项目

烟台海军学校
纪实

吴峰敏　著

山东画报出版社

济　南

图书在版编目（CIP）数据

烟台海军学校纪实 / 吴峰敏著 .—济南：山东画报出版社，2023.12

（中国近代海军史研究丛书 / 刘震，张军勇主编）

ISBN 978-7-5474-3168-9

Ⅰ . ①烟⋯ Ⅱ . ①吴⋯ Ⅲ . ①海军院校 – 校史 – 烟台 Ⅳ . ①E251.3

中国国家版本馆CIP数据核字(2023)第223223号

YANTAI HAIJUN XUEXIAO JISHI

烟台海军学校纪实

吴峰敏　著

责任编辑　怀志霄
装帧设计　Pallaksch

主管单位　山东出版传媒股份有限公司
出版发行　山东画报出版社
　　　　社　　址　济南市市中区舜耕路517号　邮编　250003
　　　　电　　话　总编室（0531）82098472
　　　　　　　　　市场部（0531）82098479
　　　　网　　址　http://www.hbcbs.com.cn
　　　　电子信箱　hbcb@sdpress.com.cn
印　　刷　山东临沂新华印刷物流集团有限责任公司
规　　格　976毫米×1360毫米　1/32
　　　　　　8.25印张　270千字
版　　次　2023年12月第1版
印　　次　2023年12月第1次印刷
书　　号　ISBN 978-7-5474-3168-9
定　　价　88.00元

如有印装质量问题，请与出版社总编室联系更换。

自　序

　　烟台海军学校是中国近代海军教育史上无法忽视的存在。它创建于清末重振海军的大潮中，致力于扭转甲午之后海军人才断档的状况，在办学的25年间，成为我国海军航海人才最重要的来源。从这里走出的毕业生，活跃在自民国之后海军的历次兴衰起伏之中，及至新中国成立，人民海军初创时，仍有邓兆祥、林遵等一批烟校毕业生毅然起义，投入人民的怀抱，为人民海军的发展做出了重要贡献。能够有机会对烟台海军学校的历史进行较为系统的研究梳理，是我期待已久的愿望。

　　首先，这份期待缘于教学的需要。一次备课中，我偶然看到了萨师俊喋血金口的英勇事迹，海军人抵抗外侮，具有身份和情感上天然的亲近感，出自烟台海军学校，又具有地理上的亲近感，这两个"亲近感"让我的准备在课堂上赢得了学生的热烈回应。这也是我第一次走近烟台海军学校。此后，我陆续在课堂上向学生介绍了烟台海军学校历史上的一些人和事，都取得了令人满意的效果。我意识到，这是一座"富矿"，仅靠这样零敲碎打，并不足以摸清其来龙去脉。只有通过深入的研究，方能在宏阔的视野中更加从容准确地讲述。

　　其次，这份期待也缘于科研的需要。承蒙马骏杰教授不弃，邀请我加入他领衔的海军史研究团队。近年来，按照团队的安排，我做了一些晚清民国海军史料的梳理工作。在这个过程中，烟台海军学校屡屡出现。海军教育的历史是海军史研究的重要组成部分。然而，与同时代其他几所海军学校相比，烟台海军学校的关注度并不高，这与它在近代海军教育发展过程中的地位、作用颇不匹配。

最后，这份期待还缘于情感的需要。我在烟台的海军院校担任教员，我工作的单位就在烟台海军学校旧址附近。不论是从"烟台"这个城市维度，还是从"海军"这个军种维度，抑或是"学校"这个职业维度，我觉得自己开展这项研究都有一种情感上的不可推托。这种强烈的情感因素促使我不揣浅陋，承担了此项工作。

在准备资料的过程中，我逐渐理清了有关烟台海军学校历史的文献概况。第一，档案资料。如《光绪三十三年海军调查表》《海军水师第一次统计表》都提供了比较系统的一手信息。此外，在其他史料档案中也有一鳞半爪，需耐心搜寻。张侠等合编的《清末海军史料》和杨志本主编的《中华民国海军史料》在这方面提供了诸多信息。第二，专研烟台海军学校的著作。有唐宏等前辈所著《烟台海军学校》，这是目下所见唯一一本此类著作，比较完整地勾勒了烟台海军学校的发展脉络，梳理了诸多人物的生平事迹，给我厘定结构带来很大启发。第三，包含烟台海军学校研究内容的著作。包遵彭的《中国海军史》、沈天羽的《海军军官教育一百四十年（1866—2006）》（上）都给予烟台海军学校一定的篇幅，并引入大量一手史料。包遵彭所著对于烟台海军学堂时期的叙述较为详细，而沈天羽所著，因专治海军教育史，阐述更为全面细致，而且图文并茂，有很多珍贵的照片，读史识人之间，自让人对烟台海军学校的历史产生了更为立体的认识。此外，马骏杰的《档案里的中国海军历史》对烟台海军学校历史上"1919年罢课风潮""郭寿生和新海军运动"这两个重要事件，进行了深入研究和全方位阐述，对我廓清相关线索帮助甚大，而书中"赴美接舰""赴英接舰""收复西、南沙群岛"等节，也使我对人物和历史背景有了更加饱满的理解。除了以上著述，海军司令部所编《近代中国海军》、史全生主编《中国近代军事教育史》对烟台海军学校的历史也有所述及。第四，烟台海军学校有关人物的口述和回忆。从校长层面来说，第6任校长佘振兴和第10任校长许秉贤，都对学校历史进行了回顾，尤以许秉贤之回忆更为系统全面，载于《中华民国海军史料》和《旧中国海军秘档》的两篇回忆文章，大致相同但互有补充，许秉贤另有《海军史略》（手稿）一部，叙述更为细致，线索甚为完整。从毕业生层面来说，第16届郭寿生的自传、第1届陈文会、第13届周应聪、第16届郑公德（中途退学）、第18届魏应麟及程法侃的回忆文章都有比较详细的叙述，特别是一些历史细节，对我多有启发。当然，因年代久远，回忆中时有误差，需要通过其他资料的旁证予以辨析。第五，史事日志和史事编年类著作。《海军大事记》、姜鸣的《中国近代海军史事编年（1860—1911）》、苏小东的《中华民国海军史事日志（1921.1—1949.9）》、刘传标的《近代中国海军大事编年》(上、中卷)在写作中给我提供了许多便利，让我得以按图索骥，挖掘更深层次的材料。另外，刘传标的《中国近代海军职官表》，在帮助我理清人物生平线索方面功莫大焉。上述这些档案史料和学界前辈的著述为本书的写作提供了重要参考，使我得以大量借鉴、吸收已经取得的各种学术成果和研究发现。对此，我表示崇高的敬意！

我将本书分为上、下两篇：上篇专述烟台海军学校历史，类似纪事本末体，将学校发展中具有历史意义的重要事件串联在时间轴上；下篇专述烟台海军学校的代表人物，类似纪传体。在传主的选择上，我区分了六个层面：一是对烟校发展产生重要影响的校长（谢葆璋、佘振兴）；二是在抗日战争中英勇殉职的烟校毕业生代表（萨师俊、曾万里）；三是由烟校毕业并且军衔为少将以上的南京国民政府海军高级军官代表（曾以鼎、李世甲、曾国晟）；四是在中国共产党党史上产生重要影响的烟校毕业生代表（郭寿生）；五是受教于烟校但在其他行业做出重要贡献的学生代表（王助）；六是毅然起义加入人民海军并产生重要影响的烟校毕业生代表（邓兆祥、林遵）。

在写作过程中，我力图通过自己的努力，廓清有关烟校历史研究中存疑或不详的问题。例如烟台海军学校初建时校舍具体位置之辨析；学校首批赴日留学生人数之分析；《烟台海军学堂现行章程》部分课程之辨析；学校见习生参加辛亥革命，参与驻宁海军易帜的人员考证和作用分析；利用《申报》对1919年罢课风潮整个过程较为完整地梳理呈现；对第17届学生转入学校的时间考证；对第18届学生具体来源的梳理考证；对学校历任校长任职时间的考证，尤其是对林继荫校长病逝时间的考证，以及由此带来的后续校长任职时间的重新确定；对曾万里入党问题的推断；对毕业生名录中个别学生姓名的考证；梳理了一个较为系统完备的学校大事记，等等。如果说，本书有一些小亮点的话，我愿意将上述内容列入其中。当然，由于本人能力和史料阅读范围所限，书中仍存在诸多缺憾，比如许秉贤作为贯穿烟台海军学校始终之人，我本想为其作一传略，无奈所掌握史料尚嫌不足，只好留待以后条件成熟时，再专文论述。

　　以上，就是我对本书前前后后的一点赘述。希望我的绵薄之力能对烟台海军学校的相关研究有所增益，哪怕是一点点，吾愿足矣。

吴峰敏

于山东烟台

目 录

引言：清末海军的重建

　　1898年1月的一天，英国阿姆斯特朗劳沃克船厂，一场军舰的下水典礼正在举行，即将下水的是一艘当时世界上最先进的穹甲巡洋舰。典礼上，人头攒动，喜气洋洋，军舰威武雄壮，舰首的撞角体现着时代特色。人群中一些中国清朝官员装束的东方面孔，再加上舰首舰尾耀眼醒目的金龙装饰，无不提示着码头上的观礼人员，这是一艘由中国订造的军舰。自甲午年间北洋海军覆没于刘公岛后，有关中国海军的话题似乎早已偃旗息鼓。这艘颇为引人关注的军舰又意味着什么呢？要回答这个问题，还需要从清廷的一道谕旨说起。

　　光绪二十一年四月十七日（1895年5月11日），甲午的硝烟刚刚散去不久，清廷发布上谕："尔诸臣工于所议约章，或以割地为非，或以偿银为辱，或更以速与决战为至计，具见忠勇奋发，果敢有为。然于时局安危得失之所关，皆未能通盘筹划，万一战而再败，为祸更难设想。今和约业已互换，必须颁发照行，昭示大信。凡此已成之局，均不必再行论奏。惟望京外文武大小各员，自今以后，深省愆尤，痛除积弊，咸知练兵筹饷为今日当务之急，切实振兴，一新气象，不可因循废弛，再蹈前辙。"[1] 同时，要求各省将军、督抚针对急迫的时务进行讨论，各自发表意见，"整海军"就是其中的项目之一，从而拉开了清末重建海军的序幕。虽然各省将军、督抚在经历甲午之痛后，对"整海军"的热情并不怎么高涨，但是部分重要官员的发声还是颇具代表性。时任直

---

　　[1] 朱寿朋编，张静庐等校点：《光绪朝东华录》（第四册），中华书局1958年版，第62页。

隶总督兼北洋大臣的王文韶表示："亟宜及时整顿布置，以重海防。"[1]尚未完成交接的前任南洋大臣刘坤一虽然表示"海军宜从缓设复"，但也坦陈"现在东西两洋竞以铁甲兵轮称雄，动辄以此挟制；而我海疆绵延七千余里，独无海军以资捍御，诚不可以为国"，[2]并指出，重建海军既难在巨款难筹，更难在将才难得。虽然刘坤一前后的话语不无矛盾，但是不难看出，对于重建海军的重要性，他还是颇为认可的。尤其值得一提的是代理两江总督兼南洋大臣张之洞，他在光绪二十一年闰五月二十七日的《吁请修备储才折》中详细分析了当时的形势，并阐述了自己对于海军建设的主张："一曰宜亟治海军也。今日御敌大端，惟以海军为第一要务……今日无论如何艰难，总宜复设海军……论今日大势，自以南洋、北洋、闽洋、粤洋各设海军一枝为正办，若限于物力大巨，则南北洋两枝断不可少。"[3]甲午战后，帝国主义纷纷扑向中国，强租军港、霸占海湾，争先恐后地划分势力范围，争夺在华权利，这使得清政府的统治面临十分严重的危机。正如张之洞所言："此次和约，其割地驻兵之害，如猛虎在门，动思吞噬；赔款之害，如人受重伤，气血大损；通商之害，如鸩酒止渴，毒在脏腑。及今力图补救，夜以继日，犹恐失之。若再因循游移，以后大局何堪设想？"[4]因此，重建海军的迫切性不言而喻。但是，其艰巨性也显而易见。第一，经济上捉襟见肘。甲午战败的巨额赔款以及由此而产生的巨额借债，已使清政府拿不出更多的钱来重建海军；第二，造船业基本停顿。江南、马尾、大沽等主要造船厂已基本停滞瘫痪，只能勉强制造小吨位的运船、拖船；第三，海军现状忧患重重。北洋海军已在甲午战中全军覆没，南洋海军始终没有成军，广东、福建海军更是战斗力薄弱。所以，重建海军既迫切，又艰难。清政府就是在这样的低起点上，开始了海军的重建。

海军的重建是从购置军舰开始的。鉴于国内造船工业的实际情况，清政府

---

〔1〕《王文韶奏统筹北洋海防冀渐扩充折》，张侠等编：《清末海军史料》，海洋出版社1982年版，第87页。

〔2〕《刘坤一奏遵议廷臣条陈时务折》，张侠等编：《清末海军史料》，海洋出版社1982年版，第86页。

〔3〕《吁请修备储才折》，《张文襄公全集·奏议三十七》(影印本)，台北文海出版社1963年版，第22—23页。

〔4〕同上，第17—18页。

认为"兴复海军，适于西洋购舰为宜"，于是，一波购舰热潮再次启动。其中，1896年5、6月间，在德国订造了"海容""海筹""海琛"3艘巡洋舰。更为引人关注的是1896年10月，在英国订造了"海天""海圻"2艘巡洋舰，排水量4300吨，功率17000马力，航速24节，武备配有8英寸口径阿姆斯特朗炮2门、4.7英寸口径阿姆斯特朗炮10门、47毫米口径哈乞开司机关炮12门、37毫米口径马克沁机关炮4门、马克沁机枪6门、18英寸口径鱼雷发射管5具。[1]无论航速还是火力，与之前购造的舰船相比，都是当之无愧的佼佼者。这些由英、德建造的军舰，虽较之当年北洋海军"定远""镇远"的吨位还有差距，但是对于海军的重建来说，可谓注射了一针强心剂。我们在开头所描述的，正是当年"海圻"舰下水的情景。上述5艘巡洋舰，再加上购自德国的"海龙""海青""海华""海犀"4艘鱼雷艇，使重建后的北洋海军吨位猛增了18000多吨，虽不可与甲午战前同日而语，但也是初具规模了。1899年4月，清政府任命原"靖远"舰管带叶祖珪为北洋海军统领，原"康济"练船管带萨镇冰为帮统兼"海圻"舰管带。但就在人们对海军的重建大业充满期待时，打击却不期而至。1900年，庚子之乱，八国联军入侵，停泊在天津大沽的"海龙""海犀""海青""海华"4艘鱼雷艇分别被英、法、德、日夺去。更让人感到气愤和不可思议的是，居然有大臣主张将北洋海军的5艘巡洋舰退还给英、德两国，以示中国绝无对外备战之意。在叶祖珪和萨镇冰的据理力争下，军舰得以保全，但是，购置军舰的活动也就此停滞。直到1903年2月，在时任两江总督张之洞的奏请下，为维护南洋兵力，清政府陆续向日本订购了550吨的"江元""江亨""江利""江贞"4艘浅水炮舰，"湖鹏""湖鹗""湖鹰""湖隼"4艘鱼雷艇，以及780吨的"楚泰""楚同""楚豫""楚有""楚观""楚谦"6艘浅水炮舰。到1909年，上述14艘舰艇全数到华，总计排水量5700吨。这批军舰，构成了后来长江舰队的主力。

海军的重建少不了变革体制。甲午战败之后，一些有识之士认识到海军机构重叠、指挥不灵等弊端是重要的败因，于是，在重建海军的过程中，体制的变革就被提上了日程。首先，是南北洋海军的合并。1905年，接任两江总督不久的周馥在与北洋大臣袁世凯会商后，上奏提出："窃查各国水师、陆军，无

---

[1] 陈悦：《清末海军舰船志》，山东画报出版社2012年版，第98—100页。

不号令整齐，联合一气。虽有分合聚散，绝无不可归一将统率之理，亦无两军不能合队之事……查有现统北洋海军广东水师提督叶祖珪，本船政学堂出身，心精力果，资劳最深，拟将南洋各兵舰归并该提督统领。"[1]得到批准后，叶祖珪即在上海高昌庙设立海军临时办事机关，负责统领南北海军，后因其病逝由萨镇冰接任。南北洋海军的合并，使晚清海军在力量薄弱的情况下，集中了机动兵力和实力，也为后来按海军战略使命划分功能奠定了基础。其次，是筹办海军事务处的设立和巡洋、长江舰队的划分。1907年，为从根本上解决中央对全国海军的指挥问题，清政府在陆军部内增设海军处，管理海军政务。一年后，宣统皇帝即位，其父摄政王载沣亲自代理全国海陆军大元帅，并重新提出振兴海军。1909年7月，清政府设立筹办海军事务处，任命贝勒载洵和萨镇冰为筹办海军大臣，拨开办经费七百万两，以后拨发常年经费五百万两。同时，海军事务处将南北洋收归统一，分为巡洋、长江两个舰队，由清政府统一指挥。其中，巡洋舰队负责海防，实力最强，由原北洋海军"广丙"舰管带程璧光担任统领，共有舰艇15艘；长江舰队负责长江河防，由原北洋海军"定远"舰枪炮大副沈寿堃担任统领，共有舰艇17艘。至此，清末海军完成了从江、海防混编到江、海防分组编制的过渡，改变了以往分区域发展海军的战略，对推动海军向近代化迈进具有重要意义。最后，是海军部的设立。1910年12月，清政府"所有筹办海军事务处著改为海军部，设海军大臣一员，副大臣一员"[2]，任命载洵为大臣，原海军事务处参赞谭学衡为副大臣，海军提督萨镇冰统制巡洋、长江舰队。萨镇冰成为近代海军史上第一任海军总司令，司令部设在上海高昌庙。

重建海军离不开培养人才。重建海军不仅要购买舰船装备，理顺体制编制，更重要的是培养大批优秀人才。尤其是甲午海战中，一大批海军精英为国捐躯，直接引发了人才危机。为此，1898年8月，光绪皇帝发布上谕："中国创建水师，历有年所。惟是制胜之道，首在得人。欲求堪任将领之才，必以学堂

---

[1]《两江总督周馥奏南北洋海军联合派员统率折》，张侠等编：《清末海军史料》，海洋出版社1982年版，第90—91页。

[2]《著筹办海军事务处改为海军部谕》，张侠等编：《清末海军史料》，海洋出版社1982年版，第103页。

为根本。应如何增设学额，添制练船，讲求驾驶，谙习风涛，以备异日增购战船，可期统带得力。著南北洋大臣，沿江沿海各将军、督抚，一体实力筹办，妥议具奏。"[1]首先，整顿恢复了一批旧学堂。福州船政学堂、天津水师学堂、江南水师学堂、广东水师学堂陆续恢复招生。其次，创建了一批新的海军学堂。从1903年到1911年，清政府先后设立了烟台海军学校、湖北海军学校和天津北洋医学堂等新的海军学堂。再次，派遣了海外留学生。在发展海军学校的同时，向海外派遣海军留学生的工作也在中断多年后恢复。1896年，福州船政大臣裕禄奏请选派第四批，也是甲午之后的第一批海军留学生，但由于多方面原因，最后只在福州船政学堂挑选了6名学生赴法国留学。进入20世纪后，海军留学生的派遣开始转向日本。据统计，1903年到1911年间，清政府共向日本派遣海军留学生300多人，而同期派往欧洲的不足100人。

除上述三个主要方面外，清政府还在浙江象山建设了新的海军基地；在烟台设立了中国第一支海军陆上部队——海军警卫队；制定了发展海军的七年规划；对海军军官开始授衔，等等。总的来说，清末重建海军的潮流，一是推动了海军的近代化建设进程。比如重建后的海军在体制编制方面实现了统一指挥，设立了更接近西方近代海军中央指挥机构的海军部，实现了指挥、管理的职能化。二是建设了保卫海防的有限力量。甲午战后，由于北洋海军的覆没，中国陷于有海无防的尴尬局面。重建海军，使得清政府重新恢复了口岸防卫，建立起有限的海防力量，在诸如挫败意大利索要浙江三门湾的无理企图，赴南洋、北美慰问华侨等事件中，保卫了国家主权，维护了国际形象。另外，这一时期购置的一些军舰，在此后的辛亥革命、抗日战争中都做出了积极的贡献。三是储备了一批海军人才。在重振海军、发展近代海军教育的过程中，一批有才华的青年人走进海军队伍，并随着海军的近代化步伐相继挑起大梁，为海军的后续发展提供了人才支撑。"沧海横流，方显英雄本色"，作为清政府创立的第一所直属海军部的学校，烟台海军学校正是以其培养的500多名海军人才，在中国海军发展史上占据了一席之地。

---

〔1〕朱寿朋编，张静庐等校点：《光绪朝东华录》（第四册），中华书局1958年版，第141—142页。

上篇

学校历史

近代海军教育的兴起

以创办学堂和派遣留学生为主要内容的近代海军教育于19世纪60年代兴起。其中，由左宗棠、沈葆桢于1866年创办的福州船政学堂开启了近代海军人才培养的先河。

福州船政学堂以培养学生造船技术和驾船技术为目标，分为两个学堂。学造船者入制造学堂，先学习法文，所聘教师多为法国人；学驾船者入驾驶学堂，先学习英文，所聘教师多为英国人。制造学堂又称前学堂，驾驶学堂又称后学堂。用今天的话来说，前学堂就是船舶工程技术学校，后学堂就是海军军官学校。另外，在洋教习的建议下，前学堂还设置了绘事院和艺圃，分别培养能绘制船图、机器图的绘图员和操纵维修机器的技术工人，同样也必须先学法语。

船政学堂的招收对象是"粗通文义"的"聪颖幼童"，也就是智力较好又具有初步文化基础的十余岁少年。由于时人普遍将科举考试视为正途，为了吸引可造之才，船政学堂给予学生每月四两银子的优厚待遇。应考者大多是福建人，有时也从广东、香港一带招生。比如福建船政学堂的优秀毕业生，后来担任"致远"舰管带的邓世昌就是1867年从广东招收入学的。学生入学不但有笔试、口试，还有对身体状况的检查，后学堂对学生视力要求更高一些。

船政学堂的学制为五年，所学课程大致可以分为三类：一是外语；二是自然科学基础；三是专业以及和专业关系较为密切的某些自然学科。无论前学堂还是后学堂，都是将书本知识、课堂讲授和实践相结合。前学堂学生半天在课堂研习功课，半天到船厂学习制作机械。后学堂学生则是学完文化知识后，在练习舰的航海实习中将课堂所学知识加以转化运用和巩固提高。

　　福州船政学堂被誉为"中国海军之始""海军铸才之基",从创办到1913年10月改设"福州海军制造学校""福州海军学校",共毕业学生510名。[1]19世纪70年代中期到90年代末,曾先后四次派遣海军留学生。这些出自船政学堂的毕业生,日后大多成为杰出人才,对中国近代海军建设贡献卓著。

　　除福州船政学堂外,随着海军的日益发展,清政府又陆续创立了多所海军学校。光绪七年(1881),李鸿章创办的天津水师学堂开始招生。因有福州船政学堂的办学经验可资借鉴,再加上李鸿章以其直隶总督兼北洋大臣的显赫地位所予以的强有力扶持,天津水师学堂的办学质量从一开始就处于较高水平。光绪十二年(1886),清政府在北京颐和园昆明湖畔创立了昆明湖水师学堂,专门培养满族海军人才。光绪十三年(1887),两广总督张之洞在原有的"博学馆"的基础上加以改造,创办了水陆师学堂,后在1893年由两广总督李翰章改水陆师学堂为水师学堂。光绪十六年(1890),两江总督曾国荃在南京创建江南水师学堂。同年,李鸿章创办威海卫水师学堂……至甲午战前,海军教育长足发展、卓有成效。

---

　　〔1〕《海军各学校历届毕业生名册》,张侠等编:《清末海军史料》,海洋出版社1982年版,第434—440页。

选址烟台复兴海军教育

甲午一战，中国海军遭遇重创，不但清廷苦心经营多年的北洋海军全军覆没，海军教育也受到了极大的冲击。旅顺鱼雷学堂、威海卫水师学堂、昆明湖水师学堂先后停办解散，教学质量一直比较稳定的天津水师学堂也在义和团运动爆发后毁于列强炮火。至此，北洋已无培养海军军官之所。

国不可一日无防。甲午战后，肩负拱卫京畿重任的北洋仅剩下"康济""建靖"2艘练习舰，"飞霆""飞鹰"2艘驱逐舰，防卫形势不容乐观。朝中一些大臣纷纷就海防问题上奏。直隶总督兼北洋大臣王文韶在光绪二十二年正月十九日（1896年3月2日）的奏折中指出："至海防之利钝，总视水师之强弱。水师任战，陆军任守，奇正互用，庶应变不穷。各国海军每一枝必铁舰二、三艘，快船六、七艘，雷艇十余艘，佐以练运探报各船，力大势盛，始可角逐争锋。"[1]但他同时也承认，"练兵简器，取精用宏，事同草创，非一时所能遽就"，因此，相比较起来，"计惟有整理水师武备各学堂，简选训习，以储将才；严饬各练船认真操巡，以娴兵备；俟财力稍裕，即行渐次扩充"。[2]从王文韶的奏折中不难看出，一方面，他认识到了海军建设，特别是海军装备建设的重要性，另一方面，也颇为顾忌装备建设的耗资巨大，于是转而求长远发展海军教育，为未来储备人才，而装备，则先依托现有资源展开，其余扩充装备事宜还需从长计议。其实，装备建设和人才培养是海军建设的两条重要路径，不

---

［1］《王文韶奏统筹北洋海防冀渐扩充折》，张侠等编：《清末海军史料》，海洋出版社1982年版，第88页。

［2］同上，第89页。

可有所偏废，只有这"两条腿"都迈出去了，海军建设才能走上正规化的可持续发展道路。

事实也是这样。自光绪二十二年（1896）起，为了加强北洋海防，清政府相继从南洋舰队抽调了"开济""镜清""寰泰""南瑞"等4艘巡洋舰（均在1900吨以上），从福建水师抽调了"福靖"号巡洋舰（1030吨）前往北洋驻防。除此之外，清政府还向英、德等国订购战舰，至1900年庚子事变之前，北洋海军已拥有"飞霆""飞鹰"驱逐舰，"海容""海筹""海琛""海天""海圻"巡洋舰，"海龙""海华""海青""海犀"鱼雷艇，"通济""康济"练船等一众舰艇。虽与北洋海军鼎盛时期不可同日而语，但也称得上颇具规模。光绪二十五年三月初八（1899年4月17日）[1]，清政府任命前北洋海军副将叶祖珪为新的北洋海军统领，前北洋海军参将萨镇冰为新的北洋海军帮统领。光绪帝谕令北洋大臣裕禄"督饬叶祖珪等申明赏罚，认真整顿，在北洋海面择地切实操练，于一切驾驶、演放等法，务臻纯熟，以备海战之用，毋得徒饰外观，虚糜饷项"[2]。装备问题解决后，人的问题也提上了议事日程，面对北洋已无培养海军人才之专门机构的现状，复兴海军教育已是迫在眉睫。是另起炉灶新建学校，还是在旧有学校的基础上修补重建？经过慎重考虑，叶祖珪决定重建一所新的北洋海军学校。这一设想，得到了时任直隶总督兼北洋大臣袁世凯（光绪二十七年九月，即1901年11月，袁世凯接任直隶总督兼北洋大臣[3]）的支持。光绪二十八年七月二十日（1902年8月23日），袁世凯派叶祖珪参谋水陆军务，萨镇冰暂行代统北洋海军。叶祖珪责成萨镇冰具体负责筹办新的北洋海军学校的相关事宜。鉴于萨镇冰对创办烟台海军学堂的重要作用，我们有必要对他做一简单介绍。

萨镇冰，字鼎铭，福建侯官（今福州）人。咸丰九年二月二十六日（1859年3月30日）生。他的父亲萨怡臣是个秀才，以教书为生。萨镇冰幼承家学，7岁即读诸子经书，11岁考入福州船政学堂，在后学堂学习驾驶。毕业后，曾任

---

〔1〕姜鸣：《中国近代海军史事编年（1860—1911）》，三联书店2017年版，第577页。

〔2〕《著裕禄督饬叶祖珪等认真整训新购各舰员弁谕》，张侠等编：《清末海军史料》，海洋出版社1982年版，第413页。

〔3〕刘传标编：《近代中国海军大事编年》（上卷），海风出版社2008年版，第529页。

"海东云"轮船二副，后派往"扬武"练习舰见习，曾游历新加坡、小吕宋等地。1877年3月，萨镇冰被派往英国格林尼治皇家海军学院学习，3年后回国，任"澄庆"兵船大副。1882年，调任天津水师学堂教习，后来担任民国大总统的黎元洪即在此期间与其有师生之谊。1886年擢升"威远"兵船管带，翌年改任"康济"练习舰管带，1888年晋升为参将，1894年授副将衔，并补北洋海军精练左营游击。威海卫一役爆发时，萨镇冰奉命守卫日岛炮台。他冒着猛烈的炮火，亲自把守速射炮，直到炮台被毁，才按照提督丁汝昌的指示，撤退到刘公岛。战后，萨镇冰受革职处分，回乡执教。1896年，萨镇冰出任吴淞总炮台官，后任自强军帮统。1899年，升任北洋海军帮统兼"海圻"舰管带（"海圻"舰为当时中国最大的军舰）。1903年，萨镇冰任广东南澳镇总兵官，不久即升任北洋海军统领，1905年擢广东水师提督总理南北洋海军。

萨镇冰受命后，积极在北洋沿海各口考察校址。根据袁世凯的意见，"水师学堂应设在滨海之区"[1]，以便于学习和训练。经过认真考察和综合比较之后，萨镇冰建议选址烟台。烟台海军学校第一届毕业生陈文会在《烟台海军学校的始末》一文中曾言："萨氏在中日战争时，曾充任舰长，亲见山东省文登、荣成二县的水手勇敢能战，发炮命中率较高，而其他省的一般水手有临阵哭泣或躲在舱内不敢外出者，所以选择烟台为海军学校基地。"[2]这种说法曾经被很多人采纳，一些文章也常常加以引用，但如果我们仔细甄别，恐怕真实的原因并非如此。[3]

萨镇冰选址烟台，主要有三大原因：

一是当时北洋地区的实际形势。当年李鸿章发展北洋海军，费大力气经营的是旅顺、威海等处。但自甲午战后，列强掀起了瓜分中国的狂潮，中国沿海口岸多被强占。1898年，沙俄通过《旅大租地条约》及续约，取得了旅顺、大

---

〔1〕《萨镇冰拟具开办水师学堂章程暨开支经费清折详文并批》，甘厚慈辑：《北洋公牍类纂》（二），台北文海出版社1966年版，第985页。

〔2〕陈文会《烟台海军学校的始末》，烟台市政协文史资料研究委员会编《烟台市文史资料》（第二辑），内部刊物，1983年，第70页。

〔3〕萨支辉、萨本仁：《锐舰：海军耆宿萨镇冰传》，天津人民出版社2010年版，第104页："萨镇冰先委派谢葆璋为烟台海军练营管带，嘱其在文登、荣成招募水兵。"但这里是为练营招兵，自然以当地优先，并非为学校招生。如果此说成立，恐怕是有论者将二者混淆了。

连及其附近海面的管辖权。同年，德国迫使清政府签订《胶澳租界条约》，强占了胶州湾。随后，英国又通过《订租威海卫专条》，取得了威海卫海湾连同刘公岛和威海沿岸5公里宽地段的租借权。这些良港先后被列强占据，中国海军的重建和发展只能退而求其次。正如烟台海军学校第二届毕业生，后来曾任校长的许秉贤所说："自天津水师学堂被毁以后，当时我国沿海港口，适合为海军之港者，为旅顺、大连、威海卫、胶州湾（青岛）、广州湾等地，均已为俄、英、德、法等帝国主义国家所占用。"[1]烟台海军学堂首任监督谢葆璋之女、著名作家冰心回忆其父提到被外国侵略者强占去的港口时说："威海卫是英国人的，大连是日本人的，青岛是德国人的，只有，只有烟台是我们的，我们中国人自己的一个不冻港！"[2]

二是烟台自身的地理优势和防御设施。烟台在1862年即开埠，被辟为山东第一个通商口岸，经过数十年发展，交通、通讯较为发达，对外交往频繁，各路商贾云集，中外杂处，信息灵通。英、日、德、俄、法、意、挪威、奥匈、荷兰、比利时、丹麦、西班牙、瑞典、芬兰、朝鲜等十余个国家相继在烟台设立领事馆。当年李鸿章选择北洋海军提督衙署所在地时，烟台与威海、旅顺同为备选对象[3]，他在《出洋巡阅折》中上奏："窃维渤海大势，京师以天津为门户，天津以旅顺、烟台为锁钥。"[4]烟台三面环山，一面临海，气候适宜。港口水深口宽，形势虽不及旅大、威海、青岛，仍不失为北方的天然良港，北洋海军军舰和列强军舰经常驻泊于此。李鸿章任直隶总督兼北洋大臣时，鉴于"中国沿海商岸，南自琼州，北至营口，俱已建置台垒。烟台水深口宽，尚无建置，实不足以壮声威。况威海既为海军屯驻口岸，烟台相距百余里，系威海防路，不容一隙之疏"。再加"烟台十里外，仅有通伸岗一台，距口门过远，虽置巨炮亦难遥击。唯岿岱山与崆峒、芝罘两岛鼎峙海门，天然关隘。岿岱背

〔1〕许秉贤：《海军史略》（1957年手稿），第19页。

〔2〕冰心：《童年杂忆》，卓如编：《冰心全集》（第六册），海峡文艺出版社2012年版，第57页。

〔3〕《李鸿章为请设海部兼筹海军事复总理衙门函》，张侠等编：《清末海军史料》，海洋出版社1982年版，第32页。

〔4〕《李鸿章奏出洋巡阅折》，张侠等编：《清末海军史料》，海洋出版社1982年版，第224—225页。

山面海，尤为轮船进口必经之路，亟应先在岿岱筑炮台一座，并与东南相连之玉带山添筑炮台一座，以便策应"。[1]遂在烟台原有西炮台的基础上，又在岿岱山（即今东山）修筑了东炮台，甲午战前竣工。

三是嵩武军留下的基础设施。萨镇冰向袁世凯汇报时，就提到了这一点："烟台海军练营正当海边，且内有余屋可以修改作为水师学堂。"[2]1902年，郑纶（天津水师学堂驾驶第一届，甲午海战时任"致远"舰船械三副，是战后该舰唯一幸存的军官）受萨镇冰之命，于烟台设立海军练营。烟台原有嵩武军留下的营舍（分为中营及左、右营），东西炮台2座，东海边码头1处，金沟寨村东南深山山谷中弹药库1所，还有演武厅等可以利用，这就给练营的建设带来了极大便利。关于海军练营营舍的具体位置，有"左营"说[3]、"右营"说[4]、"中营"说[5]，其中，尤以"左营"说持论者居多。笔者认为，由于烟台海军学堂经历了初建时的"旧学堂"和扩建后的"新学堂"两个阶段，而这两个阶段的堂址并不一样，因此，笼统地持哪个说法，都是不够准确的。就初建时期而言，笔者认为郑纶选择了原嵩武军的中营作为营舍，整修后作为训练士兵之所。之所以持"中营"说，依据来自《光绪三十三年海军调查表》，其中明确写道："北洋水师练营于光绪二十八年十二月间，就山东烟台嵩武军中营旧址略为改设。"[6]《光绪三十三年海军调查表》是全面记载清末海军力量的档案文献，有重要的史料价值，加之"烟台海军练营"一节的落款是"烟台水师练营

---

〔1〕《李鸿章奏烟台胶州添筑炮台片》，张侠等编：《清末海军史料》，海洋出版社1982年版，第276—277页。

〔2〕《萨镇冰拟具开办水师学堂章程暨开支经费清折详文并批》，甘厚慈辑：《北洋公牍类纂》（二），台北文海出版社1966年版，第985页。

〔3〕唐宏、袁华智：《烟台海军学校》，海洋出版社1994年版，第10页；刘传标编纂：《近代中国海军大事编年》（上卷），海风出版社2008年版，第532页；魏应麟：《烟台海军学校》，《福建文史资料》（第八辑），福建人民出版社1984年版，第140页；姜鸣：《中国近代海军史事编年（1860—1911）》，三联书店2017年版，第598页。

〔4〕陈文会：《烟台海军学校的始末》，烟台市政协文史资料研究委员会编：《烟台市文史资料》（第二辑），内部刊物，1983年，第71页。

〔5〕沈天羽：《海军军官教育一百四十年（1866—2006）》（上），（台湾）"国防部海军司令部"2011年版，第444页；许季超（许秉贤）：《关于烟台海军学校的回忆》，文闻编：《旧中国海军秘档》，中国文史出版社2006年版，第185页。

〔6〕《光绪三十三年海军调查表》，茅海建编：《清代兵事典籍档册汇览》（第九十八册），学苑出版社2005年版，第368页。

管带林承谟谨具"（林承谟即林则友，谢葆璋之后接任练营管带），因此，郑
纶选择并改造中营的可信度还是比较高的。郑纶担任练营管带，一年后升调
他去，遗缺由"海圻"舰副长谢葆璋调补。后来，烟台海军学堂初创，校址正
是在练营内。即《光绪三十三年海军调查表》所言："天津水师学堂经庚子焚
失后，甲辰春，始仿设于烟台，暂就水师练营试办，即嵩武军中营旧址。"[1]
（"烟台海军学堂"一节的落款是"监督烟台海军学堂谢葆璋谨记"。）

　　萨镇冰选择在烟台建校，不无对上述这些优越条件的充分考虑。冰心有一
段回忆，能够帮助我们更直观地了解练营的周边环境："回想起来，住在海军
练营旁边的时候，是我在烟台八年之中，离海最近的一段。这房子北面的山坡
上，有一座旗台，是和海上军舰通旗语的地方。旗台的西边有一条山坡路通到
海边的炮台，炮台上装有三门大炮，炮台下面的地下室里还有几个鱼雷，说是
'海天'舰沉后捞上来的。这里还驻有一支穿白衣军装的军乐队，我常常跟父
亲去听他们演习，我非常尊敬而且羡慕那位乐队指挥！炮台的西边有一个小码
头。父亲的舰长朋友们来接送他的小汽艇，就是停泊在这码头边上的。"[2]

　　当然，除了上述原因外，北洋海军重建之后，"常泊于烟台，巡弋之地北
至大沽口、秦皇岛，南至上海以高昌庙为根据地"，[3]这给海军学堂学员上舰实
习带来了极大便利，这一点，应该也在海军学堂选址烟台的过程中起到了一定
作用。

---

　　[1]《光绪三十三年海军调查表》，茅海建编：《清代兵事典籍档册汇览》（第九十八册），
学苑出版社2005年版，第372页。
　　[2]冰心：《我的童年》，卓如编：《冰心全集》（第五册），海峡文艺出版社2012年版，
第505页。
　　[3]许季超（许秉贤）：《关于烟台海军学校的回忆》，文闻编：《旧中国海军秘档》，中
国文史出版社2006年版，第184页。

萨镇冰筹建海军学堂的初步设想

烟台海军学校的名称大致经历了海军学堂、海军学校两个阶段。其中，海军学堂阶段又有旧学堂、新学堂两阶段之说。所谓"旧学堂"，是烟台海军学校附设于海军练营，即原嵩武军中营时期的名称。"旧学堂"也并非当时就有的名称，而是修建"新学堂"后，为了表示区别的称呼。所谓"新学堂"，是随着招生规模扩大，原校舍空间日渐紧张，遂有另择新址建设新校区的举动。实际上，就是在"新学堂"落成之后，"烟台海军学堂"这一名称才正式确立。所谓"烟台海军学校"，则是民国建立后的名称。本书按照烟校历史，将上述两个阶段的学校分别称为"烟台海军学堂"（包括旧、新学堂）和"烟台海军学校"。对于烟校毕业生则以学校整个发展历史而论，统一称为"烟台海军学校第×届毕业生"。将上述三个阶段的学校均称为"烟台海军学校"。

一所海军学校的创立，必须得到方方面面人物的支持，特别是一些关键性"大人物"。时任直隶总督兼北洋大臣的袁世凯，就是这样的一个角色。他在创办学校培养人才方面的热情，对海军学校的创建影响很大。曾有论者将袁世凯在直隶总督任内所做的重要事项总结为六项，第一就是"兴学校"，"从一九〇二年到一九〇七年，直隶办有专门学堂十二所、实业学堂二十所、优级师范学堂三所、小学堂七千三百九十所、女子学堂一百二十一所、蒙养院二所，总计八千七百二十三所，学生十六万四千余人，占全国第二位"。[1]张

---

[1] 侯宜杰：《袁世凯评传》，河南教育出版社1986年版，第93—94页。

玉法先生评述："从他在各个官位上的表现来看，他好大喜功，亦喜欢做兴革之事。与绝大部分官僚比较起来，袁还是开明的。他在练新军、办教育、兴实业、推动废除科举、推动立宪政治等方面的表现，在当时的官僚中是无出其右的。"[1]

光绪二十七年九月十四日（1901年11月4日），袁世凯还在山东巡抚任上时，就曾上奏朝廷："臣伏维国势之强弱，视乎人才。人才之盛衰，原于学校。诚以人才者立国之本，而学校者又人才所从出之途也。以今日世变之殷，时艰之亟，将欲得人以佐治，必须兴学以培才。"[2]担任直隶总督兼北洋大臣后，袁世凯对于建立新的海军学校自然十分重视。他深知军事人才来之不易，尤其是海军人才，"皆由历年教练而成，造就甚非易易"，因此，他曾要求叶祖珪、萨镇冰等，"嗣后，凡海军执事大小人员，有请假、撤退、调差等事，必须先行禀明本大臣，候批准后，方可离船。三副以上人员，遇有改派，须请本大臣加发委札，以重职守。"[3]之所以对海军人员的流动管控如此之严，最主要的原因就是当时海军人才匮乏，正如袁世凯本人所说："窃维中国今日大势，论练兵则陆师视水师为急，论求将则水师视陆师更难。盖今之水师，重在海军，非徒驰骋于长江内河者所可同日语也。我自甲午一役，海军歼焉。然大东沟一战，胜负相当，以视陆路诸军，犹有生色。近年以来，海军将才日少一日，即使从新募练，而成就尚复需时，幸遇一二已成之才，可不为国珍惜之乎。"[4]由此也愈见建立新的海军学校的必要性。袁世凯对海军学校的重视还可以从他所用之人看出来。他十分器重萨镇冰。光绪二十九年二月二十日（1903年3月20日），袁世凯上奏朝廷，对萨镇冰给予高度评价，称赞他"曾经游历外洋，学问优长，驾驶娴熟，志趣刚正，操守洁清，胆略过人，能任艰巨"，"驭下虽严，而素得军心，人咸畏服"，"该参将之贤能卓著，实为海军中杰出之

---

〔1〕张玉法：《近代变局中的历史人物》，九州出版社2013年版，第53页。
〔2〕《改设学堂酌拟试办章程折》，骆宝善、刘路生主编：《袁世凯全集》（第九卷），河南大学出版社2013年版，第627页。
〔3〕《照饬叶祖珪萨镇冰等海军人员有撤调等事先行禀明文》，骆宝善、刘路生主编：《袁世凯全集》（第十一卷），河南大学出版社2013年版，第352页。
〔4〕《请破格擢用萨镇冰折》，骆宝善、刘路生主编：《袁世凯全集》（第十一卷），河南大学出版社2013年版，第89页。

将才"[1]，建议破格擢用。不久，清廷即任命萨镇冰为广东南澳镇总兵。六月二十三日（8月15日），袁世凯又专为此事上奏朝廷，认为"目前渤海门户洞开，兼以东陲未靖，尚赖舰队往来巡弋，藉壮声威。现在海军将才缺乏，该总兵谋略夙优，中外引以为重，交涉巡防，均关紧要，未便遽易生手"[2]，因此，请求批准萨镇冰暂缓赴任，仍留海军统带各船。六月二十八日（8月20日），光绪帝同意了这一要求，萨镇冰这才得以在升任总兵后继续留任北洋，筹建北洋海军学堂。

建校烟台的方案确定不久，萨镇冰便拟具一份《开办水师学堂章程暨开支经费清折》[3]，将他的初步建校设想呈交袁世凯。章程规定，北洋水师学堂设在烟台海军练营之内，以练营管带为监督，也就是校长。学堂设置的人员岗位包括：监督一员，驾驶、管轮教习各一员，副教习一员，书识一名，夫役四名。这样，在萨镇冰的初步设想中，只需要九个人，学堂就可以先运转起来。办学的务实性和急切性由此可见一斑。

招生方面，章程规定，每年招生两次，一次在阴历五月初一，另一次在阴历十一月初一，共招收学生40名。要求汉文通顺、体气充实，也就是要具备一定的文字理解和语言表达能力，身体素质要良好，同时，年龄在17岁以下，12岁以上，如果稍通英文、算学，年龄还可以放宽到18岁。与近代其他海军学校相比，烟台海军学堂增加了招生批次（一般均为一年招生一次），降低了招生门槛。比如天津水师学堂要求，学生"已经读书数年，读过两三经，能作小论半篇，成篇者，准取"，除此之外，还需"绅士认保报名"[4]；又比如江南水师学堂要求，学生"已读二三经，能作策论，文理通顺，曾习英文三四年"。

学业方面，章程规定，学生堂课每年大考两次，一次在阴历四月底，一次在阴历十月底。夏秋两季，学生应在海边学习水性。当学生堂课已毕，也就是

---

〔1〕《请破格擢用萨镇冰折》，骆宝善、刘路生主编：《袁世凯全集》（第十一卷），河南大学出版社2013年版，第89页。

〔2〕《南澳镇总兵萨镇冰请暂缓赴任片》，骆宝善、刘路生主编：《袁世凯全集》（第十一卷），河南大学出版社2013年版，第319页。

〔3〕以下章程及经费内容，参见《萨镇冰拟具开办水师学堂章程暨开支经费清折详文并批》，甘厚慈辑：《北洋公牍类纂》（二），台北文海出版社1966年版，第984—986页。

〔4〕沈天羽：《海军军官教育一百四十年（1866—2006）》（上），（台湾）"国防部海军司令部"2011年版，第256页。

理论学习告一段落之后，则要被派上快船实习，如果到那时仍然不谙水性，每月要减薪三两。

遵规守纪方面，章程规定，学生如有犯规不遵守纪律，或者学习不刻苦努力致使学无长进，监督有权酌情剔退。

学程规划方面，章程规定，专习驾驶的学员由进堂之日起，至三年期满，进入下一个学程，也就是被派上快船实习。与近代几所海军学校，如天津水师学堂、威海卫水师学堂、江南水师学堂相比，烟台海军学堂三年的堂课时间是最短的，其余海军学校驾驶专业的堂课时间皆为五年。

萨镇冰在章程中为学校的后续发展设置了充足的空间。他在章程中提出，待学堂办得比较有头绪，各方面的运转比较顺畅成熟时，就将禀请添设机器厂以便造就管轮人才。我们知道，从中国近代第一所海军学校——福州船政学堂开始，海军学校一般都会设置驾驶、管轮及制造等专业，也就是今天所说的指挥和技术两个大的专业方向，这两个专业方向对于海军的建设发展是相辅相成、互相支撑的。但是，纵观烟台海军学校从开办到停办，主要还是培养了驾驶人才。应该说，这既与当时的经济状况有关（甲午战后，清政府背上了沉重的赔款负担，军费开支极不充裕），也与当时人才培养求快速求实用的思路相吻合。

在上报学堂章程的同时，萨镇冰还一并上报了"拟办水师学堂月支经费银两数目"[1]。按京平银计算，监督、驾驶教习、管轮教习每月支薪六十两，副教习每月支薪三十两；40名学生每月支薪一两八钱共七十二两，学生的伙食标准是每月三两六钱，40名学生共一百四十四两；此外，书识每月支薪十二两，4名夫役每月支口粮银三两共十二两。综上，每个月学校管理、教学、后勤人员支薪共二百三十四两，学生支薪与伙食费共二百一十六两。另外，每月公费支银三十两，每月修造房屋、添购书籍纸笔支银一百二十。这样算下来，每个月共需办学经费六百两，一年的经费需求也就是七千二百两。

福州船政学堂初建时，所有学生"月给银四两"，三次连考成绩达到一定

---

〔1〕《萨镇冰拟具开办水师学堂章程暨开支经费清折详文并批》，甘厚慈辑：《北洋公牍类纂》（二），台北文海出版社1966年版，第985页。

标准的学生，还"每月加给银一两，另给衣料银三两"。后来，学堂成型后，每次考试名列前茅的学生都会有所奖赏，最多的可以每月加银四两。[1]江南水师学堂则在入学后"视其英文浅深，第其资质进境，分作一、二、三班。英文胜者为第一班，每月每人除饭食外给赡银四两，次者为第二班，每月每人除饭食外给赡银三两，再次者为第三班，每月每人除饭食外给赡银二两"[2]。与这些海军学校相比，烟台海军学堂的经费开支标准是比较低的。如果对比1888年颁布实施的《北洋海军章程》的支薪标准："一等学生月支银十八两，二等学生月支银十六两；三等学生月支银十四两"[3]，就更不可同日而语了。因此，可以说，萨镇冰的经费预算还是颇为节俭的，充分顾及了当时清政府的经济状况。

萨镇冰将"开办水师学堂章程"与"拟办学堂月支经费银两数目"同折呈报袁世凯。袁世凯表示同意，并做了批示，要求萨镇冰开始招生，俟学生招齐，再上报具体开办日期。这样，烟台海军学堂的筹建就进入了实质性阶段。

---

〔1〕沈天羽：《海军军官教育一百四十年（1866—2006）》（上），（台湾）"国防部海军司令部"2011年版，第52页。

〔2〕同上，第296—297页。

〔3〕《北洋海军章程》，茅海建编：《清代兵事典籍档册汇览》（第九十二册），学苑出版社2005年版，第380页。

烟台海军学堂的创立

烟台海军学堂初创时，位于烟台海军练营内，由练营管带谢葆璋兼任监督，也就是整个烟台海军学校历史上的首任校长。

关于烟台海军学堂成立的时间，比较统一的说法是光绪二十九年（1903）冬天。第一届学生陈文会[1]、第二届学生许秉贤[2]均持此说。史全生[3]、沈天羽[4]、姜鸣[5]等也持此说。但是，在这个问题上也有一些不同的声音。如前述《光绪三十三年海军调查表》就提到"光绪三十年三月开办"，谢葆璋也在附记中写道："甲辰春，始仿设于烟台，暂就水师练营试办，即嵩武军中营旧址。"[6]这里的"甲辰春"，即光绪三十年（1904）春天。实际上，烟台海军学堂在光绪二十九年年底和光绪三十年春接连招收了两个班次的学生，即第一、二班，后来又将这两个班合而为一，并为第一届。正如《近代中国海军》所说："次年冬，又在海军练营内附设海军学堂，以谢葆璋兼学堂监督。当时从烟台毓才学堂、益文学堂、实益学馆中考取聪颖学生20名为一班，次年春再招

---

〔1〕陈文会：《烟台海军学校的始末》，烟台市政协文史资料研究委员会编：《烟台市文史资料》（第二辑），内部刊物，1983年，第70页。

〔2〕许秉贤：《烟台海军学校始末》，杨志本主编：《中华民国海军史料》，海洋出版社1987年版，第916页。

〔3〕史全生主编：《中国近代军事教育史》，东南大学出版社1996年版，第109页。

〔4〕沈天羽：《海军军官教育一百四十年（1866—2006）》（上），（台湾）"国防部海军司令部"2011年版，第446页。

〔5〕姜鸣：《中国近代海军史事编年（1860—1911）》，三联书店2017年版，第598页。

〔6〕《光绪三十三年海军调查表》，茅海建编：《清代兵事典籍档册汇览》（第九十八册），学苑出版社2005年版，第370、372页。

一班20名，两班并为第一届，专修驾驶科，学制3年。"[1]

　　烟台海军学堂初创时，谢葆璋以海军练营管带兼学堂监督，总理学堂教学及行政事务。谢克峻以海军练营帮带兼管学生事务。海军练营的正、副主官成为学堂的行政领导，这也在某种程度上体现了学堂"附设"于海军练营的初创性质。师资方面，徐裕源（天津水师学堂管轮第三届）担任教官，专教数学、英文，英国人白赛德（Bisett，亦有勃塞特、白秀德等译名）准尉为体操及兵操教习。待第二班学生入校后，派朱正霖（天津水师学堂管轮第四届）为教习，"海圻"舰驾驶大副江中清（天津水师学堂驾驶第六届）担任驾驶教官，汪克东（江南水师学堂驾驶第三届）担任助理教官。除了白赛德和汪克东，包括谢葆璋和谢克峻，烟台海军学堂的教师都出自天津水师学堂。学校九任校长中，有五任都毕业于天津水师学堂驾驶班，特别是前四任，都是天津水师学堂毕业生，这足以凸显天津水师学堂在当时海军教育领域的地位，尽管庚子之乱后停办，但这所曾经显赫一时的海军学校确实培养出了一大批海军人才。同时，这也表明初创的烟台海军学堂在办学理念、运行经验上多少都会受到天津水师学堂的影响。正如当代海军史学者陈悦所说："烟台海军学校的办学模式很大程度上参考了北洋海军时代的天津水师学堂，学校为专门的海军军官学校，因而没有像福建船政学堂那样设造舰班。"[2]

　　1905年阴历十月，烟台海军学校第一届林希曾等24名学生毕业。在这届学生中，有后来担任护法舰队司令、渤海舰队司令的温树德，担任护法舰队参谋长的饶鸣銮，担任烟台海军学校第六任校长的佘振兴，担任上海交通大学副校长的陈石英，以及在吴佩孚军中任要职的陈文会、刘永谦等著名人物。

---

[1] 海军司令部《近代中国海军》编辑部：《近代中国海军》，海潮出版社1994年版，第560页。

[2] 陈悦编著：《辛亥·海军——辛亥革命时期海军史料简编》，山东画报出版社2011年版，第46页。

烟台海军学堂首次派遣留学生

甲午战前，清政府共派遣过三批海军留学生。第一批留学生光绪三年（1877）二月出洋，主持派遣的是总理船政大臣沈葆桢与直隶总督李鸿章，共选派30人（实际共38人，除30名学生外，另有随员马建忠、文案陈季同、翻译罗丰禄等3人，船政厂徒张启正等5人），分别前往英（13人）、法（25人）两国学习驾驶和制造，其中包括刘步蟾、林泰曾、叶祖珪、萨镇冰等后来北洋海军成军时的骨干力量。第二批留学生光绪七年（1881）十二月出洋，共选派10人，分别前往英（2人）、法（6人）、德（2人）三国学习。第三批留学生光绪十二年（1886）三月出洋，共选派20人，其中包括天津水师学堂首次派遣的10人，均前往英国学习。[1]

甲午战后，随着海军学校的发展，中断多年的向海外派遣海军留学生的工作也得以恢复。光绪二十二年（1896）二月，福州船政大臣裕禄奏请选派第四批海军留学生赴英、法学习："续办生徒出洋以教练人材一条，以学生出洋为练习新法起见，亦应续办。惟挑选之法宜精而不宜多，应择其姿性聪颖而又勤奋好学可望有成者，精选十名或十余名，妥派监督带同出洋，仍分别三年、六年为限，以资历练等因。"[2]清政府批准了这一计划，然而英国方面出现了一些状况，"现接出使英国大臣罗丰禄来电，英外部函致该大臣云，格林书院额

---

〔1〕罗尔纲：《晚清兵志》（第五卷），中华书局1999年版，第137—145页。
〔2〕裕禄：《选派第四届出洋肄业学生核估用款并派监督带往折》，左宗棠等：《船政奏议汇编》（卷四十九）（影印本），台北文海出版社1973年版，第1—2页。

满，华生暂不能收，是赴英学生暂时可缓"[1]，因此，第四批只有6人赴法国留学，但也算是重启了海军教育的海外留学之路。有论者认为，之所以原来的留学生派遣计划打了折扣，是由于国家财力不足。从上述情况来看，恐怕不仅如此，英国方面对接收海军留学生也存在一些阻力。个中原因正如有学者所论："英国以琅威理事件为始，抵制中国派遣海军留英生，一直持续了十余年，直到1903年以后才允许中国派遣海军学生赴英学习。"[2]甲午战后的留学派遣与战前还有一个明显不同，就是赴日留学生大幅度增加。以张之洞的话来说，理由有四："一路近省费，可多遣；一去华近，易考察；一东文近于中文，易通晓；一西学甚繁，凡西学不切要者，东人已删节而酌改之。"[3]当然，除了张之洞所说的这四点理由之外，日本海军在甲午海战中打败中国海军，继而在日俄海战中击败俄国海军，一跃成为世界海军强国，风头之劲，无出其右，"中国士大夫在自强运动中所主张之'船坚炮利'政策，原属仿效西洋，至此乃不得不转而学习日本。因有派遣学生赴日学习海军之创始"[4]。赴日留学人数的激增和赴欧留学人数的稀少，甚至引起了光绪帝的关注，他发布上谕称："前经降旨，饬令各省调派学生出洋游学，以资造就。闻近来游学日本者尚不乏人；奉西各国或以道远费多，资送甚少，亟应广开风气。著各省督抚选择明通端正之学生，筹给经费，派往西洋各国讲求专门学业，务期成就真才，以备任使。"[5]

　　光绪三十一年（1905）冬，正值烟台海军学校第一届学生毕业，"当奉北洋大臣袁世凯，练兵处大臣铁良饬知北洋海军统带萨镇冰，以日本外务省因中国历有派海军学生赴欧留学，日本甚欲中国亦派学生赴日留学海军"[6]。这种主动接纳中国海军留学生的积极姿态，迅速获得了各省的赞成和响应，也对本已渐

---

〔1〕裕禄：《选派第四届出洋肄业学生核估用款并派监督带往折》，左宗棠等：《船政奏议汇编》（卷四十九）（影印本），台北文海出版社1973年版，第3页。

〔2〕刘晓琴：《甲午战后的海军留英教育》，《天津师范大学学报》（社会科学版）2003年第6期，第39—43页。

〔3〕张之洞：《劝学篇》，中州古籍出版社1998年版，第117页。

〔4〕包遵彭：《中国海军史》，中华丛书编审委员会1970年版，第819页。

〔5〕朱寿朋编，张静庐等校点：《光绪朝东华录》（第五册），中华书局1958年版，第115—116页。

〔6〕余振兴遗稿《回忆录》，陆宝千访问、官曼莉纪录：《郑天杰先生访问纪录》，九州出版社2012年版，第283页。

成规模的留日大潮起到了推波助澜的作用。烟台海军学堂亦在此次派送赴日海军留学生之列。学校派徐裕源带候选学生，由烟台乘"海筹"舰前往北京练兵处候考。

据海军部所存《烟台学堂调查清折》中的"派赴东西洋留学各案"条，称"赴英国八人，赴美国二人，赴东洋廿四人，回华后又派四人赴英"。[1]另据李昭坦编《烟台海军学校事略》对留日一事的记载："烟台适值第一届毕业，除陈石英、叶芳哲二名，抽派赴美外，余如郑衡、饶鸣銮、陈希曾、陈永钦、陈文会、戚本恕、刘永诰、林焕铭、佘振兴、郑畴纲、罗忠冕、邬宝祥、温树德、郑耀庚、刘永谦、叶葆骏、龚庆霖、李秀椿、任光宇、杨树韩、张洪基、张建勋等廿二人，一起派往，由校长郑祖彝（当时郑并非校长——引者注）随带监督学生在日学习一年。"[2]这一记载的人数与烟台海军学校第一届毕业生的人数完全相符，只是其中有两个人名略有出入，一为"陈希曾"，一为"李秀椿"。

关于烟台海军学堂学生赴京参加考试的过程，佘振兴有详细的回忆："是年十月，由教学教习徐裕源率领，由烟台乘'海筹'往天津，每人由校发给皮箱一只，照次序编成字母，余之箱为K字，抵津后乘车赴京，住骧马市大街长发栈，当晋谒铁良、徐世昌等大员，即就东城铁狮子胡同练兵处开始考试，所考题目颇为浅易，然以十六七岁之学童，加以烟台海军学堂开办时又无汉文，仅注重数学测量等课，当时监考官冠带临场，计有谭学衡、刘冠雄、沈庆瑜及翰林数人，颇为隆重。"[3]佘振兴所回忆刘冠雄的临场，让人颇为不解。1904年，时任"海天"舰管带的刘冠雄因指挥失误导致"海天"舰触礁，后在袁世凯的力保下，免于一死，仅受到革职处分。这时候出现在监考现场显然不合常理，很可能是佘振兴回忆有误。

据佘振兴回忆，留日海军学生是光绪三十二年（1906）四月，"由海军游击郑祖彝率领乘轮赴沪，往三洋经桥长发栈，凡有发辫者一律剪除，数日后，乘

〔1〕包遵彭：《中国海军史》，中华丛书编审委员会1970年版，第820页。

〔2〕同上。

〔3〕佘振兴遗稿《回忆录》，陆宝千访问、官曼莉纪录：《郑天杰先生访问纪录》，九州出版社2012年版，第284页。

法国商轮东渡。"[1]由于1905年8月20日，同盟会在东京召开成立大会，通过了孙中山起草的《同盟会宣言》和《同盟会对外宣言》以及黄兴起草的会章，正式提出了"驱除鞑虏，恢复中华，创立民国，平均地权"的十六字纲领，清政府生怕这些即将赴日留学的海军学生"留学不成反生乱"。陆军大臣铁良专门告诫学生，到日本后，不可听信邪说加入革命党，而应忠君保国，为皇家出力。到达日本后，学生们就到驻日公使馆拜见钦差公使杨枢及主管留学业务的参赞王克敏，两人在训话中要求"学生们利用留学的机会，努力学习日本海军的长处，并告诫他们，不得与乱党人接触，违者立即递解回国，并交法办"[2]。

根据中日之间的约定，留学生入日本东京深川区商船学校学习。留学生们被分为三个班，其中，烟台与江南两学堂学生已有一定基础且英文水平较高，分为预科一级甲班，专习日文课本，亦以日文为主；成城学校刘华式等日文较好者8人分为预科一级乙班，专习英文，惟课本仍用日文，预科完毕后，一级甲、乙班合并为一班。另有预科二级学生凌霄等28人，系英、日文程度均较差者，或一级甲、乙班考试不及格降级者，需预科三年再习本科，对于海军事宜则毫不提及。对此，商船学校校方给他们的说法是："日本首度招收清国海军学生，但因送训名额多，且至少须再念一年预科，海军兵学校无此准备，故预科教育交由已具接纳外籍生经验的商船学校办理。"[3]烟台、江南两学堂所派学生因为在国内已经完成海军基础教育，又无法在日本军舰上实习，都觉得所学非正式海军知识，浪费时间，用佘振兴的话来说，就是"心中殊觉苦闷，然亦无可如何"[4]。

光绪三十三年（1907）春，发生了湖北籍学生刘钟秀因言语冲突被日生殴打事件，激起中国学生公愤，遂全体罢课，要求校方惩罚肇事日生，并到驻日公使馆请愿。素来和平良善的商船学校校长平山藤次郎大佐一面好言相劝安抚

---

〔1〕佘振兴遗稿《回忆录》，陆宝千访问、官曼莉纪录：《郑天杰先生访问纪录》，九州出版社2012年版，第284页。

〔2〕王玉麒：《清末新建海军首批留日、留英学生经历》，陈悦编著：《辛亥·海军——辛亥革命时期海军史料简编》，山东画报出版社2011年版，第58页。

〔3〕同上，第59页。

〔4〕佘振兴遗稿《回忆录》，陆宝千访问、官曼莉纪录：《郑天杰先生访问纪录》，九州出版社2012年版，第284页。

中国学生，让他们复课，一面采取了隔离中、日学生的处理办法，把一部分校舍作为中国留学生的专用教室。是年夏，留学生赴日预科学习已一年，学生们数次向校方询问是否下学期可入日本海军兵学校就读，均未能得到确切答复。包括烟台海军学堂学生在内的已有海军基础的一批学生心中已萌生退意，希冀回国另找出路，但是如果照此明言，势必受到拦阻，因此，学生向校方要求，暑假不安排旅行，而代之以回国省亲。留学生抵达上海后，即向萨镇冰报到，并汇报在日本学习的实际状况，实际上是无学可求，徒费年月，请求调回派舰服务。当时，适值舰上缺人，后经当局批准，包括烟台海军学堂和江南水师学堂这些已经在国内接受过海军基础教育的学生，于1907年回国，另由日本各文事学校考选补充，再加上之前所选尚属"零基础"的学生，仍然按原计划继续留在日本学习。留在日本学习的学生在商船学校毕业后（1910）才转入日本海军兵科学校受训一年，于1911年辛亥革命前回国。他们中的代表人物有沈鸿烈和凌霄。前者曾任东北海军总司令、国民政府山东省主席，1969年在台湾逝世；后者曾任东北海军副司令、汪伪政府海军部部长，抗战胜利后以汉奸罪在南京雨花台被处决。

提前归国的留日海军学生均被派往舰上练习船务，在一线增长见闻，丰富积累。但是由于留学计划事前考虑不周而导致学生中途返回，毕竟是一件让人感到十分可惜的事情。于是，当时已总理南北洋海军的萨镇冰决定从中挑选优秀者，派往英国深造。烟台海军学堂的温树德、佘振兴、任光宇、刘永诰，江南水师学堂的吕德元、孟慕超、奚定谟、沈奎等8人入选。他们先上英国军舰练习，后又进入格林尼治海军大学学习海军技术。学成回国后，被派往海军各处服务。关于此8人英国留学的情况，在后面再做专门叙述。

虽然此次留学日本对于烟台海军学堂学生在提升海军素养方面无甚增益，但是并非一无所获。佘振兴回忆："每晨冷水盥洗，并冷水浴，同学七十人，麕住一练习机帆船四明治丸，寝以吊床，自放自绷，并以光足洗舱甲板，厕所冷暖无间，三餐米饭，杂以小麦，仅有二小碗，量大者每难果腹，菜则咸汤一碗，黄咸萝卜二块，有时咸鱼一块，或炒菜一小碟，甚为粗糙，有时同学中，难以下咽，每有以鸡蛋一枚搅匀加酱油合饭者，初虽不惯，久成自然。学生无论冬夏，均着水兵白翻领衣服，仅戴学生帽，以资区别。兵操、体操、游泳、劈剑、柔术件件俱有，内场注重日久。第一年暑假，由教习率领到胜浦度夏，除火车外皆步行，沿途村庄俱有旅舍，以资休息。"[1] 人常说，自古军旅多艰险，从来为武少安闲。海军更是要劈波斩浪、经历风涛，没有顽强的意志和强大的精神，就不可能承受住平日的艰苦训练和战时的残酷考验。留学日本的这段经历对于学生意志品质的磨砺还是有所裨益的。

---

[1] 佘振兴遗稿《回忆录》，陆宝千访问、官曼莉纪录：《郑天杰先生访问纪录》，九州出版社 2012 年版，第 285 页。

"新学堂"的建成

派遣留学生的同时，烟台海军学堂又开始了新的批次的招生。其中，陈子明、刘道源、欧阳勋、曾以鼎、林培熙、严寿华、路振坤、俞俊伟、俞俊杰、任积慎、金轶伦、蒋斌、萨福畴、戴钟麟、张秉允等19人为头班（即烟台海军学堂建校后之第三班），李申之、王大焜、田士捷、陈龙、陈拔、翁崟、孟琇椿、刘安国等20人为二班（即烟台海军学堂建校后之第四班），袁方乔、丁士彦、于庆霈、张衍学、梁文松等20多人为第三班（即烟台海军学堂建校后之第五班）。同时，原海军练营帮带谢克峻担任教习，帮带一职由林则友接任，并兼管学生事务。此后，海军派陈伯屏为烟台海军学堂学监，专管学生事务，但不久陈伯屏病逝，学生事务仍由练营帮带林则友兼管。

烟台海军学堂办学时间不长，但是已呈现出旺盛活力与勃勃生机，在海军人才培养方面颇有成效。这一点，从烟台海军学堂学生所占海军留日学生的比例（三分之一左右）就能看出来。作为学校的创建者，萨镇冰对烟台海军学堂能够取得如此迅速而卓著的进步感到十分欣慰。光绪三十一年（1905）夏，总理南北洋海军兼广东水师提督叶祖珪从南京沿江而下巡视炮台及水雷营地时，积劳中暑又染伤寒，勉强支撑完成公务后方返沪就医，但因延误已不治。六月二十七日，病逝于上海，殁年仅54岁。七月十一日，直隶总督兼北洋大臣袁世凯，偕署两江总督兼南洋大臣山东巡抚周馥上奏朝廷，"查广东南澳镇总兵萨镇冰，廉明坚定，胆略俱优，本系代理南北洋海军统领，经臣世凯委令接统北洋海军，藉资熟手。其南北洋海军事宜，臣等往复电商，并委萨镇冰总理,以一事权而期整理"[1]。不久,萨镇冰接任总理南北洋海军兼广东水师提督的职务,成为海军的领军人物。当他再一次审视海军教育的发展时,有感于烟台海军学堂办学虽见成效,但附设于海军练营的旧屋规模有限,随着学生数量的不断增加,已不敷应用,应予以扩充,另建新校。光绪三十二年,经袁世凯核准,将嵩武军右营旧屋拆除,改建新式洋房作为海军学堂,并派谢葆璋兼管督造学堂新校舍事宜。

根据《光绪三十三年海军调查表》的记录,烟台海军学堂于"(光绪)三十四年三月扩充"[2]。这个调查表后面还有谢葆璋在光绪三十四年七月二十日写的一段附记,其称:"斯堂冬杪落成……今春三月开办,添招新生百五十六人。"[3]谢葆璋具体负责新学堂督造事宜,他的叙述理应是最准确的。许秉贤的回忆也是与此一致的:"光绪三十一年秋季奉令筹建新校舍……于是年冬月开工,至三十四年正月全部落成。"[4]

新学堂建于烟台东山金沟寨村以南原嵩武军右营旧址,将原有旧营房全部拆除,重新修建新校舍。新学堂南向,三面环山,东面向海,距离烟台港口约七华里,占地面积近百亩,校内建筑风格为中西结合。包遵彭对此有详细描述:"校南向,方围九十余亩。西南北皆面山,东面海,离烟埠海口七里。中构大讲堂。四区比屋毗连,成方合式。堂上制楼十楹,规仿西式,预备延聘客卿馆舍。堂前广场,广场之外官廨,监督居之。其正厅居东经一百二十一度二十五分,北纬三十七度三十一分三十秒。廨前左右有厅事各一,厅之傍舍为庶务、文案、会计、军医办公之所。再南东偏则为校员招待所,其右偏则员生阅报所。中出甬道而达通衢。官廨之左右,则有东西两斋。偏南为讲堂,偏北为餐室,中设学舍二十有四。舍容学生四人,以教员憩室间列其中而监视之。有盥所,有浴房,匠役舆从之居。仓库庖厕之居,环列旁后,速传呼便取

〔1〕《会奏叶祖珪病故委萨镇冰接统海军折》,骆宝善、刘路生主编:《袁世凯全集》(第十四卷),河南大学出版社2013年版,第27页。

〔2〕《光绪三十三年海军调查表》,茅海建编:《清代兵事典籍档册汇览》(第九十八册),学苑出版社2005年版,第370页。

〔3〕同上,第372页。

〔4〕许季超(许秉贤):《关于烟台海军学校的回忆》,文闻编:《旧中国海军秘档》,中国文史出版社2006年版,第190页。

携也。其西斋一如东斋，东斋讲堂傍楹为枪炮教练所，西斋讲堂傍楹为帆缆教练所，东西斋极南为花园，以资课余游憩。全校屋宇之制，惟中间大讲堂上有楼居，余皆华式平屋。而窗棂牖户，则悉仿西制。校东为体育场。由场迄东北可通游泳码头，为学生泅水出入道路。校北一带余地为校员住宅。全部结构紧严。"[1]包遵彭的描述经过了烟台海军学校第一届毕业生、第六任校长佘振兴的校阅，可信度颇高。

许秉贤对此也有比较详细的回忆："学校之中央是大官所，有办公所、餐室、卧室等，由校长居之，便于指挥全校。大官所前面左右各一排，每排各三间，居中是一小官所，余四室是由教务长、文牍、军医、军需四人各居一室。再前面两大间一间是会客室，其余一间是员生阅报室。再前面是学校之大门，左右两室是门房、号房及卫兵值勤室。大官所后面是大洋楼，下层作四个讲堂，楼上作图书室。后来增设之西医及国文教员居之。大官所东西两边是同样的建筑。每边有卧室五排，每排各六间。居中一排是庶务长、斋务长及教官居之。东半排三间是副教官及协教官居之，副教官各居一间，协教官二人合住一间。西半排是庶务长及正教官各住一间，居中有一间做会客室。东边卧室共五排，除当中一排由校员居住外，其余四排，每排六间，每间住学生四人，共住学生九十六名。每半排三间用夫役一名，即十二个学生共用一夫役，供洒扫奔走之用。卧室之北一大长间作员生之餐室，卧室之南两大间作两个讲堂，其南有空地植果木树作花园，以助卫生。卧室之南北均有空地种花木，使空气流通，增进员生之健康。卧室之东有一条长房分作夫役卧室、理发室、库房、枪房及厕所。大楼之北有一条长房分作员生浴室、厨房、茶烟室、夫役卧室及理发室等。东西两边是同样建筑。"[2]

除此之外，1915年入学的周应骢，1916年入学的郑公德和1924年由福州海军制造学校转来的程法侃也都曾在回忆文章中提及烟台海军学堂的位置和周边环境。周应骢谈道："烟台港在山东北面，位在西北俯视烟台市，像一个'山'字形，一只脚伸到东面，一只脚伸到西面，当中一只脚，一直往东南走，

---

〔1〕包遵彭：《中国海军史》，中华丛书编审委员会1970年版，第814页。

〔2〕许季超（许秉贤）：《关于烟台海军学校的回忆》，文闻编：《旧中国海军秘档》，中国文史出版社2006年版，第193—194页。

面对大海。当中山脊，把海军学校和烟台市分开。烟台闹市在当中山脊东北，海军学校与海军练营在山脊西边，都是朝东南海边。海军学校建立在山谷当中平台形山头，平常不许学生走出山脊之内的地方；每年除星期天和放几天假外，学生不许离开学校；夏天不上课就分批分队到海边学游泳。海校所在平台的西边有路通往一个山谷，山谷有泉水，叫做蛤蟆谷，经常听到蛤蟆叫。这地方有树、有水、有石，学生顶高兴到这里谈天温书。从学校前门出去有条大道，往西南走到福山县，半截转弯地方有两个村庄，叫东坦子、西坦子（"坦子"应为"疃"，是烟台本地对一些村庄的称呼——引者注）。"[1]郑公德回忆说："烟台海军学校的校址在芝罘岛东南端，背山面海。记得山下是一片梨园，对面是崆峒岛，学校附近有个小渔村（即金沟寨——引者注）。从学校去烟台市中心要走过一条小山道，在山道口有栅栏，大约要走一小时的路程。学校旁边有一个炮台（即东炮台——引者注），是海防炮，炮下是石砌的地下室，我们常去游玩，有时也到崆峒岛看渔民捕鱼、捞海参，据渔民告诉我们，附近有鲨鱼，曾有人被咬掉一条腿。"[2]程法侃则提到："烟台海军学校是光绪二十九年创办的，第一任校长是谢葆璋，校址在烟台东山，萨镇冰任海军总长时，仿英国'奥斯本'海军学校的规模而建筑的，东西两侧是学员宿舍，中间有广大的校园，前座校长办公楼，后座学员课堂，楼上为物理实验室和海军图书馆、教职员宿舍，在校园的后门，东侧为大操场，它的面积占全校建筑面积二分之一。足球场、篮球场、木马、单双杠、浪桥、天桥、秋千等，操场的四角是网球场，沿操场外的林荫大道，走十五分钟的路程，可达海军游泳码头。"[3]

〔1〕周应聪：《旧海军生活见闻》，全国政协文史资料委员会编：《中华文史资料文库·第八卷政治军事编》，中国文史出版社1996年版，第558页。

〔2〕郑公德口述，郑明珠整理：《忆"五四"前后的烟台海军学校》，海淀区政协文史资料委员会编：《文史资料选编》（第三辑），内部刊物，1989年，第140—141页。

〔3〕程法侃：《陈绍宽在海军部长任内的业绩回忆（1930—1946年）》，文闻编：《旧中国海军秘档》，中国文史出版社2006年版，第178—179页。

建筑新学堂总共花费白银四万二千两[1]，整个建设过程，始终由谢葆璋负责具体筹划。萨镇冰也十分重视新学堂的建设，亲临烟台督率建校事宜，学堂之编制、海员之派定，均经其亲自拟定，并题写"才储作楫"四个字，制成大匾额，悬于校门前屋梁上以示激励。总的来说，烟台海军学堂的整个建设规划是比较完整的，设施完备、功能齐全，大的格局基本遵从了中国传统建筑以南北为中轴线，东西对称分布的理念。不论学习环境，还是生活环境，条件都颇为优越。能够在当时经费并不宽裕的情况下建起这样一座海军学堂实属不易，凝聚着萨镇冰、谢葆璋等人培养海军人才的一片赤诚之心和渴望重振海军的雄心壮志。

新学堂的建成，在烟台海军学校的发展史上具有非常重要的意义。至此，"烟台海军学堂"得以正式定名。之前附设于海军练营的学堂被人们称为"旧学堂"。光绪三十四年春，新学堂建成之际，适逢第二届学生毕业，毕业考试时，萨镇冰亲临烟台监考。烟台海军学校第二届毕业生共19人，他们中有后来担任学校最后一任校长的许秉贤；有曾任南京国民政府第二舰队司令，抗战时兼任江防司令部副总司令，战后任海军总司令部参谋长的曾以鼎；有后来成为东北军重要将领的蒋斌；还有担任抗战后海军第四基地（榆林）司令的金轶伦等人。

随着新学堂的建成，人员编制也基本确定成型。学堂设监督一员，综理全校教育及行政事宜，月薪二百一十两白银，另给车马费三十两，谢葆璋专任监督，其所遗海军练营管带一职，由帮带林则友升任；教务长一员，由江中清担任，总理全校教务，安排课程，考核全校师生授课和听课之勤惰，月薪一百五十两白银；庶务长一员，由叶幼峰担任，总理校内庶务并协助监督办理一切，月薪一百二十两白银；斋务长一员，由李景曦（福州船政学堂驾驶

---

〔1〕有"四万二千两"说和"四万七千两"说。前者如《光绪三十三年海军调查表》，茅海建编：《清代兵事典籍档册汇览》（第九十八册），学苑出版社2005年版，第370页；陈文会：《烟台海军学校的始末》，烟台市政协文史资料研究委员会编：《烟台市文史资料》（第二辑），内部刊物，1983年，第71页。后者如《烟台海军学校（1903—1927）》，杨志本主编：《中华民国海军史料》，海洋出版社1987年版，第58页。魏应麟回忆，清政府拨款四万两。见魏应麟：《烟台海军学校》，福建省政协文史资料研究委员会编：《福建文史资料》（第八辑），福建人民出版社1984年版，第140页。

班第十四届毕业生）担任，管理学生之宿舍、食堂、夫役、清洁及维持校内军纪、风纪事宜，月薪一百二十两白银；正教习二员、副教习四员、协教习二员，分别担任各科教学任务，其中，正教习由徐裕源、朱正霖担任，月薪各九十两白银，副教习由郑贞来（天津水师学堂第六届毕业生）、谢克峻、林希曾（烟台海军学校第一届毕业生）、许秉贤担任，月薪各六十两白银，协教习由郑衡、饶鸣銮（均为烟台海军学校第一届毕业生）担任，月薪各四十五两白银；操教习二员，教授陆操和武术，由戚本恕、陈文会（均为烟台海军学校第一届毕业生）担任，月薪各四十五两白银。此外，设会计一员、医官一员，分别由杨子敬、林俊雄担任，月薪各三十两白银；文案一员，由王其慎担任，月薪三十六两白银。英人白赛德担任体育老师，负责教授体操、游泳等，他的薪俸由海关支给，不在校内费用开支。学校还有夫役64人，包括门房、号房、理发、花匠、护兵、厨役等岗位的人员，每人每月三两六钱，有技术者每人每月增二两。学校的经费分为额支和活支两部分，即固定经费和机动经费，额支每月为京平银两千七百两，活支无定数。学校所用的仪器和图籍都从活支中支取购买。

第二届学生毕业后，烟台海军学堂（旧学堂）尚有学生36人，皆迁往新学堂继续学业。学堂又在天津、上海两地招收新生156人，上海所招之新生，由陈文会带领来校，天津所招之新生，由许秉贤带领来校。这样，全校的学生员额就达到了192人。学生的待遇和旧学堂时一样，除由学堂提供膳食及应用书籍、操衣等学习和生活保障外，每人每月发给白银一两八钱，以供零用。新生到校后，根据入学考试成绩分班，共分8个班，分别冠以"孝""悌""忠""信""仁""义""礼""智"的班名。据谢葆璋言："孝班计十五人，现已肄业至四学期；悌班计二十一人，至三学期；忠信仁义礼班共百四十二人，皆系新招已甄别者，现方入初学期；智班十四人，乃甄别程度稍低，留堂续习以甄别后续招以补缺额者。"[1] 学堂最初以各教习分领一班，所领班次的全部课程均由分领教员一人承担。这样虽然能够使老师较为熟悉学生

---

〔1〕《光绪三十三年海军调查表》，茅海建编：《清代兵事典籍档册汇览》（第九十八册），学苑出版社2005年版，第372页。

的情况，便于引导教育，但毕竟术业有专攻，难免有老师力所不逮的科目。因此，在实施两年之后，学堂采取新的教授法，各教习专教一科，便于将所教授内容吃透讲深，教学质量也随之得到提升。

谢葆璋在办学过程中贯彻的诸多理念都让人颇为赞叹，如通过入学考试对学生进行有针对性的分级教学；如学生在课堂上使用的全部是英文原版教材，教学方法也多采用英制，甚至下达口令也使用英语；又如学校自监督到教习均由海军人员选补，充分体现出让专业人做专业事的科学理念。在谢葆璋看来，"我国向者因人才缺乏，司其事者，每为局外人员，故于所任之事诸多隔膜，成效无期"，因此"学堂师长宜选用海军人员也。查东西各国海军学堂之监督，皆以提督或舰长充之，其教员中授驾驶者，必舰中之战官，授汽机者，必舰中之艺官。诚以海军中人，理海军中事，自能措置得当，可无枘凿之虞"。[1]

---

〔1〕《烟台海军学堂监督谢葆璋上南北洋大臣改良海军学堂条陈》，甘厚慈辑：《北洋公牍类纂续编》（三），台北文海出版社1966年版，第1594页。

《烟台海军学堂现行章程》的颁行

宣统三年（1911），由谢葆璋编订的《烟台海军学堂现行章程》（以下简称《章程》）经海军部大臣批准颁行，标志着烟台海军学堂的发展进入了一个新的阶段。

《章程》第一章"总则"第一节即开宗明义："本堂为培养海军士官而设，国之强弱系焉。故寻常智育、体育之外，德育尤所注意。"谢葆璋在《上南北洋大臣改良海军学堂条陈》中提出："学堂以德育为贵，军人以服从为先。故圣人称许弟子首言德行，而前哲时贤举才荐士亦莫不品学兼称诚哉。品之必先于学也。查各处海军学堂向章于学问精长、屡列优等者，皆优给奖赏，独品行端正者，转付缺如，诚非务本之道。"有鉴于此，谢葆璋建议海军部应该给那些品行端正的学生授予"端品勋章"以资鼓励，如此则"才德之人辈出矣"。

烟台海军学堂的学制定为3年，学生入校年龄以13岁至16岁为限。这方面，实际上延续了旧学堂时期萨镇冰拟具的"开办水师学堂章程"的相关内容。与同时期的几所海军学堂相比，烟台海军学堂的学制较短。比如福州船政学堂，前学堂（制造学堂）为8年，后学堂（驾驶学堂）为5年；江南水师学堂，驾驶为5年，管轮为6年；广东水师学堂为6年。对这个问题，谢葆璋在《光绪三十三年海军调查表》的附记中有专门阐述，他说，学堂章程"参用南北洋，向来斟酌损益。其毕业期限较他省为稍促，则以海军本属专门，近来需才尤急，所学功课与其务博不专，何如精而适用之为愈，特为变通办理，专习驾驶应用各科。此外概不旁及他书，以免纷歧旷日也"。

从考试报名条件来说，烟台海军学堂的标准并不算高。《章程》规定，凡属我国国民者皆可投考，具体报考资格包括四条：身家清白不入外籍者；年龄十三岁至十六岁未娶亲者；身体健壮无隐疾目不近视者；国文通顺能作浅近论说者（如曾习英文者，可于报名时声明，以便示期另考）。从组织报名、资格审查和考试组织的过程来看，是比较严谨的。报名时还要详细了解投考学生的三代家世出身。投考各生需要在规定时间，亲自到学堂现场报名誊写三代籍贯年龄，并由学堂派员查看，合格则给予准考证明，不合格则取消资格。等到正式考试日，凡报名并获得准考资格的考生，均到堂听点，由监督命题试以小论一篇。考试为闭卷，除笔墨外，不准夹带书籍。出榜时，会比招生员额多录取十分之三四以为备取。出榜后，考取诸生还需依期到校核对笔迹，并邀同殷实绅商到校出具愿保各书候期入学。所选取新生如逾期十日不到，或者在三个月的甄别期内表现不合格，则除名由备取生递补。学生入校后，如违反规定而被革退者，应缴还书籍、军衣等件；如存心怙过滋事，希冀革退徙业他图，除缴退书籍、军衣外，并须认赔所花费的学费，按月摊银二十两扣算在堂日期，如数照缴；有疾病及意外大故辍学者，除上缴军衣、书籍外，无须赔缴其他费用。

《章程》规定，学生在3年内应学习的课程包括"英语、文法、翻译、数学、代数、历史、地舆、几何、平三角、弧三角、绘图测量、帆缆、枪炮、彝器（仪器）、天文、驾驶等科，如风涛、海流、电学、气学以及操演船阵、施放鱼雷水雷等技，均俟上船练习"。通常每日堂课6小时，兵操、运动2小时，每班学生每星期停课半天，由操教员带领练习操演运动或枪炮帆缆等技。

所有课程在3年内分6学期完成，每学期以半年为限，自五月至十月为第一学期，十一月至次年四月为第二学期。学堂对每个学期开设的具体课程都有详细计划。据《光绪三十三年海军调查表》记载：孝班开设的课程有几何、代数、测算、地舆、英文法、万国史、英文国学文编卷三；悌班开设的课程有几何、代数、地舆、英文法、万国史、英文国学文编卷三；忠信仁义礼等5个班开设的课程有算学、英文国学文编卷二；智班开设的课程有算学、英文国学文编卷一。

刊行于宣统三年（1911）的《章程》则详细罗列了6个学期所开设的课程：

第一学期：英文读本一集、读书、背书、拼音、解字、习字、数学、翻译；

第二学期：英文读本二集、读书、背书、解字、字义、习字、数学、代数、翻译；

第三学期：英文读本三集、读书、默书、背书、字义、历史、文法初范、代数、翻译、地舆、几何；

第四学期：英文读本三集、读书、默书、字义、文法、地舆、代数、历史、测算、几何、翻译；

第五学期：英文读本四集、读书、默书、字义、造句、历史、文法、代数、平三角、测算、几何、翻译；

第六学期：英文读本四集、读书、默书、字义、历史、翻译、论说、代数、彝器（仪器）、平三角、弧三角、驾驶、天文。

课程的考试分为甄别考、期考、毕业考三种。其中，甄别考是在新生入校试习三个月后举行，期考是在每学期满后举行，毕业考是在堂课毕业时举行。

除堂课外，《章程》还规定："学生每入夏令，应在海边学习水性以及风帆舟楫，不放暑假。"这种对游泳训练的高度重视，既彰显了烟台海军学校的军种特色，也源于谢葆璋本人的教育理念。他认为："海军员勇之宜善于泅水，犹陆军员勇之宜善于乘马也。然泅水一技，须在夏令习之，方与身体无碍。故美、日各国海军学生于每岁夏令必遣上练船巡游凉爽口岸，使习泅水、升桅、风帆、舟楫等技。"同时，谢葆璋认为，与其他学堂所在地相比，烟台具有得天独厚的地理环境优势，"我国学堂除烟台为风和水静之海口外，其余各处，若广东之黄浦，福建之马江，南京之扬子江，皆系天气酷热，潮流甚急，于泅水一事，尤非所宜，以故该堂学生多未习此，诚为缺点。"[1] 除了上述原因，谢葆璋之所以对游泳如此重视，恐怕也与他的亲身经历密不可分。当年，谢葆璋所在的"来远"舰被潜入威海港内偷袭的日本鱼雷艇击沉，他正是泅水登上刘公岛，方得以脱险。有了实战中的切身体验，谢葆璋自然比其他人更深刻地认识到游泳的意义。为了督促学生切实掌握游泳技能，《章程》还规定："每年秋分前后，举行考试泅水一次。"按学生年级的高低，定游泳码数的远近。计

---

〔1〕《烟台海军学堂监督谢葆璋上南北洋大臣改良海军学堂条陈》，甘厚慈辑：《北洋公牍类纂续编》（三），台北文海出版社1966年版，第1592页。

分方式为：首年，满分五百码；次年，满分一千码；三年，满分一千码。所得分数不及一成半者，记小过一次，不及一成者，记大过一次。如果得分低于上一次考试，那么即使可以按章得赏，也要计算所短分数，按每六百码内记小过一次。也就是说，学生在游泳考试中只合格还不行，具体成绩也要逐年提高。而且，据陈文会回忆："游泳一门很为重要，即各门功课皆已及格而游泳如不及格者务必退学。"[1]由此可见游泳训练在烟台海军学堂受重视程度之高、考核要求之严。

《章程》要求监督、教员、学生在校园内必须穿着海军军服。学生所着军服靴帽由学堂供给，每年每人发给次等呢军衣裤1套、白斜纹衣裤3套（老生2套）、皮靴4双、军帽1顶，所有衬里袄裤则由学生自备。每人每三年发给优等呢衣裤一套、间年发给优等呢长外套一件。每年入夏令，学生须将冬季军服上交斋务长，统一妥存库房，来年冬季再行下发。学生如果请假离校，也需要将衣服交斋务长收存，销假时再领取。《章程》规定学校的各类人员相见或有事面陈，职位低者必须向职位高者举手致敬，后者也应及时还礼。各个教员非周末不得无故请假，也不得无故辍学，如果教员有重大事故或重病、久病而请假离开学校的，应由监督派人兼代，如果两个月都无法重返教学岗位，就要开缺另补。教员除了教授本科功课之外，如果监督或教务长指派其兼教其他功课，即须照办，不得推诿。教员应该专职做好学校的授课任务，不得在外兼差，也不得在学校宣传异教。教员的上课时刻一概以学校的号钟为定，不能以自己携带的钟表为准，也不能携带功课以外的书籍，并不得与学生之间有馈送宴会等事。

在学生的管理方面，《章程》不但设置了必要的惩戒，而且注重学员自主意识的培养和维护学员必要的尊严，这与旧式军队是截然不同的。学生在校期间，有触犯规则者当分别大小记过处罚，不得瞻徇，也不得任意凌轹，犯错情节较重的，需要上报庶务长并转请监督核办。《章程》明确规定，学生须养其体面，除了重大过犯由监督临时裁处外，其可原谅的过错一般以罚站、罚记

---

〔1〕陈文会：《烟台海军学校的始末》，烟台市政协文史资料研究委员会编：《烟台市文史资料》（第二辑），内部刊物，1983年，第73页。

过以示惩罚，那些旧日军营责罚诸条一概禁止，以此来培养诸生自重之风化。

在休假方面，虽然学生不放暑假，但仍然有一些假期，包括皇太后、皇上万寿圣节各停课一天；孔圣诞辰停课一天；每星期日停课一天；端午、中秋佳节停课三天；元宵节停课三天；期考后停课三天等。此外，从十二月二十二日到正月初八为每年年假。《章程》同时对休假期间的在位情况提出了要求，除元宵、端午、中秋、新年各节外，凡遇假日，本省籍学生亦应在校休息，不得回家。休息日由庶务长随时传号点名，凡有出外散步者也不应远离。外省籍学生有请假到埠者，应于日暮时返校，不得在外住宿。如遇父母丧事、个人伤病等特殊事件，再按相应规定执行。

总而言之，《章程》从总则、编制、课程、招考、校员、学生、讲堂、操场、学舍、餐堂、浴房、休假、请假、记功、记过、退学、考试、毕业、军服、奖赏、经费、疾病等22个方面，对学堂的各类人员、各类活动，生活的各个方面、学习的各个环节都做出了全面细致、具体深入的规定和说明，保证了学堂的运行管理有章可循、有据可依。

烟台海军学堂的快速发展

为了全面掌握海军实力，光绪三十三年（1907）、宣统元年（1909），相继有《光绪三十三年海军调查表》和《海军水师第一次统计表》问世，这两个表中都有海军学堂的相关信息，通过研究比照这些信息，我们可以感受到烟台海军学堂自建校以来的快速发展。

从办学队伍来看，烟台海军学堂有员司6人，教习12人；江南水师学堂有员司13人，教习11人；福州船政学堂有员司8人，教习21人；广东水师学堂有员司7人，教习9人。仅从数字上看，烟台海军学堂并无优势，但江南水师学堂包括驾驶、管轮2个专业，福州船政学堂的前后学堂包括制造、驾驶、管轮3个专业，广东水师学堂更是兼习驾驶、管轮和鱼雷3个专业，而烟台海军学堂则专司驾驶一科。

从办学经费来看，烟台海军学堂的额支经费是每月京平银两千七百两，每年三万两千多两，活支经费无定数；江南水师学堂的额支经费是每月两千五百多两，每年三万多两，活支经费每年七千二百两；福州船政学堂的额支经费是每年两万两，活支经费四千余两。广东水师学堂的经费没有明确记录，但是有记载表明，光绪三十年（1904）前后，"学生服式参差，遂将学生每月膳银四两停发，其军服、鞋、帽一切概由官给"[1]。学校经费的捉襟见肘可想而知。尽管谢葆璋在调查表的"附记"中表达了"限于经费"，有些教学物资尚无法配备，

---

〔1〕沈天羽：《海军军官教育一百四十年（1866—2006）》（上），（台湾）"国防部海军司令部"2011年版，第369页。

然而，毕竟其所用仪器、图籍都可以随时购备，由活支内开销。因此，与其他海军学堂相比，烟台海军学堂在办学经费上的充裕是显而易见的，这无疑为办好学校提供了强大的经济支撑。

从学生数量来看，烟台海军学堂学生定额为152名，实有192名；江南水师学堂学生定额为140名；福州船政学堂学生定额为140名；广东水师学堂学生定额120名。

综上可见，烟台海军学堂在事关办学质量的几个主要指标上都具有明显的优势。

宣统元年（1909），清政府重提振兴海陆军之议。正月二十九日（2月19日），朝廷发布上谕："方今整顿海军，实为经国要图，著派肃亲王善耆、镇国公载泽、尚书铁良、提督萨镇冰，按照所陈各节妥慎筹画，先立海军基础；并著庆亲王奕劻随时总核稽察，以昭慎重。俟规模大定，再候谕旨。"[1]五月二十八日（7月15日），朝廷"著派郡王衔贝勒载洵、提督萨镇冰充筹办海军大臣"[2]。同时，新设立的筹办海军事务处在这一年对海军事务各个方面进行了新一轮统计，内容涉及海军人员、舰队吨位、海军船只、海军款项、海军职官、海军厂坞、海军装备、海军医院、海军学堂等方面。这次统计的结果完全以表格形式加以呈现，共有36个表格，其中与海军学堂有关的表格共3个，分别是《海军学堂学级表》《海军学堂员名分表》《海军学堂经费分表》[3]。虽然不久之后，清王朝就在辛亥革命中土崩瓦解，但此次调查还是为我们掌握清末海军建设发展情况提供了重要参考。

---

〔1〕《著肃亲王善耆等筹画海军折》，张侠等编：《清末海军史料》，海洋出版社1982年版，第93页。

〔2〕《著载洵萨镇冰充筹办海军大臣谕》，张侠等编：《清末海军史料》，海洋出版社1982年版，第96页。

〔3〕《海军水师第一次统计表》，茅海建编：《清代兵事典籍档册汇览》（第九十九册），学苑出版社2005年版，第141—146页。

海军学堂学级表

细别	烟台海军学堂	江南海军学堂		福建省 船政制造学堂	福建省 船政驾驶管轮学堂		广东水师学堂	附记
科别	驾驶科	驾驶科	管轮科	制造科	驾驶科	管轮科	驾驶科	1.福建船政驾驶管轮学堂员名表,系学生24名,其学级表内两项仅18名,减少名数未据声明缘由。又学生名额系两科共数,其某科名额若干亦未据声明,兹均照原表填列。 2.福建船政绘事学堂学级未据填报。
班数	8	4	4	1	1	1	3	
全科人数 额数	192	60	60	141	140		58	
全科人数 现数	187	70	70	20	11	7	58	
肄业年限	3年	5年半	6年	8年	5年	3年	6年	
本年毕业人数	14	15			11		12	

海军学堂员名分表

员名别	烟台海军学堂	江南海军学堂	福建省 船政制造学堂	福建省 船政绘事学堂	福建省 船政驾驶管轮学堂	合计	广东水师学堂	总计
各项管理官长	4	4	1	1	1	3	6	17
各项教习	9	11	3	2	6	11	9	40
各项学生	187	140	20	44	35	99	58	484
杂项人属	4	9	1	1	1	3	5	21
各项兵匠夫役	63	44	13	8	13	34	44	185
合计	267	208	38	56	56	150	122	747
建设地	烟台	南京	马江	马江	马江		黄埔	

学堂名称\细别	烟台海军学堂	江南海军学堂	福建省				广东水师学堂	总计	附记
			船政制造学堂	船政绘事学堂	船政驾驶管轮学堂	合计			
额支 公费	1920							1920	1.烟台海军学堂经费，由北洋拨交巡洋舰队支放，故北洋大臣及巡洋舰队两处均有造报。兹因舰队所报活支各款多未详备，本表照北洋表册填列。 2.江南海军学堂设有洋教习二员，月支英金105镑，全年共支1365镑，未列表内。又津贴银1300两，列入薪水项下。 3.广东水师学堂薪水项下，另有理化洋教习一员，月支英金17镑半，年共支英金227镑半，未列表内。
额支 薪水	16166	13507	8178	867	2040	11085	7631	48389	
额支 赡银	13271	1560	708	1190	1920	3818		18649	
额支 工事	3020	2217	556	380	536	1472	3814	10705	
额支 杂费	838	10290	280	607	555	1442	7470	19585	
额支 计	34942	27574	9722	3044	5051	17817	18915	99248	
活支 器物被服文具费	15896	4950						20846	
活支 建筑费	2647						5256	7903	
活支 杂费	13971	5379	1235	354	1049	2638		21988	
活支 合计	32514	10329	1235	354	1049	2638	5256	50737	
共计	67456	37903	10957	3398	6100	20455	24171	149985	

左侧竖列标题：海军学堂经费分表

上述三个表格，关注的仍然是对于办学非常重要的两个要素，即人员和经费。其中，《海军学堂学级表》和《海军学堂员名分表》都包含有现学生总人数这一项。从人员上来看，烟台海军学堂的学生额数最多，现数最多，各项兵匠夫役最多，各类人员总人数也是最多的。此外，烟台海军学堂专司驾驶，开设了驾驶科8个班次，这一点在所有海军学堂的驾驶科中都无出其右。表内统计的4所海军学堂共开设驾驶班次16个，烟台海军学堂占据了半壁江山，其在当时海军驾驶人才培养中的重要地位由此可见。同时，烟台海军学堂的教习为9人，虽然在数量上并非最多，但是考虑到其专司驾驶，还是体现出烟台海军学堂在驾驶人才培养上的强大师资力量。从经费上来看，烟台海军学堂的额支经费占4所海军学堂额支经费总数的35.2%；活支经费占4所海军学堂活支经费总数的64.1%；经费总额占4所海军学堂经费总额的45%。总之，烟台海军学堂在经费上的优势一目了然，这种优势离不开清政府的大力扶持，也体现出清政府对北洋战略方向的高度重视。

1909年1月，清政府派候补道沈觐安率随员2人到烟台海军学堂考察教授、财政、医务及其他校事，成绩优良。[1]有论者曾给予如下中肯评价："烟台海军学校系清末至民初北伐期间，海军航海军官主要之来源，当其设立之际，正值甲午、八国联军战役之后，北方水师学堂受到重创，福州船政学堂亦因办理困难，海军人才难以为继，该校乃替续培育军官从事海军重建。"[2]

---

〔1〕刘传标编：《近代中国海军大事编年》（上卷），海风出版社2008年版，第564页。
〔2〕沈天羽：《海军军官教育一百四十年（1866—2006）》（上），（台湾）"国防部海军司令部"2011年版，第492页。

选拔学生派赴英国留学

　　《烟台海军学堂现行章程》第一章第二节明确提出："本堂办法参酌南北洋向章及英国海军章程。"[1] 英国海军乃当时世界海军之翘楚，烟台海军学堂将英国海军作为学习仿效的对象，完全可以理解。但是，自烟台海军学堂成立以来，派赴英国留学的学生并不多，只有光绪三十三年从回国的留日学生中挑选的任光宇、温树德、佘振兴、刘永诰4人。我们根据佘振兴的回忆，先来简单回顾一下烟台海军学堂派赴英国的第一代海军留学生的情况。

　　当时，来自烟台海军学堂的佘振兴、温树德、刘永诰、任光宇和江南水师学堂的吕德元、孟慕超、奚定谟、沈奎等8名留学生，被派往英国东方舰队，也是英国在东方仅有的一支巡洋舰队学习。这支舰队是1904年英国海军部长费雪为整合在远东的舰队而成立的，包括原本各自独立的东印度支队、中国支队和澳洲支队，司令部位于新加坡。旗舰King Alfard号，排水量18000吨，另有Bedfort号、Monmoufhik Kens号、Kent号等3艘9800吨级的巡洋舰，常驻香港，还有一艘常驻上海的4200吨级巡洋舰Astnca号。佘振兴等8人于光绪三十三年（1907）八月赴香港，在上述4舰每舰分配2人，佘振兴和孟慕超被分在Bedfort号，与十余名英国的军官候补生同编在一队，由一位海军少尉担任队长，负责他们的生活管理与照料。舰上设有教官，教授数学、天文、驾驶、枪炮、鱼雷、电学、信号、轮机，另有值更分队、战斗部署，均需见

---

　　[1] 沈天羽：《海军军官教育一百四十年（1866—2006）》（上），（台湾）"国防部海军司令部"2011年版，第460页。

习生的共同参与。"这样可以让所学与实务立即结合，一方面可收现买现卖的效果，一方面也可从实作中学到课堂上学不到的宝贵经验。"每名留学生有一个大木箱，名曰见习生箱，所有衣服皆放置在内，睡觉则用吊床，同时，备有见习生书格，用以放书及纸张。除寝室外，另有英国人称为"炮室"（Gun Room）的三官厅，供学生起居、读书之用。佘振兴等作为见习生，在舰上共有三四个月之久，在南洋、新加坡，槟榔屿与婆罗洲一带巡弋，每个人都获得了有益的海上航行经验。而且，舰上高级官员对见习生们都视为子弟，人格是绝对受到尊重的。

光绪三十四年（1908），经萨镇冰与英方交涉，由英国海军提督摩亚伯爵向英海部请求，允许派中国留学生分赴4支英国舰队见习。在驻香港的英舰上留下2人，其余6人于四月间赴英，历经6个星期的航程后，抵达朴茨茅斯港。其间，在地中海舰队Duncan号留下2人，在大西洋舰队Exmourh号留下2人，佘振兴和孟慕超则被派驻英国海峡舰队副司令舰Hibernia号，该舰当时甫成军2年。海峡舰队共8艘主力战舰，旗舰King Edward Ⅶ号为当时最新式者，排水量16500吨，12寸炮前后各2尊，9寸前后边炮4尊，6寸炮10尊，配员800名，航速23海里。佘振兴和孟慕超在Hibernia号上的一年半时间里，曾巡弋英伦三岛及丹麦、挪威等处，可谓操练最勤之舰队，获益匪浅。舰上见习结束前，佘振兴等8人都通过了各项考评，被任命为海军少尉。

舰上见习阶段结束后，8名留学生于宣统元年（1909）九月，入英国海军最大学府格林尼治海军大学学习。尉官班开设的课程有实用驾驶、航海学、测量学、轮机、物理、化学、微积分、造船学、力学等。是年，载洵、萨镇冰赴欧洲考察海军，到英国时，同行者有驻美钦差梁诚和驻英钦差李经方，各生俱往拜见，孟慕超、温树德还被选派为临时随员。在格林尼治海军大学6个月的学习结束后，留学生4人一组，被派至新成立的本土舰队的2艘新式战舰：16000吨级的H.M.S.Lord Nelson号和H.M.S.Agamemnon号，参加为期2个月的作战演习。其间，经历了各种海战状况预演，如主力舰对抗、反鱼雷快艇作战、岸轰支援、反水雷封锁、反潜作战、各种损管技术和对友舰的救援等科目。当年五月，8人又被派往朴茨茅斯鲸岛海军训练基地学习枪炮术、航海和鱼雷，为期6个月。至宣统二年（1910）年底，8名留学生完成了全部见习生少、中尉的课程，准备回国。[1]应该说，佘振兴等作为英国海军留学生的经历非常宝贵，也非常有益，不论是在舰上做见习生，还是在海军大学学习，都对进一步打牢海军理论基础和提升实践能力很有帮助。

8人回到上海后，受到了萨镇冰的接见，萨镇冰让他们先回家省亲过年，于元夕之后到北京海军部参加鉴定考试。1911年2月中旬，8人在北京会合，向海军部军学司报到。当时，英国新王乔治五世将于6月22日行加冕大礼，并举行国际海军检阅式。清廷决定派海军协都统程璧光率"海圻"巡洋舰参加，并晋升孟慕超和刘永诰为上尉，派他们随"海圻"舰出访，所以接受军学司鉴定考试的只有6人。原定主考官为军制司航海科科长刘冠雄，因其出差，改派副科长刘传绥担任。考后揭晓，6人均以"协参领少校，照正军校（上尉）"交萨镇冰分发各舰以教练官任职。

随着清政府重整海军计划的制订和筹办海军事务处的成立，烟台海军学堂的学生再次迎来了留学英国的机会。宣统元年六月二十八日（1909年8月13日），陆军部会同海军大臣奏定筹办海军入手办法，拟分7年筹办海军，正式拉开了晚清最后一次振兴海军的序幕。从纸面上看，规划制定得颇为全面，涉及舰船装备、军港建设、学堂扩充、兵工厂的改造等海军建设的方方面面。海军教育方面，更是提出了设置海军大学的规划目标。所需经费共计白银一千八百万两。[2]伴随规划的出台，行动也随之展开。宣统元年七月初十到八月十一日（1909年8月25日到9月24日），载洵、萨镇冰南下巡阅海防，共巡视了广东、福建、浙江、江西、湖北、安徽、直隶、山东、江苏等9个沿海、沿江省份的海防情况。此次巡阅，载洵、萨镇冰的一个重要任务就是再选拔一批优秀的青年海军军官和学生，派赴英国留学。此次选拔，烟台海军学堂的曾诒经、陈藻藩、王助、王孝丰、郭锡汾、冯涛等6人，以及第二届毕业生曾以鼎、金铁伦等青年军官入选。

宣统元年八月（1909年10月），载洵、萨镇冰带员赴欧洲考察海军，先后

---

〔1〕上述留学英国情况，参见佘振兴遗稿《回忆录》，陆宝千访问、官曼莉纪录：《郑天杰先生访问纪录》，九州出版社2012年版，第286—288页；王玉麒：《清末新建海军首批留日、留英学生经历》，陈悦编著：《辛亥·海军——辛亥革命时期海军史料简编》，山东画报出版社2011年版，第60—64页。

〔2〕《筹办海军七年分年应办事项》，张侠等编：《清末海军史料》，海洋出版社1982年版，第100—101页。

到达意大利、奥匈帝国、德国、英国，参观船炮厂和海军学校，订购了"同安""建康""豫章"等新式鱼雷快艇，"江鲲""江犀"等钢甲平底炮艇，"肇和""应瑞"等巡洋舰。曾诒经等23人随同前往英国，留英学习船炮制造。其中，王助、王孝丰、巴玉藻（江南水师学堂学生）等3人后转赴美国麻省理工学院学习飞机制造，曾诒经入寇蒂斯·赖特飞机公司学习航空发动机。这4人回国后，协助海军设计、制造飞机，成为我国航空事业飞机制造之先驱。特别是王助，作为美国波音公司建厂的首批工程师，研发设计出了波音公司第一款在商业上取得成功的飞机，奠定了波音公司的技术和经济基础，在波音公司的发展史上留下了不可磨灭的印记。

为了加强对留学生的管理，清政府还制订了《管理留学外国海陆军学生划一章程》，专派监督一员，常驻该处管带海陆军留学生相关事宜，包括留学生的品行、精神和学业程度。此次向英国派遣留学生，由烟台海军学堂斋务长李景曦担任监督。李景曦离校后，其斋务长遗缺由正教习朱正霖接任，而朱正霖的正教习遗缺则由刚从英国留学归来的朱天森（江南水师学堂驾驶班第四届毕业生）担任。其时，庶务长叶幼峰积劳病故，海军派王兼知（天津水师学堂驾驶班第三届毕业生）充任。此外，正教习徐裕源离职，其离职原因说法不一[1]，遗缺由黄仲则（江南水师学堂驾驶班第一届毕业生）调补。一年后，即宣统二年春，朱天森被调往海军部升补舰长，正教习遗缺由副教习许秉贤升任。

宣统元年十月（1909年11月），烟台海军学校第三届共14名学生毕业。这一届学生中，比较有名的是田士捷。此人后来参加了孙中山领导的护法运动，成为海军支持孙中山的骨干力量，曾被孙中山任命为舰队司令。第三届学生毕业后不久，海军派刘道源（烟台海军学校第二届毕业生）、李申之（烟台海军学校第三届毕业生）来校担任协教习。宣统二年六月（1910年7月），烟台海军学校第四届共13名学生毕业。这一届学生中，比较有名的有曾任"海圻"舰舰长、东北海军海防第二舰队舰队长的袁方乔和辛亥革命烈士萨福锦。

---

[1]据许秉贤说法，徐裕源系虔诚的耶稣教徒，不辞而别，传教去了。见许季超（许秉贤）：《关于烟台海军学校的回忆》，文闻编：《旧中国海军秘档》，中国文史出版社2006年版，第196页；据陈文会说法，徐裕源系患羊角风离职。见陈文会：《烟台海军学校的始末》，烟台市政协文史资料研究委员会编：《烟台市文史资料》（第二辑），内部刊物，1983年，第71页。

首任监督谢葆璋的离职

　　宣统二年（1910），国内的革命氛围已是"山雨欲来风满楼"。首先是出现了大批知识分子参军的热潮。自1904年起，清政府废除科举，使得大批下层知识分子失去了进身之路。"比较富裕的上层知识分子大批出国留学，家境一般的则大都进入国内的各式洋学堂。而既不能出国留学，又不能进新式学堂的便只有投笔从戎了。"[1]此时，适值清政府开展军制改革，大规模编练新军，而招募新军最大的要求就是士兵要具备一定的文化程度，识字是底线，如能粗通文理则更佳，这样，就为广大贫穷知识分子提供了一条新的政治出路。于是，"凡知识分子，见科举已停，贫士无进身之阶，遂相属投军"[2]。比如1905年在湖北黄陂募兵的结果，"96人中，就有12个廪生，24个秀才"。在除北洋六镇外最精锐的新军湖北陆军第八镇和第二十一混成协所属各部队中，"都有不少的读书分子入伍"[3]。知识分子的大量入伍，不但改善了新军的人员构成和整体文化水平，而且由于知识分子思想敏锐，易于接受新生事物和革命的宣传鼓动，进一步活跃了部队的思想氛围，有利于革命火种的播撒。其次是同盟会等革命党人在国内军事教育活动中的宣传鼓动。一大批留日学生在留学期间接受了民主革命思想，加入了同盟会等革命组织，走上了资产阶级民主革命的道路。1909年6月，留日海军学生在东京组织创办了《海军》季刊，虽然该刊

---

〔1〕史全生主编：《中国近代军事教育史》，东南大学出版社1996年版，第144页。

〔2〕朱峙三：《辛亥武昌起义前后记》，湖北省政协编：《辛亥首义回忆录》（第三辑），湖北人民出版社1980年版，第128页。

〔3〕吕中秋：《辛亥回忆一则》，湖北省政协编：《辛亥首义回忆录》（第一辑），湖北人民出版社1980年版，第68页。

不是以宣传革命思想为要务的政治类刊物，而是注目于介绍西方先进的海军战略，如马汉的海权论，但毕竟也是"期望先利其器再利其国"[1]，带来了新的风气。这批留学生回国后，正好解决了当时大批新式军事学校师资匮乏的问题，被各省督抚争相延揽。虽然在烟台海军学堂的教习中，革命党人少之又少，似乎只是在第十三届毕业生周应骢的回忆中，陆军军官教员刘立中有此特质，但是，考虑到海校学生较高的文化基础和受到的西式教育内容，很难说学生们不会受到外界这种愈来愈火热的革命氛围的影响。许秉贤就曾回忆，大约在1906年前后，"此时孙中山宣传革命排满复汉甚力。所出版书籍有《扬州十日记》《嘉定三屠》《江阴阎典史率众抗清》等，均为民众欢迎，争选购阅，青年学生尤为欢阅。学生阅后均义愤填膺，充满革命思想，竟有欲立即参加革命者。有人说此事重大，不可草率妄为，应从长计议，应先成立一办事机构，再进行应为之事。并成立一会，集中力量共商良策，众以为然。既以大众意见为标准，名此会曰共和。大众同意了，公举学长许秉贤为会长，李申之为书记，田士捷为会计，陈子明、金轶伦、欧阳勋、刘道源、陈龙、俞俊杰等为干事。议决每人每月捐洋一角以充购买书报等。每星期日开会一次，演讲革命及复仇等事。议决先向家属及亲友宣传满人进关时之种种暴行虐政，唤起各人之革命情绪。当时之口号是'手执钢刀九十九，杀尽胡人方罢休'。一面仍力行求学，以谋学业之进步。"[2]在此背景下，满人青年入校后，难免会引发汉族学生的不满，并导致冲突的发生。

进入宣统二年，清政府继续推进筹办海军计划，比较引人关注的有以下几项：

一是设立海军学校及建军港事宜。筹办海军大臣载洵等奏："海军为自强之本计，谨就原拟办法权其缓急，目前以设立海军学校及建筑军港为要图。拟先举办以期渐立基础。"[3]但由于国内局势动荡，军费紧张，致使加强海军学

---

〔1〕孙琴：《清末留学生日本创办期刊概述》，《图书情报工作》2010年第5期，第136—139页。

〔2〕许季超（许秉贤）：《关于烟台海军学校的回忆》，文闻编：《旧中国海军秘档》，中国文史出版社2006年版，第190页。

〔3〕佚名辑：《宣统政纪》（第三十二卷），沈云龙主编：《近代中国史料丛刊》（三编第十八辑），台北文海出版社1986年版，第569页。

校建设的工作一拖再拖，最终杳无音信。

二是重新厘定海军处各司职掌。载洵奏："原设第一司拟名曰军制司，掌海军规制、考绩、驾驶、器械、轮机等事；第二司拟名曰军政司，掌修造船舰、建筑工程等事；第三司拟名曰军学司，掌海军教育、训练、谋略等事；第四司拟名曰军防司，掌铨衡各省水师将弁，并侦测等事；第五司拟名曰军医司，掌海军卫生、疗伤、医药及军医教育等事。参赞厅内原设两司：一为秘书司，今拟名曰军枢司，掌全处人员升迁、调补、差缺、机密公牍函电及承发文件等事；一为庶务司，今拟名曰军储司，掌海军经费暨服装、军粮等事。此两司拟请毋庸隶属厅内，俾得与各司一律分任职掌。惟一、二、三等参谋官，拟请仍照留厅以资佐理。此外，尚有海军军事裁判、风纪、法律等项事宜，亦关重要，拟请另设专司，名曰军法司，以掌其事。"[1] 除了在编制架构方面所做的准备之外，筹办海军事务处还参照陆军在光绪三十一年（1905）制定的三等九级军衔制，拟定海军军衔在正都统、副都统、协都统、正参领、副参领、协参领、正军校、副军校、协军校前，皆冠以"海军"字样，以示区别而专任使。据此，又拟定了海军长官旗式及各级军官章服标志。[2] 筹办海军大臣奏请拨地建造衙署，得到清廷的谕准。最后，筹办海军事务处制定了《海军部暂行官制大纲》，拟请设海军大臣、副大臣各1员，将原设筹办海军大臣、参赞一并裁撤。应行设立的海军司令部从缓另设专署，由海军部暂行兼办，以节糜费而昭简捷。[3]

三是载洵、萨镇冰前往美国、日本考察海军。军学司司长曹汝英、军法司司长郑汝成、军制司司长徐振鹏随行。此行，与美国纽约贝里咸钢铁公司（Bethlehem Steel Corporation）签订合同，建造3000吨级巡洋舰"飞鸿"号。旋即赴日，参观船厂、机械船，考察海军组织机构，订购炮舰"永丰""永翔"号。

---

〔1〕佚名辑：《宣统政纪》（第三十二卷），沈云龙主编：《近代中国史料丛刊》（三编第十八辑），台北文海出版社1986年版，第570页。

〔2〕佚名辑：《宣统政纪》（第十七卷），沈云龙主编：《近代中国史料丛刊》（三编第十八辑），台北文海出版社1986年版，第318、323页。

〔3〕同上，第774页。

宣统二年十一月初三（1910年12月4日），清政府改筹办海军事务处为海军部，载洵为海军大臣、谭学衡为副大臣，以海军提督萨镇冰统制巡洋、长江舰队，统制处设在上海高昌庙。

上述种种举措颇为引人注目，体现了清政府意图重振海军、掌控海军的强烈愿望。自光绪三十三年四月（1907年6月）设海军处，暂隶陆军部开始，不到4年的时间，清政府不仅统一了全国海军，而且建立了海军领导机关，这也标志着中国海军的近代化建设终于步入正轨。当然，"就封建统治者而言，建立海军部和统一海军又不完全是在外来侵略的刺激下适应抵御外侮的需要。当时，在国内人民大众反抗情绪日益高涨的形势下，复兴海军实际上已成为清廷加强皇权的一项重要内容。"[1]那么，哪些人才是清政府心目中加强皇权的最可靠人选呢？首推满人。正如有论者所言："宣统时代开始后，因为宣统帝年幼，由其生父载沣摄政监国，然而载沣缺乏政治经验，行政多依赖皇族贵胄，结果导致满族贵胄青年官员大量进入清政府中央和地方。这些缺少政治经验的官员，在行政风格上多有跋扈的特征，且大肆排挤汉族官员，一改百余年来满汉并重的官场用人方法，引来清政府中汉族官员的不满。"[2]

但是，由于历史原因，海军中极少有满人。针对此种情况，奕譞提议规复昆明湖水师学堂。其目的，奕譞在奏折中说得很清楚："因思八旗之众，聪颖骁健者实不乏人，只为见闻所囿，虽具美质无可表见，亟当乘时教练，预储异日将材，庶不负皇太后体念时艰之至意。"[3]一言以蔽之，就是在满人中培养海军人才。但"昆明湖水师学堂第一届毕业生廿四人中，内有十五人先后为陆营调用，实际完成船课服务海军者只九人"[4]，无异于杯水车薪。清政府筹划将海军中舰长及副长悉数换为满人，以确保对海军的掌控，于是，再一次加紧培养满人中的海军人才就提上了议事日程。就当时海军学堂的实力对比来说，烟

---

〔1〕海军司令部《近代中国海军》编辑部：《近代中国海军》，海潮出版社1994年版，第573—575页。

〔2〕陈悦编著：《辛亥·海军——辛亥革命时期海军史料简编》，山东画报出版社2011年版，第71页。

〔3〕《奕譞等奏请复昆明湖水操旧制折》，张侠等编：《清末海军史料》，海洋出版社1982年版，第395—396页。

〔4〕包遵彭：《中国海军史》，中华丛书编审委员会1970年版，第796页。

台海军学堂风头甚健，载洵在巡阅海防的过程中对此也是印象深刻。于是，在巡阅后不久，清政府就选派了八旗近支子弟伊里布、傅黎青、张德亨等30人到烟台海军学堂，饬校方加紧训练，使其提前毕业，以备任用。这些满人学生到校后，谢葆璋及教职员已对一些可能发生的问题做了预判，并时加警惕，予以防范，深恐他们与旧生不睦，寻衅闹事。但是，满汉学生之间终究还是渐生龃龉并发生冲突，这也成为谢葆璋离职的导火索。

满人学生来到烟台海军学堂后，处处以贵胄自居，备感优越，在各方面都享受特殊待遇，且待遇内容并不透明公开，这引发了汉族学生的极大不满。由于当时反清排满的社会情绪已渐成气候，汉族学生又受到革命书籍的影响，且双方同在一个校园内学习生活，不可能完全隔离，接触在所难免，因此不断发生一些矛盾和纠纷。为了避免多生事端，校方对于汉族学生稍予压力，加以训诲，令其克制；对于满人学生则竭力劝慰，事态渐趋平缓。但是大环境的影响和满人学生已经固化的高高在上的贵族做派，最终还是引发了一场冲突。

关于这场冲突，许秉贤只是笼统地称"满人一度与旧生冲突"[1]；陈文会则回忆说"学生在操场游玩，因细故互相斗殴，满生挟'皇帝是我们家的'欺压汉人"[2]。当时身处烟台海军学堂的冰心后来回忆说："在一九一一年的春季运动会上，为着争夺一项锦标，一两年中蕴积的满汉学生之间的矛盾表面化了！"[3]

这次满汉学生冲突事件后果十分严重。满人学生坚持要离校回京告状，道台衙门也出面，要求学校开除所谓的"肇事"学生。此时渐趋火热的革命形势，让清政府认为此事背后必有"文章"，很可能是革命党人鼓动所为。于是，1910年11月，烟台海军学校第五届学生即将毕业年终考核之际，筹办海军事务处派遣军法司司长郑汝成前来监考，并调查满汉学生冲突事件。

郑汝成一行到校后不久，谢葆璋即从烟台海军学堂离职。至于具体的离

〔1〕许秉贤：《烟台海军学校始末》，杨志本主编：《中华民国海军史料》，海洋出版社1987年版，第919页。

〔2〕陈文会：《烟台海军学校的始末》，烟台市政协文史资料研究委员会编：《烟台市文史资料》（第二辑），内部刊物，1983年，第70页。

〔3〕冰心：《我的童年》，卓如编：《冰心全集》（第五册），海峡文艺出版社2012年版，第509页。

职经过，冰心曾有过回忆："这一场风潮闹得很凶，北京就派来了一个调查员郑汝成，来查办这个案件。他也是父亲的同学。他背地里告诉父亲，说是这几年来一直有人到北京告我父亲的'乱党'，并举海校学生中有许多同盟会会员——其中就有萨镇冰老先生的侄子萨福锵……而且学校图书室订阅的，都是《民呼报》之类，替同盟会宣传的报纸为证等等，他劝我父亲立即辞职，免得落个'撤职查办'。父亲同意了，他的几位同事也和他一起递了辞呈。就在这一年的秋天，父亲恋恋不舍地告别了他所创办的海军学校，和来送他的朋友、同事和学生。"[1]

谢葆璋离职一事，除冰心所述之"主动辞职"说外，还有许秉贤的"撤职"说。据许秉贤1963年的回忆称："事后，郑汝成回部报告，校长谢葆璋办理不善，校政废弛，并说警卫队统带博顺不称职，应予整顿。部信之，采纳其说，将谢葆璋调部充二等参谋官（谢不就，交卸校务后即回籍闲居，待光复后就海军部参事）。博顺亦调部供职。部任郑汝成为烟台海军学校校长兼警卫队统带。"[2]许秉贤1957年所写《海军史略》手稿，则直接将郑汝成回京之后的行为称为"对学校情况加以诬报"[3]。

谢葆璋的离职，对于烟台海军学堂来说不啻为一个打击。谢葆璋执掌烟台海军学堂的8年可谓成绩卓著，使这所创办时间很短的学校后来居上，处于当时国内海军教育的前列。作为一名亲历甲午海战的军人，谢葆璋对甲午之败带来的屈辱有着刻骨铭心的记忆，建强海军、振兴中国是其夙愿所在，冰心曾回忆她和父亲之间第一次"这么长的谈话"，谢葆璋对年幼的冰心讲道："为什么我们把海军学校建设在这海边偏僻的山窝里？我们是被挤到这里来的呵。这里僻静，海滩好，学生们可以练习游泳、划船、打靶等等。将来我们要夺回威海、大连、青岛，非有强大的海军不可。现在大家争的是海上霸权呵！"他还讲道："这以后（甲午之后——引者注），我在巡洋舰上的时候，还常常到外国

---

[1]冰心：《我的童年》，卓如编：《冰心全集》（第五册），海峡文艺出版社2002年版，第510页。

[2]许季超（许秉贤）：《关于烟台海军学校的回忆》，文闻编：《旧中国海军秘档》，中国文史出版社2006年版，第198页。

[3]许秉贤：《烟台海军学校始末》，杨志本主编：《中华民国海军史料》，海洋出版社1987年版，第920页。

去访问。英国、日本、法国、意大利……我觉得到哪里我都抬不起头来！你不到外国，不知道中国的可爱，离中国越远，就对她越亲。但是我们中国多么可怜呵，不振兴起来，就会被人家瓜分了去。可是我们现在难关多得很……"[1]当时的冰心可能并不完全明白父亲这些话的意思，但是父亲的愤激之情溢于言表，父亲对国家对海军的拳拳之心，让她在70多年后回忆起来仍然记忆犹新。在那个纷纷乱世，谢葆璋恪守一名海军军人的责任与追求，这样的境界和胸襟对于履行校长之职、塑造学校风气尤其重要。其办学理念和具体思路同样为人称道。他在《改良海军学堂条陈》中提出的"各省海军学堂宜改归陆军部管辖（因海军未专设部，故暂归陆军部兼辖）""学堂学生宜酌由各省咨送""各处学堂宜专设一总监督""学生夏令宜遣上练船学习""学堂功课宜增设公法一科""海军学生宜兼习管轮驾驶""学生品学宜部奖勋章以劝""学堂师长宜选用海军人员"[2]等，都在当时或后来实践的检验中证明是科学、合理、有效的。也正因如此，谢葆璋离职后，继任各校长均萧规曹随，成效明显。

---

〔1〕冰心：《童年杂忆》，卓如编：《冰心全集》（第六册），海峡文艺出版社2012年版，第57—58页。

〔2〕《烟台海军学堂监督谢葆璋上南北洋大臣改良海军学堂条陈》，甘厚慈辑：《北洋公牍类纂续编》（三），台北文海出版社1966年版，第1591—1594页。

辛亥革命前后的烟台海军学堂

谢葆璋离职后，海军部派郑汝成任烟台海军学堂监督，兼任海军警卫队统带。宣统三年三月十四日（1911年4月12日），清廷准载洵奏，据海军官制，就京外现充海军要职各员，择其资劳较著者，拟定阶级除授，"烟台海军学堂监督兼海军部一等参谋官郑汝成，赏海军协都统衔"[1]。郑汝成接令后，并没有马上到任。根据他的请求，宣统三年四月，海军部派他赴英考察海军学堂[2]。是年夏天，郑汝成考察归来，与海军部新任命的烟台海军学堂教务长陈杜衡来烟台上任，原教务长江中清降为高等教官，仍支原薪。陈杜衡系天津水师学堂驾驶班第一届毕业生，与郑汝成乃同班同学，他的任命，由郑汝成在海军部保举而成，月薪一百八十两，由海军部支给。[3]江中清自新学堂落成之后即担任教务长，也算是烟台海军学堂的老班底，而且工作中并无纰漏，可是郑汝成甫一上任，就要求海军部将江中清撤换为自己的同学，难免让烟校中人感到不服气，产生任人唯亲之感。许秉贤在后来的回忆中于这方面讲了很多，字里行间能够明显感受到对郑汝成诸多做法，尤其是人事安排的不认可，如："论江之学问稍逊于陈，惟其任职已久，成绩亦好，知者不值郑之所为，多拥护江。""陈在海军工作日浅，资格及劳绩俱不够授官条件。由部长特权授之，是异数也。""其因各教官年轻学浅不称职，请部调以他职，遗缺由其保

---

〔1〕姜鸣：《中国近代海军史事编年（1860—1911）》，三联书店2017年版，第636页。

〔2〕池仲祐：《海军大事记》，沈云龙主编：《近代中国史料丛刊》（续编第十八辑），台北文海出版社1975年，第30页。

〔3〕刘传标编：《近代中国海军大事编年》（上卷），海风出版社2008年版，第589页。

人接充（各教官多由统领萨镇冰简定，任职数年并无过失，一旦撤之，殊属过分）。""协教官李申之见郑之设施乖方，不值其所为，离职回籍。"[1]

1911年夏，烟台海军学校第六届83名学生毕业，这是学校历史上毕业人数最多的一届，人称"八十三万班"。"海军中参加辛亥革命最积极者，是刚从日本留学归来和刚从烟台海校毕业的一派年轻人。他们血气方刚，思想激进，是最出力的。海军同人戏称留日归国生为'七十二贤'（72人赶回国参加革命），烟台海校毕业生为'八十三万'（计有83人）。"[2]烟台海军学校第十三届毕业生周应聪由他所实习的"通济"舰教练官李世甲引出此话题称："李世甲比我们高几班，是当时赫赫有名的'八十三万班'（曹操兵马有83万，刚好他们这班是83个人）。'八十三万班'这个名称，是因闹事得来的。这个班的学生在烟台海军学校时代，对学校体制的不合理及专制曾经起而斗争，掀起了大风潮。"[3]第十六届毕业生魏应麟则说："其中第六期八十三名，是毕业生人数最多的一期。后来担任海军要职的，如海军部常务次长李世甲、厦门要港司令刘德浦、海军陆战队旅长杨砥中等都是这期的毕业生。至于担任舰长的，如'楚观'舰长任光海、'民生'舰长郑耀恭、'民权'舰长郑耀枢、'楚谦'舰长曾冠瀛、'德胜'舰长卢景贤、'江元'舰长郑世璋、'甘露'舰长谢为良、'安定'舰长齐粹英、'威胜'舰长刘焕乾，以及安徽江防司令王世英，与马尾、厦门要港部参谋长、副官长等亦是这期毕业生。他们大多数是海军的实力派，人们以曹操兵马作喻，称之为'八十三万班'。"[4]细查魏应麟在回忆中所列举第六届毕业生的上述任职，几乎都在20世纪三四十年代，但实际上，辛亥革命前后就已经有"八十三万班"之称了，因此，并非如魏应麟所述先有毕业生的成就，后有"八十三万班"的名称。当然，这些毕业生中的许多人后来身居要职，也进一步强化了人们对"八十三万班"的认可。

〔1〕许季超（许秉贤）：《关于烟台海军学校的回忆》，文闻编：《旧中国海军秘档》，中国文史出版社2006年版，第198页。

〔2〕唐宏、袁华智：《烟台海军学校》，海洋出版社1994年版，第50页。

〔3〕周应聪：《旧海军生活见闻》，全国政协文史资料委员会编：《中华文史资料文库·第八卷政治军事编》，中国文史出版社1996年版，第560页。

〔4〕魏应麟：《烟台海军学校》，福建省政协文史资料研究委员会编：《福建文史资料》（第八辑），福建人民出版社1984年版，第141页。

"八十三万班"毕业而去，郑汝成肩负重任而来，他不仅担任烟台海军学堂监督，还兼任海军警卫队统带。建立海军警卫队是清末重振海军的举措之一，源自宣统元年（1909）载洵、萨镇冰对欧洲海军的考察。从欧洲归来后，载洵等向清廷上奏称："查英国有海军警卫队之制，平时保卫本国海疆，以补陆军所不逮，战时占据要地，以助海军之进攻，而整饬舰队纪律等事，亦归管理。中国从前办理海军，尚缺此项制度，现拟采用其制，就京师城外昌运宫废址，设立海军警卫队总营，以资试办。"[1]这里的"海军警卫队"，实则就是我们今天所说的海军陆战队。15、16世纪，一些国家为了向海外扩张，建立了经过专门训练的登陆作战部队。17世纪中期，英国建立了海军步兵团。此后，俄国、葡萄牙、法国、西班牙、美国等先后建立了海军陆战团或海军陆战队。虽然在世界范围内，海军陆战队早已有之，但在当时的中国，却是十足的新兴事物。清政府批准载洵所奏，在烟台东山组建了中国第一支海军警卫队，以满人博顺（昆明湖水师学堂驾驶班第一届毕业生）为统带，下辖一个炮兵营、一个步兵营和一个骑兵连。由杜锡珪（江南水师学堂驾驶班第二届毕业生）和虞克昌（威海海军学校驾驶班毕业生）分别担任两个营的管带。杜锡珪于辛亥革命前调离烟台，担任"江贞"舰管带，后在九江起义参加革命，曾担任"海容""海筹""肇和"舰舰长，北京政府海军总司令、海军总长，1926年还曾代理国务总理并摄行大总统职。虞克昌则是后来在烟台投身辛亥革命。

郑汝成接任监督后不久，辛亥革命爆发。烟台海军学堂学生也积极参与了这场革命。

武昌起义后，烟台革命党人深入到海军学校、海军警卫队、海军练营、海防营等驻地进行活动，由"孙锻臣联络警卫队管带虞克昌（实为警卫队二营管带——引者注），复串通海防营管带董宝泰的内弟宫锡德，英国领事馆秘书倪显廷、教师王耀东、《渤海日报》主笔丁训初，尚志学校校长杨新亭，太古船行之吴仲芬、杨德盛、张子领等人，密谋起事"[2]。海防营是光绪二十九年

〔1〕佚名辑：《宣统政纪》（第三十二卷），沈云龙主编：《近代中国史料丛刊》（三编第十八辑），台北文海出版社1986年版，第569—570页。
〔2〕孙丹林：《山东辛亥革命之经过》，烟台市政协文史资料研究委员会编：《烟台市文史资料》（第十四辑），内部刊物，1991年，第5页。

（1903）设立的，前身是同治七年（1868）设立的水师营，是一个齐整的守备营，拥有营房、库房400余间，装备有洋枪洋炮。除了烟台海军学堂监督兼海军警卫队统带郑汝成坚持顽固立场，表示反对之外，其余人均答应到时秘密响应。如此一来，烟台的驻军力量基本上就掌握在革命党人手中了。郑汝成的顽固立场并没有影响烟台海军学堂的学生们对革命浪潮的积极响应，他们散发革命传单，在通衢大街张贴标语。革命党人发起的一系列活动和宣传，赢得了当时驻烟清军中很多下级军官和士兵对革命的同情。为了争取山东人民，湖北军政府以都督黎元洪的名义发布"檄山东文"，号召大家响应武昌起义。这篇檄文传到烟台后，在烟台海军学堂的学生中产生了极大的影响。

1911年11月12日夜，烟台革命党人齐聚《渤海日报》社，由号称"十八豪杰"的栾忠尧等人共同决议，兵分三路，发动起义。海军警卫队、海军练营率先投降，海防营也在管带董宝泰内弟宫锡德的策应下归附革命。道台徐世光则闻声潜至海关税务司英国人梅尔的公馆，后乘船由英国人护送到青岛。一夜之间，在没有发生激烈战斗的情况下，烟台光复。13日，省城济南宣告山东独立。

烟台革命的成功，使秉持反革命顽固立场的郑汝成无法再安然居于监督之位，于是带着烟台海军学堂的满人学生，在烟台举义成功的次日匆忙逃京，投奔自己的老上司袁世凯，得到了时任内阁总理的袁世凯的赏识和重用，衔至海军上将，成为袁世凯镇压革命的得力刽子手。1915年，袁世凯与日本签订了丧权辱国的《二十一条》，引起全国性的反袁大潮，郑汝成仍然一意孤行，继续忠实执行袁世凯的命令，遂成为上海革命党人打击的首要目标，最终被革命志士暗杀。

辛亥革命开辟了一个新时代，但是新旧时代的更迭，也让烟台海军学堂陷入了困境。一是监督郑汝成逃往北京，致使学校无人主持日常校务工作；二是由于清政府垮台，学校经费出现断档。一时间，全校员生人心惶惶，甚至有少数人主张解散，另谋生计。但是，经过校员集体开会讨论，多数人还是认为，"海军学校系国家海军教育机构，不可中断，应共同艰苦维持"[1]。于是，大家

---

〔1〕许秉贤：《烟台海军学校始末》，杨志本主编：《中华民国海军史料》，海洋出版社1987年版，第920页。

推举江中清为临时监督，主持校务，恢复正常教学秩序。对于当时的烟台海军学堂来说，最大的困难莫过于经费无着。中央的拨款已告断绝，地方军政府则注目于军政的发展，包括教育在内的其他一切事务均在停办之列。面对这样的窘迫局面，学堂只能将校中余款及烟台当地接济之款（学校公推戚本恕到烟台军政府请求经费支持，军政府总司令王传炯允拨经费一个月[1]）撙节使用，首先确保教学之需。除此之外，校员们也做出了极大牺牲，仅领半薪，维持基本生活，待大局稍定，再想办法。这样的情形持续了半年，才迎来解决的转机。

烟台海军学堂全体员生在时局动荡、政局变换的非常之时，以大局为重，以海军教育为重，尽全力维持学堂正常运转，经受了一场重大考验，使学堂度过了生存的难关。1911年12月，第七届共11名学生毕业，标志着学堂在辛亥革命后步入正轨。

---

〔1〕许季超（许秉贤）：《关于烟台海军学校的回忆》，文闻编：《旧中国海军秘档》，中国文史出版社2006年版，第199页。

参与海军易帜的烟台海军学堂毕业生

　　1911年10月11日，武汉三镇全部光复。面对此种紧急情势，12日，清政府"著军谘府陆军部迅派陆军两镇，陆续开拔，赴鄂剿办。一面由海军部加派兵轮，饬萨镇冰督率前进。并饬程允和率长江水师即日赴援。陆军大臣荫昌督兵迅速前往，所有湖北各军及赴援军队，均归节制调遣"[1]。清政府对海军寄予厚望，企图依靠海军截江而守，一举扑灭革命。15日，萨镇冰乘"楚有"舰抵达汉口。截至10月30日，包括"海琛""海容""海筹"3艘巡洋舰在内的10余艘军舰，陆续到达汉口下游的阳逻。同时，还有20多艘军舰驻守在上海和镇江、南京一带。除了出访欧美的"海圻"舰和一些在船坞修理的军舰，清政府几乎亮出了海军的全部家底。海军主力舰队的出动，确实极大地增加了清政府镇压革命的砝码。在10月26日刘家庙一战中，"海琛""海容""海筹"3艘巡洋舰每舷可使用150毫米口径炮6门、105毫米口径炮12门，成为当时火力最猛的武器平台。战后统计，民军在三舰的猛烈炮击中死伤惨重，驻守该地的步兵第二协谢元恺标阵亡官兵500余人，受伤近200人，阵线立即崩溃。在海军舰炮的配合下，激战至11月1日，陆军得以占领汉口。清政府的海军军力已俨然成为革命成功的一大威胁。正如后来在海军易帜中发挥重要作用的张怿伯的分析："虽然，陆军义师之起，苟不得海军响应，则沿江沿海各省，掣肘之处正多。论当日情势，仍以海军继起，可得一莫大助力。是亦全局所急需要，何

---

　　[1]《宣统三年八月二十一日上谕》，中国史学会主编：《辛亥革命》（第五册），上海人民出版社1957年版，第291页。

可忽视。"[1]

在此背景下，湖北军政府都督黎元洪以学生身份于10月20日、10月25日、11月2日分别致书萨镇冰（黎元洪本是海军出身，早年在天津水师学堂第一届管轮班学习时，萨镇冰正是该学堂管轮教习，所以，二人有师生之谊），劝其率领海军响应起义。同时，黎元洪还给"楚同""楚有""楚泰""建威""建安""江利"等多艘船舰管带写信，希望他们下决心反清。武汉军政府政事部部长汤化龙也给其弟，时任萨镇冰副官的汤芗铭捎话："武昌举义，各地响应，革命必成；望策动海军早日反正，以立殊勋，云云。"[2]多人的反复劝说和自己的观察思考，使萨镇冰的态度逐渐发生了变化。作为晚清海军重臣，萨镇冰一向为部下所敬重，他的态度无疑会对驻鄂海军产生重大影响。清军在镇压革命过程中的暴行，也从反面激发了驻鄂海军官兵的革命情绪。时任北洋军第一军军统的冯国璋在率领部队攻打汉口时，因民军以汉口建筑物和市街房屋为掩护抗击清军，竟然下令纵火烧房，使民军无所凭借，"延烧五昼夜，商民所受损失极巨……清军无道，危害良民，海军各舰军官义愤填胸，军心趋归民军"[3]。再加上各国外交使团宣布局外中立，以及袁世凯出于自身利益考虑而对革命采取的暧昧态度，种种因素的结合，推动着海军一步步走上了易帜之路。

上海为清政府海军统制处所在地，也是长江舰队的主要停泊和保养维护基地，当时在黄浦江上的高昌庙和杨树浦两处尚停泊有"南琛""建安""策电""飞鲸"兵舰4艘，"登瀛洲"运船1艘，"辰"字、"宿"字、"列"字、"湖鹏"鱼雷艇4艘。首先易帜的是"策电"号炮舰，新毕业被分配到舰上担任大副的林舜藩（福州船政学堂后学堂第十九届毕业生，后在南洋海军学堂[4]学习鱼雷运用技术）在其中发挥了重要作用。林舜藩在南洋海军学堂学习期间，即

---

〔1〕张怿伯：《辛亥海军举义记》，张怿伯著，嵇钧生编注：《镇江沦陷记》，人民出版社1999年版，第151页。

〔2〕汤芗铭：《辛亥海军起义的前前后后》，全国政协文史和学习委员会编：《亲历辛亥革命见证者的讲述》（中），中国文史出版社2010年版，第797页。

〔3〕严寿华：《"海容"等舰在辛亥革命中的经历》，张侠等编：《清末海军史料》，海洋出版社1982年版，第707页。

〔4〕即江南水师学堂。宣统元年（1909），江南水师学堂归筹办海军事务处办理，同时改名为"南洋海军学堂"。

受到《自由钟》《扬州十日记》《嘉定三屠》等进步书籍的影响。"策电"舰上老人居多，积习很深，暮气沉沉，林舜藩能以新毕业学生的身份担任大副，本身就肩负着"到舰上革除旧习，整顿一番"[1]的期待。在林舜藩的宣传鼓动下，绝大多数官兵都愿意参加革命。11月2日一早，"策电"舰挂起了白旗，宣告起义。"策电"舰的这一举动如同野火燎原一般，产生了巨大的影响力，江面上其他军舰也纷纷在第二天宣告起义。11月5日，上海光复，同盟会人陈其美被推举为沪军都督。陈其美在沪军都督府中设立了海军处，成为辛亥革命中革命党设立的第一个专门的海军机构。原清政府海军军官、同盟会人毛仲方任处长。

驻沪海军易帜对驻泊南京的海军产生了积极影响。此时，驻泊江宁下关江面的有"镜清""保民""联鲸""建威""江元""江亨""楚观""楚同""楚泰""楚谦""通济""飞霆"兵舰12艘，"张"字鱼雷艇1艘。当时驻宁各舰艇的舰艇长年龄较大、资历较深，封建思想根深蒂固，一些人还对革命持敌视态度；舰艇长以下的青年中下级军官，多数思想比较活跃，同情革命，但在实际行动上还不敢有什么表示。要革命，必须要有一批人敢于充当先行者，在驻宁海军中，担当这一重任的正是包括烟台海军学校第六届毕业生，即"八十三万班"在内的，刚分配到舰艇上的一批见习生。这些青年军人在学校时就已经受到了革命思想的熏陶，在驻宁海军反正易帜的过程中，发挥了重要的作用。其中，"各舰原有练习生，多少不等，大都以烟台校生为多"[2]，如杨砥中、吴应辉、常光球、张汉、尹祖荫、雷曰楠、刘瑞祺、杨廷纲、刘樾、齐兆霖、戴文骏、冯涛、刘勋铭、黄硕藩和万绍先等20余人[3]。又如广东黄埔

---

[1] 林舜藩：《回忆辛亥革命海军"策电"炮舰起义》，张侠等编：《清末海军史料》，海洋出版社1982年版，第712页。

[2] 陈弘毅遗稿：《北洋海军光复记》，全国政协文史资料研究委员会编：《辛亥革命回忆录》（第六集），中华书局1963年版，第96页。

[3] 此处所列烟台海军学堂见习生名单系根据杨廷纲：《驻宁海军各舰参加辛亥革命记》，张侠等编：《清末海军史料》，海洋出版社1982年版，第716页。名单与实际情况稍有出入。杨廷纲言，所列见习生均为烟台海军学校同期毕业，实则不然，黄硕藩为第五届毕业生，其余人则为第六届毕业生。另外，此处所举之"张汉"，具体身份难以确定。根据张汉1956年11月21日《关于田炳章同志一些经历我所知者》（手写稿）所述，田炳章较他早半年（1910年冬）毕业。田炳章为烟校第五届毕业生，毕业于宣统二年十一月，这与张汉的回忆是相符的。依此，张汉应是烟校第六届毕业生，毕业于宣统三年五月，但是遍寻第六届（转下）

水师学堂第十二届驾驶班毕业生何瀚澜、陈弘毅、伍自立、何绰玻、李继珩、李孟亮等10人。

广东黄埔水师学堂的见习生主要分配在"镜清""建威"2舰，其中，"镜清"舰上有6人，又因"镜清"舰管带宋文翙资历最深，为沿江驻舰队长，因此，发挥作用较大。与见习生同时上"镜清"舰实习的还有教练官陈复，他是第一期留日的海军归国生，早在东京时就已加入同盟会。陈复在与见习生的交流中，常常与他们叙谈国家大事、人生愿望，灌输革命思想，特别是武昌首义之后，"论题渐由清廷失败，回溯到入关以后之暴虐，青年意气，相与激昂，咸同情于孙中山先生之民族革命，以为当前时势，正宜乘机发动，可由一舰扩展到全军，从而攻占一地，以及全国，达到推翻清室，还我山河"[1]。与此同时，他与沪宁各地的革命党人素有联系，亦有里应外合发动起义之准备。11月5日，江苏巡抚程德全在苏州宣布独立，改称江苏都督。陈复亲自将程德全招抚海军的文告当面交于宋文翙，希望他能率领驻宁海军和平易帜，在接到文告的第二天，"宋遽集全体员兵表示不能负义背清，并勉各人尽忠职守，将来文撕毁，而不言文之所从来"[2]。陈复见策反不成，于是和"镜清"舰上的见习生商量，决定以武力推动易帜。即日起，他移居日领署，将托日本人搞到的手枪、炸弹等武器由见习生运至舰上，各秘藏卧榻待用。

烟台海军学堂的见习生虽然没有革命党人从中组织，但在南京目睹张勋军队和铁良旗营的暴行，又听说冯国璋放火焚烧汉口致使民众受难后，均感气愤异常，于是，一股倾向革命的暗流开始默默酝酿。见习生们相约上岸，在草鞋

<hr>

（接上）毕业生的名单，甚至遍寻烟台海军学校历届毕业生名单而不得此人。而张汉又确有其人，见于多处史实，并非此处笔误。如驻宁海军易帜过程中，他与杨砥中、吴应辉、常光球同为与镇军联系沟通的代表。辛亥革命后，他还曾先后任"海琛"舰枪炮二副、副长（据臧济红：《我的姥爷与护法舰队》（上），《春秋》2015年第3期，第45—50页），"豫章"舰舰长（据苏小东编著：《中华民国海军史事日志（1921.1—1949.9）》，九州图书出版社1999年版，第229页；汤锐祥：《护法舰队史》，中山大学出版社1992年版，第268页），护法军政府陆海大元帅府（大本营）海军办事处特派员（据刘传标编纂：《中国近代海军职官表》，福建人民出版社2005年版，第129页），军政府陆海大元帅府江防司令（据刘传标编纂：《中国近代海军职官表》，福建人民出版社2005年版，第124页）等。

〔1〕陈弘毅遗稿：《北洋海军光复记》，全国政协文史资料研究委员会编：《辛亥革命回忆录》（第六集），中华书局1963年版，第95页。

〔2〕同上，第96页。

峡附近的鲜鱼巷茶店举行秘密会议，推举杨砥中、吴应辉、常光球和张汉4人为代表，前往11月7日已经光复的镇江开展联系，争取镇军都督林述庆对易帜的支持。代表们到达镇江后，面见林述庆，并告之驻宁海军各方面基本情况，以及对于易帜的准备和大家易帜起义的坚定决心，请求林都督予以支持。林述庆表示赞同，并告诉代表们相机行事，他将尽力给予援助与支持。11月9日，各舰见习生又在茶店秘密集会，大家认为时机已经成熟，行动刻不容缓。但是，青年学生的经验有限，对于到底怎样行动，还缺乏明确的想法。于是决定再派杨砥中等4名代表前往镇江，与林述庆商议起事的具体安排。林述庆决定派出镇军敢死队11人，每人各带炸弹两三枚。11月10日，敢死队成员乘火车秘密奔赴南京下关，并连夜由各见习生带上舰艇，"对各舰艇官兵宣布革命宗旨，略谓：'此次革命，是要推翻满清政府。现本军秩序仍应保持，不要争权夺利。镇军林都督已与我们合作，我们应速将各舰艇离开南京，免受狮子山炮台的威胁，即日驶往镇江。如有拒绝者，即施放炸弹，同归于尽。'言毕，环顾各舰艇中，除舰艇长还有留恋以外，其余自副长以下至于士兵，都现出欣然雀跃神态，默表赞成"[1]。

　　11月10日，宋文翔以舰队长的名义召集各舰艇管带至"镜清"舰开会，讨论如何应付时局。"镜清"舰见习生闻讯立即飞报岸上的陈复，陈复遂带领敢死队2人登舰，与手持武器的6名见习生一起闯入会议室，"力陈大势，必须利用时机，造福汉族"[2]。一阵沉默之后，"楚观"舰管带吴振南首先发言表示赞同，其他管带皆无异议。于是，"镜清"舰见习生紧急部署一应措施，先将各管带留住，要求其发布手令令本舰升火待发，然后将其手令分别送至各舰艇。由于烟台海军学堂见习生的数量在驻宁海军中是最多的，因此，当"镜清"舰见习生来到各舰艇时，首先向该舰艇的烟校见习生说明事情经过，并获得广大烟校见习生的支持，于是，所有的见习生凝聚成一股力量。各舰艇星夜起锚，并实施灯火管制，于11月11日黎明时分到达镇江，宣告易帜成功。

---

　　〔1〕杨廷纲：《驻宁海军各舰参加辛亥革命记》，张侠等编：《清末海军史料》，海洋出版社1982年版，第716页。
　　〔2〕陈弘毅遗稿：《北洋海军光复记》，全国政协文史资料研究委员会编：《辛亥革命回忆录》（第六集），中华书局1963年版，第96页。

与驻沪、宁海军不同，武汉江面的清军军舰多是一线主力战舰，各舰人员多、管理严密，再加上由德高望重的萨镇冰亲自坐镇，因此，驻鄂海军军舰上虽然不乏同情革命的官兵，但短时间内并没有起义。驻鄂海军中，以"海容""海琛""海筹"3艘德制巡洋舰规模最大，当时还有不少海军学堂毕业生在舰实习，其中多有充满革命思想的青年军官。因此，"当时举义之舰，以海筹、海容、海琛为主动，其他炮舰、驱逐舰、雷艇等系附和"[1]。

在酝酿起义的过程中，"海琛"舰率先行动，该舰正电官张怿伯与驾驶二副杨庆贞、三副高幼钦、见习官阳明（烟台海军学校第六届毕业生）等人，"平常谈论，无不愤慨清朝政治之腐败，列强之欺凌，同具政治革命思想和民族革命的意识，一见有可为之机，各人均淬砺奋发，勇往直前，彼此心心相印"[2]。同时，这批以中级军官为主的力量积极行动，通过争取水手头目山东人李春清、一等水手山东人刘文才、号手安徽人王春山，广泛联络起舰上的士兵。张怿伯还利用与"海容"舰正电官金琭章、"海筹"舰正电官何渭生的同学关系，打造了一条秘密的通信渠道，由何渭生编订英文密电码12种，"于是三舰音问无阻滞"[3]。

"海容"舰上，鱼雷大副饶涵昌、枪炮大副陈世英（后改名为陈季良）、轮机正饶秉钧、军需副严寿华（烟台海军学校第二届毕业生）、三副郑畴纲（烟台海军学校第一届毕业生）、三副蒋斌（烟台海军学校第二届毕业生）等也召集舰员开会讨论，商定响应起义。严寿华回忆说："虽然，清政府换了这些满人管带、帮带到舰防止我们革命，但是因为武昌起义后，南方各省，群起响应，革命声势，日益浩大，决不是南下两镇陆军和几个满人管带、帮带等所能压服。我们各舰艇的青年舰员们看透了这一点，感到海军被他们拖在一起帮凶，是违反潮流，是很不甘心的。"[4]

---

〔1〕张怿伯：《海军辛亥革命纪实》，全国政协文史资料研究委员会编：《辛亥革命回忆录》（第六集），中华书局1963年版，第104页。

〔2〕同上，第105页。

〔3〕张怿伯：《辛亥海军举义记》，张怿伯著，嵇钧生编注：《镇江沦陷记》，人民出版社1999年版，第152页。

〔4〕严寿华、杨廷纲、林舜藩：《长江舰队响应辛亥革命的回忆》，全国政协文史资料研究委员会编：《辛亥革命回忆录》（第七集），文史资料出版社1981年版，第57—58页。

"海筹"舰上，正电官何渭生的革命串连举动，得到了枪炮二副沙训龄和教练官余振兴（烟台海军学校第一届毕业生）的支持，甚至获得了管带黄钟瑛的默许。

在"海琛""海容""海筹"3舰秘密运筹的过程中，驻沪海军易帜的消息传来，这给驻鄂海军以极大鼓舞，进一步增强了大家易帜的决心。萨镇冰的离开更是直接加速了易帜的进程。经过反复思考，萨镇冰选择了一条保守与革命的中间道路——离舰出走。阴历九月下旬某日，萨镇冰邀各舰舰长至"海容"舰谈话，同意3艘巡洋舰因长江水位下降而离汉东下的请求，略谓："本人有病，必须赴沪就医，统领沈寿堃亦同去沪，此间各舰舰长以海筹舰长黄钟瑛资格最深，堪为队长。从明日起即将我之提督旗落下，由海筹升队长旗行之。"[1]这实际上已经表明了萨镇冰对海军易帜的默许。英国公使朱尔典在给外交大臣格雷的信中称："萨镇冰提督所率领的全部舰队现已明确地拥护革命事业。提督本人仍继续忠于清朝，因此他的地位颇有危险。他被允许在英王陛下的一艘军舰上避难，并在英王陛下驻九江领事馆过夜。他化装成商人离开九江，已平安抵达上海。"[2]11月12日，黄钟瑛下令诸舰驶离武汉阳逻锚地，前往已被革命军光复的九江，至此，驻鄂海军的易帜态度已经完全明朗。当离阳逻前夕落旗时，"海琛"舰见习士官阳明，取龙旗而掷弃之。越晨，即以管旗头目密制之巨幅白旗，于离阳逻十余里后，首先悬挂于"海琛"舰舰尾，其余舰艇亦纷纷效仿[3]。海军龙旗就此成历史陈迹，而烟台海军学堂毕业生阳明也因亲手落下龙旗，被写入历史。11月13日，驻鄂海军易帜军舰抵达九江，受到革命军欢迎，萨镇冰的副官汤芗铭被推举为舰队司令。至此，除出访欧美的"海圻"号巡洋舰外，晚清海军的所有舰船都已投入革命的阵营（1912年1月1日，远在英国的"海圻"舰易帜，降下龙旗，升起民国五色旗）。

---

〔1〕杨庆贞：《海容、海筹、海琛三舰参与光复经过》，全国政协文史资料研究委员会编：《辛亥革命回忆录》（第六集），中华书局1963年版，第101页。

〔2〕《朱尔典爵士致格雷爵士函》，胡滨译：《英国蓝皮书有关辛亥革命资料选译》（上），中华书局1984年版，第174页。

〔3〕张怿伯：《辛亥海军举义记》，张怿伯著，嵇钧生编注：《镇江沦陷记》，人民出版社1999年版，第154页。

还有一些烟台海军学堂的毕业生以其他方式参与了革命行动，比如第四届毕业生萨福锵。萨福锵，福建闽侯人，系萨镇冰族侄，同盟会会员，生于1887年。24岁从烟台海军学堂毕业后，被派赴"通济"舰学习天文、驾驶、枪炮、船艺、帆缆等专业科目。1911年8月，转入南洋海军学堂学习鱼雷技术。据与其同在南洋海军学堂学习的林舜藩回忆，在校时，同学们秘密借阅《自由钟》《扬州十日记》和《嘉定三屠》等书，大家都对满清政府的残暴感到十分愤怒，决心参加革命，并纷纷讨论参加革命的方式。后来，学校在革命的冲击下被迫解体："同学萨福锵约我同他一齐去北方运送军火，供应革命党起义。我因为有职在身，回舰进行革命，比去北方运送军火的作用更大，不能和萨福锵同行，他往北方，我回吴淞。后来，听说他由烟台参加革命后，潜往京、津刺探军情，在北京被清廷杀害，使我非常痛惜。"[1]林舜藩的这段回忆勾勒了萨福锵参加辛亥革命的行动轨迹，但是并不完全准确。辛亥革命爆发后，萨福锵由南京赶赴上海，参加光复上海的斗争。在11月3日民军攻打江南制造局的战斗中，即活跃着他的身影。不久，萨福锵又抱着革命到底的信念毅然加入"上海志愿决死队"。"上海志愿决死队"由当时上海各界热血志士自发成立，是当时沪上重要的革命力量之一。萨福锵负责奔走津沪间运输军火。1912年1月，萨福锵与唐绥卿密运手枪，乘开平商轮于13日驶抵秦皇岛时，被清政府密探侦获，送开平王怀庆营务处关押。2月10日被杀害，年仅25岁。

包括烟台海军学堂毕业生在内的广大青年海军军人，在辛亥革命中发挥了重要的作用，而烟台海军学堂由于毕业人数众多，更是于其中写下了浓墨重彩的一笔。这些青年人，要么是已经毕业一段时间的中级军官，如第一届毕业生佘振兴、郑畴纲，第二届毕业生严寿华、蒋斌等，他们通过切身经历，清醒地认识到清政府统治的日益腐朽，特别是这部分人中有一些具有海外留学经历，曾目睹和体验世界海军的先进水平，两相对比，心中的不满和失望自然愈加强烈；要么是刚刚走出校门不久的见习生，如"八十三万班"，他们思想活跃，

---

〔1〕林舜藩：《回忆辛亥革命海军"策电"炮舰起义》，张侠等编：《清末海军史料》，海洋出版社1982年版，第713页。

追求上进，对新兴事物具有浓厚的兴趣和很强的感知接纳力，在校期间就曾不同程度地受到革命思想的熏陶。当革命大潮汹涌而至时，不论是出于对"旧"的失望，还是出于对"新"的渴望，他们都不约而同地选择了顺势而为、应时而动，成为推动革命不可或缺的重要力量。

《烟台海军学校章程》的颁行

1912年1月1日，孙中山由上海抵达南京，宣誓就任临时大总统，宣告中华民国正式诞生。1月5日，南京临时政府以黄钟瑛光复海军第一功，正式任命其为海军部总长兼总司令，综理海军事务，汤芗铭为海军部次长。1月17日，南京临时政府海军部正式成立，下设军政、船政、教务、经理、司法等5局及军械处和上海要港司令处。民国的建立，给烟台海军学校的发展带来了新的机遇。在海军部向临时大总统孙中山呈报的涉及15个方面的组建规划中，就包括"更定南洋、烟台海军学堂章程"[1]。进入民国时代，划归海军部直辖的烟台海军学校首先亟待解决的是确定新的校长人选。虽有江中清临时主持校务，但并非长久之计。因此，当海军部召开海军会议，命各舰及各军事机关选派代表前往参加时，烟台海军学校公推戚本恕参加此次会议，并将上述问题作为重点反映的内容。戚本恕在会上向黄钟瑛报告了学校的情形和请予维持办法，黄钟瑛同意了戚本恕的请求，并嘱咐其先回去维持好校务，随后再派人前来接替。3月12日，黄钟瑛向临时大总统孙中山汇报，谓"烟台海军学校校长郑汝成于光复之初潜踪逃避，校务至今尚未就绪。现在大局既定，亟应遴选精通海军学术、深明教育管理之员委充校长，前往重行举办，以收作育之效。查有本部舰政局局长蒋拯堪以胜任，拟即任为烟台海军学校校长"[2]。1912年夏，海军部派蒋拯（天津水师学堂第二届驾驶班毕业生）来烟台海军学校担任校长，

---

〔1〕苏小东编著：《中华民国海军史事日志（1921.1—1949.9）》，九州图书出版社1999年版，第10页。

〔2〕同上，第13—14页。

是为学校第三任校长，新任命的庶务长常书诚（福州船政学堂第十六届驾驶班毕业生）亦随其同来。蒋拯，字印秋，福建闽侯人，甲午战争期间任"定远"舰船械三副，随"定远"舰参加了黄海海战和威海卫保卫战。民国建立后授海军上校衔，除担任烟台海军学校校长外，还曾先后任北京政府海军部军衡司司长、马江临时警备戒严司令、海军驻沪特派员、练习舰队司令、海军总司令兼第一舰队司令。1922年6月退职后，授将军府咸威将军。蒋拯来校后，因海军部已拨给一定经费，于是首先恢复各教职员原薪，以资鼓励，并恢复江中清教务长一职，陈杜衡为高等教官，其余一切，悉数按照谢葆璋时代的成规办理。同时将学校余款分贴给各校员以补过渡时期的损失。这些举措让经历了一段动荡岁月的烟台海军学校逐渐恢复了正常秩序。

除了新校长的到位，1912年[1]另一件关乎烟台海军学校发展的大事就是海军部颁订了《烟台海军学校章程》。其框架及大多数条款都沿用了宣统三年（1911）谢葆璋编订的《烟台海军学堂现行章程》的内容，只是在一些时代特点比较明显的方面做了修订。

编制方面，学校设校长1员（原监督，上校或中校）、总教官1员（原教务长，中校或少校）、副官1员（原庶务长，少校或上尉）、学监1员（原斋务长，少校或上尉）、正教官3员（少校或上尉）、副教官5员（上尉或中尉）、国文教员3员（文职）、操练官1员（上尉、中尉、或少尉）、军需1员（原会计）、军医1员（中西医各一员，上尉或中尉）、书记1员（原文案）、夫役勇丁64员。学生仍定额为192员。上述安排形成了烟台海军学校编制的基本框架，后来虽有微调，但绝大部分一直得以延续。1915年，将副官1员改为佐理官1员，将正教官3员改为高等科学教官1员、协教官2员，将操练官由1员改为2员，增设录事1员，差弁兵丁夫役增加为76员。1920年，将正教官、副教官、协教官改为上校教官4员、中校教官4员、初级教官3员，将操练官2员改为正操练

---

[1]《烟台海军学校（1903—1927）》，杨志本主编：《中华民国海军史料》，海洋出版社1987年版，第58页。关于海军部颁订《烟台海军学校章程》的具体年份，一般常见两种说法，即1912年和1913年。由于《章程》的颁订标志着烟台海军学堂时代正式过渡至烟台海军学校时代，考虑到自蒋拯开始，各种文献已开始称其为"校长"，而不是学堂时代的"监督"，且海军部在1912年即明确提出"更定烟台海军学堂章程"之议，本书采1912年之说。

官1员、副操练官1员，将录事由1员改为2员。[1]

课程方面，开设汉文（历史、国文、作文、中国地舆）、英文（英文读本、文法）、算学、代数、量积学、平面几何、几何画法、立体几何、舆地、平面三角法、球面三角法、海军史、测绘、物理、重学、化学、航海术、天文学等。值得注意的是，学校的编制序列中增设了3员国文教员。烟台海军学堂时代是不开设国文课的。但是，学生在校期间丝毫不学习关于国文的内容，"致毕业生任事时国文浅陋，不够应用，是一缺点，急应改正"[2]。因此，学校专门聘任国学优良之杨筱宗、刘其琛、蒋蓁为国文教员，以杨筱宗为首席教员，月薪90元，其余2人月薪各70元。汉文课程的学习，不定学期，逐年接习，每毕一书再习新书，大要以史学为主，每星期以两个半日讲授汉文，期间作文一篇。国文方面的教材主要采用《左传》《古文观止》《孙子兵法》。每逢星期日，校长还要率领全体学生到讲堂听国文教员轮流讲授德育课，3名国文教员每星期轮流讲授一次，依据的课本主要是名臣言行录等。另外，学校延续了谢葆璋任监督时的思路，仍然十分重视游泳技能的培养，学生每入夏令，在海边学习水性及风帆舟楫，不放暑假。从第三年到第五年，游泳满分均为1500码，这个标准即使放在当下，也毫不逊色。

学生的假日包括民国成立纪念日停课1天、孔圣诞辰停课1天、每星期日停课1天、元旦前后共停课7天、期考后停课2天。除民国成立纪念日与元旦外，凡遇假日，不论本省籍或外省籍学生均在堂休息，不得外出，由学监随时传号点名，凡有出外散步者亦不得远离。凡遇纪念日、元旦及期考后休息日，学生有请假到埠者，于日暮时回校，不得在外住宿。

〔1〕沈天羽：《海军军官教育一百四十年（1866—2006）》（上），（台湾）"国防部海军司令部" 2011年版，第457页。

〔2〕许季超（许秉贤）：《关于烟台海军学校的回忆》，文闻编：《旧中国海军秘档》，中国文史出版社2006年版，第202页。

1913年学潮风波

　　民国成立不久，南洋海军学堂因经费无着，将其两班在校学生，即原有头班学生王兆霖、孟慕庄、林赓藩、程嵋贤、徐沛、吴寅、曹杰、周尔康、魏鼎等30人，及二班学生吕琳、周宪章、董沐曾、李思沆等30人，共60人[1]，归并烟台海军学校继续就读。

　　正当学校发展进入平稳阶段之时，一场学潮却在1913年不期而至。对此，许秉贤在《烟台海军学校始末》中有一句简短的回忆："民国二年正月，南京迁来之二班学生吕琳等，对于校中设施有所不满，籍端启衅闹风潮。"他在1963年所写的《关于烟台海军学校的回忆》中，对此有更详细的叙述："蒋到任后，办事悉照谢葆璋之办法办理。惟学生对他及庶务长常韦诚（应为常书诚——引者注）之办事深为不满，酝酿既久，至民国二年正月，风潮暴发。头班因不久毕业未曾参加风潮。二、三班吕琳等43人离校经上海，发电各地攻击校长及庶务长，陈述彼等暴行虐政，办理失当，经部派人到烟台及上海调查，始悉并无过分之处，不过员生之间失和不洽舆论而已。"

　　苏小东编著的《中华民国海军史事日志》提供了关于此次学潮的3条记录，较许秉贤的回忆更为详细具体，有助于我们更加完整地了解此次学潮的前前后后，兹将其照录如下：

---

　　〔1〕许秉贤：《烟台海军学校始末》，杨志本主编：《中华民国海军史料》，海洋出版社1987年版，第920页。在许秉贤的另一篇回忆文章中，由南洋海军学堂转入烟台海军学校的人数为3个班67人，个别人的名字也有所不同，见许季超（许秉贤）：《关于烟台海军学校的回忆》，文闻编：《旧中国海军秘档》，中国文史出版社2006年版，第185页。

2月25日：烟台海军学校日前发生学潮，事发后校长蒋拯即致电海军部，报称学生萨师俊因犯校规扑责，旧生竟全体哄辱师长，庶务长常书诚因被辱请求辞职，请速示办法。海军部接电后，即令"海圻"号巡洋舰舰长汤廷光前往会同办理。旋蒋拯又电海军部，谓头班学生已服罪了结，二、三班学生仍全体习横，非区别严革不可，惟恐难以压制，仍请明示办法。海军部是日复电称，学生挟众哄辱师长，有犯校规，此风万不可长，除头班已服罪免予追究外，应将二、三班为首者分别斥革，以儆效尤。

3月1日：烟台海军学校学潮仍未平息，"海圻"舰长汤廷光和校长蒋拯会衔致电海军部称，奉命将为首学生吴葆森、林葆懂、邹毅、李思沆、程媚贤、刘崇褒等6人斥革后，二、三班学生即由讲堂暴动，哄闯官厅喊骂，全体束装离校。据烟台海军练营营长邓家骅称，有被挟学生躲在练营内。海军部是日复电汤、蒋，令将二、三班学生悉数革除，以肃校规，其中如确系被协者，查明后分别准其改过自新，回校受课，以观后效。

3月4日：烟台海军学校学潮被强行压制后，学生不服，二班学生吕琳等致电海军部申述，谓校长蒋拯贪污成性，昏暴无状，前清时已劣迹昭彰，屏出军界，及民国成立，竟因缘得充校长，视事以来，莫知整顿，徒作威福，奴辱学生，芝罘各报屡经揭载。庶务长常书诚播弄是非，助纣为虐，诬陷学生萨师俊，强加答责。学生向校长辩诉，并恳取消扑责罚例，校长本已批准，不意又节外生端，捏辞报部，后竟调集练兵、水手携枪挥剑驱革六名学生，又对其他学生交施殴骂，似此受辱难堪，只得畏威避急，乞迅赐昭雪。是日，海军部据此电令汤廷光将其中曲直切实查明，详细呈复，以凭核办。后因汤、蒋与学生各执一词，此次风潮仍以处分学生了结。

学潮过后不久，蒋拯和常书诚即离任而去。许秉贤在回忆文章中对这个问题的说法有所矛盾。一种说法是蒋拯感到这个校长并不好当，因此"不安于位，一再求去"，后来被海军部调任军衡司司长，常书诚则调部任科长；另一种说法是海军部对此次风潮的双方"各打五十大板"，"将校长及庶务长调开，对于学生给以薄惩，具悔过后回校"。蒋拯离开烟台海军学校后，先任海军部军衡司司长，又任舰队司令、海军总司令，可谓一路向上，此次调离看不出什么惩戒之意，更像是顺水推舟，允其所愿。是年 7 月，烟台海军学校第八届 32 名学生毕业。这届毕业生中最著名的正是因其被扑责引发风潮，后来担任"中山"舰舰长，在抗日战场壮烈殉国的萨师俊。

1912 年 3 月 10 日，袁世凯在北京就任临时大总统。30 日，北京政府建立第一届唐绍仪内阁，海军部为内阁所设 10 部之一。31 日，北京政府海军部成立，刘冠雄（福州船政学堂后学堂驾驶班第四届毕业生）任海军部总长，下设总务厅和军衡、军务、军械、军需、军学 5 司。其中，军学司司长为施作霖（天津水师学堂驾驶班第二届毕业生），该司掌管的事务包括"关于规定所辖各学校教育一切章程并筹办事项；关于拟定所辖各学校教育纲领及计划，并审查各教科书事项；关于所辖各学校职员奖罚事项；关于所辖各学校学生奖罚及考试事项；关于留外学生一切事件，并选派高等专门学员事项；关于舰队练习，并规定练习章程事项；关于制定海军练营、鱼雷营训练管理等规则事项；关于舰队操演事项；关于计划训练、操演、改良事项；关于编辑海军专门书籍及教科书事项；关于其他教育、训练等一切事项"[1]。

1913 年 6 月 17 日，袁世凯批准刘冠雄赴直沽校阅海军各舰之请，是为民国以来海军总长对舰队的首次校阅。依刘冠雄言，此次校阅"将以争雄列强为我海军军人勖，非第区区考验成绩已也"[2]。对烟台海军学校的考察也是此次校阅的重要内容之一。7 月 25 日到 28 日，刘冠雄特委派军学司司长施作霖、任官科科长姜鸿澜乘"飞鹰"巡洋舰赴烟台海军学校进行为期大约 3 天的考察。整个校阅结束后，刘冠雄在呈报给袁世凯的《校阅报告书》中专列一条对烟台海军学校、练营加以评价："学校各员管理均尚得法，学生亦感奋。即前被革回校之学生，亦知悔愧，改行顺从。练营兵勇内外场功课轮流兼习，教练颇周。教授之员尚能认真办理，练勇等亦能恪遵教令。惟该营、校尚有应行修改添设之处，已饬筹议酌办。"[3] 由于烟台海军学校在这次校阅中表现出令海军部满意的状态，经海军部呈请，接任烟台海军学校校长不久的郑祖彝，与"海筹"舰

〔1〕《海军部官制修正草案提交议决咨参议院文》（附草案），骆宝善、刘路生主编：《袁世凯全集》（第二〇卷），河南大学出版社 2013 年版，第 173 页。

〔2〕《刘冠雄呈报舰队校阅情形》，杨志本主编：《中华民国海军史料》，海洋出版社 1987 年版，第 397 页。

〔3〕同上，第 406 页。

舰长林颂庄、"肇和"舰舰长曾兆麟、"应瑞"舰舰长毛仲方、"通济"舰舰长葛保炎一并被授予四等文虎勋章。

郑祖彝（天津水师学堂驾驶班第二届毕业生）是烟台海军学校第四任校长，字聪传，福建闽侯人，与蒋拯既是同乡，又是天津水师学堂同班同学。甲午战争期间任"靖远"舰船械三副，随"靖远"舰参加了黄海海战和威海卫保卫战，作战英勇，在黄海海战中脸部被炸伤。1906年曾率领烟台海军学校首届毕业生赴日留学并担任留学监督，1910年出任"海圻"舰帮带，后调任海军巡洋舰队一等参谋官，简授海军副参领。民国后，于1912年9月任海军部视察，12月30日授海军上校衔。

郑祖彝出任校长后，保荐赵士淦（广东黄埔水师学堂第八届驾驶班毕业生）为副官。海军部也派天津海军医学校毕业生江汝楫填补了学校所空西医一缺，月薪130元。同时，海军为了统一操法，从陆军中聘来军官，分配至海军各处担任教练官。烟台共分来8名教练官，其中6名分配在海军练营，2名分配在烟台海军学校，一为陆军中校石祺昌，一为陆军少校刘立中。从此，海军员兵一律改习陆军操法。另外，为了进一步调动教职员的积极性，郑祖彝专门呈请海军部提高各教职员的待遇。经批准后，教职员的薪金都有所提高。其中，校长月薪350元、车马费40元，总教官月薪250元，副官月薪220元，学监月薪220元，正教官月薪150元，副教官月薪120元。

在郑祖彝的带领下，经过两年多的校务整顿，烟台海军学校从学潮风波的冲击中走了出来，"教职员精神振作，为事勤奋，校务气象焕然一新"[1]。

〔1〕许秉贤：《烟台海军学校始末》，杨志本主编：《中华民国海军史料》，海洋出版社1987年版，第921页。

改良海军教育中的烟台海军学校

1913年拟制10年"置舰计划"时，海军总长刘冠雄在密呈大总统袁世凯的呈文中曾说："盖海军所恃，唯器与人。财政困难，犹或有法可设；但令人才充足，一旦经费有着，舰、械种种自得立时致备。独至人才缺乏，则作育培植，断非三数年间所能奏效，舰、械虽备，无所用之。以我国今日之海军人才，其不敷扩张之用，自不待言。"〔1〕正是在这一思路的指引下，海军学校的整顿与发展得到了北京政府的高度关注。为了避免"事权未一，每致办理分歧，经费难筹，振兴无望"，北京政府决定将各所海军学校集中收归海军部直接管辖，从而建立起对海军学校的集中管理体系，"以现有之根基，冀获事半功倍之效果"。〔2〕并专门编设练习舰队，在育才过程中实现学校教育和航海训练的有机结合，"使现在官佐、士兵，即受海军学校教育，尚缺练习之功者，及今后新从海军学校卒业者，陆续登舰练习。先历国内南北港湾，次复遍航南洋及日本、欧美等处，劳之以风涛，益之以经验，并令习审国内以及环球海洋形势、政俗人情，庶几克成全材，足堪任使。"〔3〕

1913年，海军部计划对海军教育进行全面改革，编撰了非常重要的《增设改良海军教育预算案》。由于局势动荡、经费支绌，这份预算案没有完全实

---

〔1〕海军司令部《近代中国海军》编辑部：《近代中国海军》，海潮出版社1994年版，第806页。

〔2〕苏小东编著：《中华民国海军史事日志（1921.1—1949.9）》，九州图书出版社1999年版，第51页。

〔3〕《海军部请建练习舰队呈文》，杨志本主编：《中华民国海军史料》，海洋出版社1987年版，第93页。

现，但它仍然开启了民国海军教育体制的新变化，描绘出当时海军军官由低到高、循序渐进的发展路线图，也直接决定了烟台海军学校在民国海军教育体系中的定位。兹将该案照录如下：

查东西各国，自海禁宏开以来，莫不以海军之盛衰，视国势之强弱，定国体之优劣。故当前清时代，谋国者亦深以海军为巩国之急务，特于福建、南京、天津、广东等省，先后创设水师学堂。延聘西人教授学子，购置师船分布海疆。其中或因于经济，或乏于人才，致办理至今尚多缺点。今我民国初奠定海军，尤为修好邦交、巩固国基之要素，自应力加整顿，急图扩充，籍进国民于优胜地位，顾欲拓海军，必须统一教育，造育人才为入手之办法。惟值此政府财力支绌之际，遽行张大，既所难能，而因噎废食，亦殊未便。再四筹思计，惟择其必须增设者从俭加增，有可修改者核实改良，如旧有之烟台海军学校，拟改为海军小学校；南京之海军军官学校，作为海军中学校，福建之船政学堂，改为海军轮机中学校，广东之水师学堂，改为鱼雷学校。再择适中之地，增筑鱼、水雷，枪炮，军医，军需等四学校，鱼、水雷练营一座，士兵练营三座；轮机练习厂一处；又于京师建筑一海军大学，校内附枪炮、轮机模型室，船艺室等。令中学及各专门学校毕业生悉入大学肄业，毕业后分派各舰、厂见习，并登练习舰巡历中外各海面，务使所学各具所长，然后委以相当职务。一面仍应选派学生前往欧美各国留学，并派海军军官分任调查各国海军办法，以备随时采择任用。诚如是次第切实进行，则十年以后，人才蔚起。举凡制机、制药、造炮、造舰诸大端，当无事仰给于外人。将来国帑稍舒，如炼钢、炼铜、开采矿产，关于海军应需诸料件，均应逐渐扩充，研究办理，以塞漏巵而收实效。[1]

〔1〕《增设改良海军教育预算案》，杨志本主编：《中华民国海军史料》，海洋出版社1987年版，第409页。

《增设改良海军教育预算案》所筹划设计的海军军官成长路线如图所示[1]：

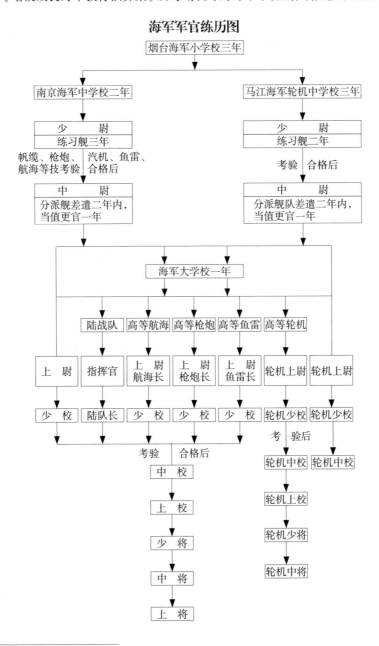

海军军官练历图

〔1〕《海军军官练历图》，杨志本主编：《中华民国海军史料》，海洋出版社1987年版，第410页。

从《海军军官练历图》可以看出，烟台海军学校在整个海军教育体系中的定位就是基础教育。因此，在《扩充海军教育预算表》[1]中，烟台海军学校的扩建预算总额为35.63万元，仅次于练习舰队，远远高于其他各级各类学校，约占总预算额311.7037万元的11.4%。在烟台海军学校的各个预算项目中，数额最大的是轮机生讲堂、宿舍开办费6万元。由于烟台海军学校是为培养驾驶人才创设的，轮机专业属于新增，要解决从无到有的问题，自然需要比较大的投入。我们可以从《海军军官练历图》中看到，在规划中，学生在烟台海军小学校完成学业后，一部分到南京海军中学校学习2年，一部分到马江海军轮机中学校（即1913年由福州船政学堂改名设立的福州海军制造学校）学习3年，而后，这两部分人再进入海军大学校学习。如《海军军官练历图》所示，沿着航海专业一路走下去，最后可以晋级至海军上将，而沿着轮机专业一路走下去，最多只能晋级至海军中将。两类专业的学习时间一样长，但前途却不一样，这一规定自然引发了广大轮机官员的不满。据烟台海军学校最后一届毕业生魏应麟回忆，因为自感不平，会有一些轮机官联合无线电官员，暗暗商定以各自技术掣肘舰长。比如，舰艇要快速航行，轮机官员就推说机件未修理好，无法提速；舰艇要发电报，无线电官员就推说电机坏了，无法发报，而且这种情况时常出现。海军当局为了避免这种情况，就在航海班学生的课程中加设了机械学和电学两科，意欲让航海专业的学生也懂得一些轮机专业知识。后来，类似这种"受制于轮"的情况虽然有所减少，但并没能根除。[2]即以烟台海军学校的发展历程来看，也仍然主要专于航海驾驶一科。客观来讲，海军部制定《增设改良海军教育预算案》还是体现出一定想法的，然而，付诸实施之后却并不尽如人意。尤其是一些学校在整个海军教育布局中应处层次与其实际功能并不完全匹配，因此进行了较为频繁的调整变动，这在一定程度上影响了海军教育发展的持续性和稳定性。

1912年10月30日，海军部呈临时大总统袁世凯，拟就南京旧有之海军学

---

〔1〕《扩充海军教育预算表》，杨志本主编：《中华民国海军史料》，海洋出版社1987年版，第413—417页。

〔2〕魏应麟：《烟台海军学校》，福建省政协文史资料研究委员会编：《福建文史资料》（第八辑），福建人民出版社1984年版，第142页。

堂（即南洋海军学堂）改为海军军官学校，将各见习生派入该校肄业，以海军部参事李和（福州船政学堂后学堂驾驶班第一届毕业生）为该校校长，原"通济"号练船专为练习舰，将各舰未经历练之员轮流派登该舰练习，同时制定《海军军官学校及练习舰暂行简章》作为恢复办学的准则。在1913年的《增设改良海军教育预算案》中，南京海军军官学校被规划为海军中学校。之所以在民国初年首先创设海军军官学校，主要是由于辛亥革命时期，各海军学校的正常教学秩序被打乱，许多海军学校学生学业未竟便直接进入海军队伍工作，这部分人毕竟基础薄弱，亟需继续深造，"蓄养成完全军官，储异日将率之选"。海军部专门发布通令，号召未竟学业各生，"其即前往补习，用竟全功"，并规定，补习期间的"职官、俸给，悉予仍旧"[1]，以激发相关学员前往学习的热情。但是仅仅第一届130名学员结业后，1915年1月，海军军官学校即宣告停办，原址改办海军雷电学校。

1913年10月，福州船政局后学堂改为"福州海军学校"，开设驾驶（后改称航海）、管轮（后改称轮机）两科，首任校长王桐；前学堂改为"福州海军制造学校"，专门培养设计、制造船体和轮机的人才，首任校长陈林璋。这两所学校从此划归海军部直辖。福州海军学校虽然开设了航海、轮机两个专业，但实际上直到1926年，该校并无航海驾驶专业的学生毕业。1927年11月的一届航海毕业生23名，待到1930年完成上舰见习科目，修完海军航海人才的所有科目，已是南京政府时期了。而追溯它的前身福州船政学堂后学堂最后一届驾驶毕业生，是在光绪三十四年（1908）毕业的9名学生。这意味着，从1909年到1926年，福州船政学堂后学堂以及后继的福州海军学校都没有驾驶专业的毕业生，而在此时间段，烟台海军学校的毕业生达到473名。直到1929年之后，福州海军学校才成为民国海军航海人才的主要出处。"福州海军学校在民国初年原本是海军部所辖的4所拥有航海专业的军事学校之一，地位并不是特别的突出，然而在民初窘迫的海军建设形势以及军阀交争的纷乱局势中，海军部原来所辖的南京海军军官学校、烟台海军学校、黄埔海军学校先后停办，后

---

〔1〕《政府公报》第205号，1912年11月22日，史全生主编：《中国近代军事教育史》，东南大学出版社1996年版，第190页。

起的吴淞海军学校在短暂举办后也告停办，福州海军学校便成为海军部统辖下硕果仅存的海军军官教育院校。又加之原位于马尾的福州海军制造学校和福州海军飞潜学校在1926年都并入了福州海军学校，更使该校的地位突显。"[1]

广东黄埔水师学堂在1912年改名为广东海军学校，兼管水鱼雷局。广东海军学校名义上虽然直隶海军部，实际上，经费仍由广东省支应。1921年，第十七届学生毕业后，海军部已无经费续办，广东地方政府也不予支持，学校遂告停办，部分在校学生转入烟台海军学校继续就读，原校址于1924年改办陆军军官学校（即黄埔军校）。广东海军学校共培养了4届184名航海毕业生。

民国初年，烟台海军学校基本上保持了整体办学格局的完整和稳定，并且始终将培养造就航海人才作为核心任务，在当时的海军教育体系中占据了一席之地。

---

〔1〕陈悦：《船政史》（下），福建人民出版社2016年版，第626页。

烟台海军学校发展中的新气象

1914年冬，交通部所属的吴淞商船学校因经费困难，被迫停办。担任吴淞商船学校校长一职的，正是海军耆宿萨镇冰，他是自1912年[1]起担任该项职务的。在担任校长的两年多时间里，萨镇冰坚持亲自授课、编写教材，恪尽职守，"仍一如既往地爱护学生如同子弟，对于贫苦勤学的学生时常周济或奖励，学生们深感其德"[2]。虽然学校停办了，但学生还是要继续学习的。经过萨镇冰与交通部、海军部协商，决定由海军部接收这所学校，并将其改为吴淞海军学校，留下的徐斌、方莹、蒋志成、蒋逵、周崇道、章臣桐、徐祖藩、钦琳、霍若霖、黄显淇、许建镳等11名学生[3]也随之改为海军航海学生，经补习海军课程后，于1915年3月毕业[4]。此外，还有60多名学生由萨镇冰署名开具介绍信，

〔1〕萨伯森：《萨镇冰（鼎铭）先生年表》，福建省政协文史资料研究委员会、福州市马尾区政协编：《福建文史资料》（第十五辑），内部刊物，1986年，第113页。

〔2〕萨支辉、萨本仁：《锐舰：海军耆宿萨镇冰传》，天津人民出版社2010年版，第136页。

〔3〕沈天羽：《海军军官教育一百四十年（1866—2006）》（上），（台湾）"国防部海军司令部"2011年版，第341页。

〔4〕关于方莹等11人的毕业时间可以看到两种说法：一为1915年3月；一为1918年3月。前者如苏小东编著：《中华民国海军史事日志（1921.1—1949.9）》，九州图书出版社1999年版，第92页；后者如沈天羽：《海军军官教育一百四十年（1866—2006）》（上），（台湾）"国防部海军司令部"2011年版，第341页。这两种说法都是符合事实的。要搞清楚这一点，首先要了解吴淞海军学校所承载的具体教育功能，其一为航海军官基础教育中的高级教育阶段，此班专为各海军学校航海卒业生深造而设；其二为原海军军官学校移办之高等海军进修教育部分，此班专为练习舰修业生之深进学术而设，以备修业后，升送南京海军雷电学校学习水鱼雷及无线电各专科知识。"1915年3月"说，是指学生从海军部管辖前的吴淞商船学校毕业的时间。毕业后，这批学生先上练习舰见习，1916年秋，入吴淞海军学校接受高等海军进修教育，1917年秋，入雷电学校学习6个月，1918年3月毕业。

经过简单的检查身体程序，转入烟台海军学校学习。

1915年，鉴于海军军官学校已经停办，海军部遂对《增设改良海军教育预算案》中的三级教育方案加以调整，将初、中、高三级教育体系改为初、高两级教育体系，以吴淞海军学校作为海军高级学校，以烟台海军学校作为海军初级学校。此时，烟台海军学校的教育目标为培养海军初级军官，并授以海军普通学术及军官应有技术。学生在烟台海军学校学完3年6学期的海军基础课程后，再调往吴淞海军学校继续学习2年4学期的海军专业课程，毕业后仍列入烟台海军学校的毕业届次。这个制度从1915年夏天开始实行，截至1920年2月，共培养了5届209名毕业生，也就是烟台海军学校航海第九届到十三届毕业生。1915年9月，新学制下的第一批学生，也就是烟台海军学校第九届学生共24名毕业，其中包括从南洋海军学堂转入的吕琳、邹毅、李思沆、程嵋贤等人。是年10月5日，由于郑祖彝在烟台海军学校校长任上成绩卓著，调任吴淞海军学校校长，所遗烟台海军学校校长一职，由海军部派少将视察曾瑞祺（福州船政学堂第九届驾驶班毕业生）接任。

曾瑞祺，字恭甫，福建闽侯人。按1912年所制订章程，烟台海军学校校长一职所配军衔为上校或中校，曾瑞祺以少将之衔赴任，成为历任校长中军衔最高的一位。曾瑞祺曾任"扬威"巡洋舰枪炮二副，甲午战争期间随"扬威"舰参加黄海海战。1910年，载洵、萨镇冰赴日考察海军，分别向日本三菱船厂和川崎船厂订造了"永丰""永翔"炮舰，曾瑞祺曾赴日本川崎船厂监造"永翔"炮舰。民国建立后，曾瑞祺先后担任海军左司令处参谋、海军部军需司司长，1912年12月30日授海军上校衔。1913年5月16日，在郑祖彝被任命为烟台海军学校校长的同一天，曾瑞祺被任命为海军部视察，是年8月11日晋升海军少将。1919年冬任海军总司令公署参议，1920年冬调任海军部参议处参议长。1923年5月病故。

曾瑞祺除了担任烟台海军学校校长一职外，还兼任1915年春在烟台设立的海军枪炮训练所所长。这所海军教育机构在当时的海军教育体系中，与南京的海军雷电学校处同一层次，都是为了学生在吴淞海军学校毕业后，在不同领域进一步深造所设。副所长由烟台海军练营营长邓家骅兼任，佐理官由练营副长罗鼎祺（旅顺枪炮学堂毕业生）兼任，总教官由留英枪炮专家、海军部技正郑滋樨（天津水师学堂第六届管轮毕业生）担任，以留英学习枪炮的金轶伦（烟台海军学校第二届毕业生）、留日学习炮术的陈华森和旅顺枪炮学堂毕业的谢滋年、陈穆全等分任教官，以陆军学堂出身的邱振武为步兵操教官。[1]学生在此修业期为6个月[2]，主要学习的课程包括枪炮分解及结合、炮台教练、炮战术、弹道学、射击学、单人教练、成排教练、成队教练、野炮教练、机关炮教练、各种药弹、各种火器、体操。其中，弹道学、射击学、火药化验等由总教官教授；引信、引火及一般炮械常识的讲解由各个教官分别担任。课堂理论学习之外，学生还可利用所中设置的各型舰炮、机枪实习，教官每星期也要带领学生到烟台东炮台演习大炮，在实践中巩固课堂所学。海军枪炮训练所办了两期之后，随着海军教育体系的再一次调整，与南京海军雷电学校一同并入南京海军鱼雷枪炮学校。

随着烟台海军学校和吴淞海军学校两级教育体系的确立，烟台海军学校所承载的教育功能发生了一些变化，因此，学校的课程设置也较民国初年进行了一些调整。学生的在校教育分为内场和外场两大类，内场主要教授普通科学及本国历史、兵略、国文、舆地等，具体课程包括历史、国文、作文、兵略、中国舆地、英语启蒙、皇家读本、文法、西洋舆地、天文浅说、算数、代数、几何、地文、测算、航海天文、平三角、弧三角等；外场主要教授兵操、体操及海军军人应有技术，具体课程包括升桅、泅水、柔软体操、器械操、兵操、刀法、剑术、操舟驶风、射击打靶等。在这些课程中，以数学（包括算术、代数、平面几何、立体几何、解析几何、平三角、弧三角、微积分等）、物理、化学、英语、测量、磁学、船艺、航海术及天文学等为主科。其中，数学课程的难度较大，大都是与航海有关的应用数学，其余课程则比较浅。所有主科的考试成绩共发一榜予以公布。主科课本均采用英文原本，比如"有英国出版的《对数表》，20英镑一本，极为精确，一字不差，用的纸非常考究，不是白色的，怕晃眼睛，是微黄色的，每人一册，毕业后继续

---

〔1〕《海军枪炮学堂　海军枪炮训练所》，杨志本主编：《中华民国海军史料》，海洋出版社1987年版，第54—55页。

〔2〕关于修业期，另有"1年"说和"6个月至1年"说。

在航海时使用"[1]。历史、舆地、修身、作文等为次科，另发一榜予以公布。如果学生的主科不及格，即做退学处理。学校规定，凡月考总成绩在90分以上者，记一小功，连续3次月考总成绩都在90分以上者，记一大功，并于期终考试时，在其主科的总平均成绩上加分——小功加半分，大功加一分，学习较好的学生成绩竟有超过百分者。另外，发榜时，凡总平均分在80分以上者均有物质奖励。因此，学生们每到期考时都埋头苦读，力争发挥自己的最高水平。[2]最后的毕业考试在堂课结束后举行，由校长呈请海军部派员监临考试、颁发文凭，所得分数能逾八成者为一等，逾六成五者为二等，逾五成者为三等，不及五成者留校续习，以观后效。

学生宿舍是3间房一排，一间屋子住4名学生，屋内布设单人木床、白布帐子，屋子中间有一小长桌，一盏煤油灯。据1916年入学的郑公德回忆，8个人一桌，顿顿有鸡鸭鱼肉，但以后由于时局动荡、经费紧缺，伙食质量逐渐不如人意，主要是量少不够吃。第十三届毕业生周应骢有一段生动的回忆给当时的伙食状况做了很好的注脚。他回忆，学校周边村子的村民既是农民又是渔民，因为看到学生有好几百，就想着做点学生的生意。于是，"每天10点钟，学生下课休息时，坦子里做生意的人拿着一筐筐热乎乎的夹着白糖的烧饼和花生米到操场来卖。操场的短墙下面用石头砌成，上面是木栅栏，隔着墙可以买东西。学生清早吃点稀饭，10点钟饿得要死，这又香又诱人的烧饼花生米非常受学生欢迎"[3]。烟台海军学校配发的制服与各国海军一样，夏天是一身白制服，冬天是一身蓝呢子制服，春秋两季上白下蓝。学生的帽子和水兵不同，和军官也不同。和水兵帽的区别在于，水兵帽后有两根飘带，帽前写有"中国海军"字样，没有帽徽，而学生的帽子没有飘带，有铁锚帽徽；和军官帽的区别在于，军官的帽徽在铁锚外环有花纹。

值得一提的是，烟台海军学校始自谢葆璋任校长时，对游泳科目的高度重

---

〔1〕郑公德口述，郑明珠整理：《忆"五四"前后的烟台海军学校》，海淀区政协文史资料委员会编：《文史资料选编》（第三辑），内部刊物，1989年，第141页。

〔2〕魏应麒：《烟台海军学校》，福建省政协文史资料研究委员会编：《福建文史资料》（第八辑），福建人民出版社1984年版，第143页。

〔3〕周应骢：《旧海军生活见闻》，全国政协文史资料委员会编：《中华文史资料文库·第八卷政治军事编》，中国文史出版社1996年版，第558页。

视一直延续了下来。1916年入学的郑公德回忆："我们这些热血青年，为了雪甲午海战之耻，都发愤学习，刻苦锻炼。我游泳都是万米以上，游泳不但要有耐力，而且要求有速度，学校举行过几次游泳比赛，给优胜者以物质奖励，我常常得奖。"[1]

烟台海军学校在一些方面是走在前列的，比如对英国海军教育的移植，英语授课、英文原版教材；比如随时代发展而不断更新的学校章程，使制度建设始终伴随并支撑学校发展；比如较为完善的课程设置，既重视学生的智育，又重视学生的德育，力图培育德才兼备的海军人才；比如整体水平较高的师资队伍建设，学校的教师大都是各海军学校第一名的毕业生，如陈石英、林希曾、许秉贤、李申之、朱沛如、徐仙泉、汪晴川、李圣传、王孝藩、林心照等，都是富有海军知识的优秀教师。

即便如此，烟台海军学校仍然存在与"近代化"不相符的地方。比如对学生管理的科学有效性。作为一所军事院校，严格管理本身并没有什么问题，正如学校章程明言："学生既经入选，即为从戎，务须服从命令、忍尝劳苦，以养成军人特具之性质。"[2]然而，如果屡屡因管理不当而引发学生大规模的不满情绪甚至过激反应，这就需要认真思考和总结了。又比如学校办学的封闭状态。海军本属开放性军种，思想较为活跃，学校为了管理起见，规定学生只有在节假日可以外出活动，平时不得离校，本身无可厚非。但是学校不准学生过问政治，反对学生了解时事，甚至不允许学生看报，这就有些匪夷所思了。学生正值血气方刚、渴望了解外面世界的年龄，他们认为自己学的是防守国家大门的海军，理应关心国家命运，对时势变化有所了解，却身处封闭的学校，连看报纸都不被允许，几乎可以说是与世隔绝，必然会"不满现状，感到彷徨苦闷"[3]。于是，学生们向曾瑞祺校长提出看报纸的要求，但就是这么一个小小的要求，曾校长也不敢做主，而是向当时在海军部任参事的谢葆璋请示并获得同

---

[1]郑公德口述，郑明珠整理：《忆"五四"前后的烟台海军学校》，海淀区政协文史资料委员会编《文史资料选编》（第三辑），内部刊物，1989年，第141页。

[2]沈天羽：《海军军官教育一百四十年（1866—2006）》（上），（台湾）"国防部海军司令部"2011年版，第462页。

[3]周应聪：《陈绍宽与旧中国海军》，全国政协文史资料研究委员会编：《文史资料选辑》（第85辑），文史资料出版社1983年版，第170页。

意后，方才应允了学生们的请求，此后，学生们自己以班为单位请马伕下山买报纸。

一所学校任何时候想用"堵"的方式来控制学生的思想，都是不可能成功的。更何况除了报纸，还有一些进步教员积极把外面的情况介绍给学生，向学生灌输爱国思想，激发学生的报国之情。这些教员给学生留下了非常深刻的印象，以至于很多年过后，学生对他们的一言一行记忆犹新，回忆起来依然鲜活真切。比如，第十三届毕业生周应骢的回忆中，就有对一位名叫刘立中的陆军军官的叙述："此人多才多艺，他的任务是教步兵体操，可他能做的事多了，常给我们讲政治、讲报纸评论、讲世界大势。我们每周有一个下午上步兵体操、步兵训练，他把时间的一半用来讲政治，讲得学生热血沸腾。一天下雪，帽子上的雪都积了一寸，每个人挺着身体听讲，头也不动，我们对别的课从没有像听他那门课那样虔诚。他还告诉我们应该怎么样做一个军人，日本人有军人魂，中国人有中国的军人魂，这是刘立中老师给我们的新的思想。刘立中教员教育我们要为国家学习，还教我们好多歌。我记得其中一支歌叫《国耻歌》，歌词是：四年五月七日事，日本下战书！强迫我政府，无理要求条件出。兵力威胁我东鲁，野心真勃勃！不念唇齿，不顾同种，令吾受奇辱。利权随尔欲，东方门户在人握。前车既覆，来轨方遥，国耻当报复！"[1] 通过周应骢的这段回忆，足见在封闭的学校中，那些将外界新风带给学生的教员在当时的的确确打动了学生，在他们内心产生了很大影响。

1916年6月，袁世凯病亡，黎元洪继任大总统，任命程璧光为海军总长。程璧光，字恒启，广州香山人，与前任海军总长刘冠雄同出福州船政学堂，但比刘晚一届毕业，系福州船政学堂后学堂第五届驾驶毕业生。程璧光上任后，对海军学校的招生规则进行了改革，最大的举措就是面向全国招生，打破以往海军学生闽籍占多数的局面。作为海军部辖下的教育重镇，烟台海军学校的新一届招生即按照改革后的规则展开，即"该校凡属国民，无分蒙、藏、华侨，均可投考，额设学生一百九十二名，分作八班教授。新生入校试习一学期，举

---

[1] 周应骢：《旧海军生活见闻》，全国政协文史资料委员会编：《中华文史资料文库·第八卷政治军事编》，中国文史出版社1996年版，第558—559页。

行甄别，以定去留。第二学期内派登练习舰练习两月，视其体格是否与海军相宜，如有不堪造就者，仍行开革"[1]。

根据海军部重新修订颁布的海军学校招生章程，第一，按人口比例规定各省招收名额，其中（每百名计）直隶5人、江苏6人、福建6人、广西5人、湖南5人、奉天4人、黑龙江3人、山西3人、甘肃3人、云南3人、山东5人、浙江5人、广东6人、湖北6人、安徽5人、吉林3人、河南3人、陕西3人、四川3人、贵州3人、江西3人、新疆（蒙古、西藏、青海）6人、华侨6人。第二，先由各省进行初选，初选过关后的考生再集中到上海，统一由海军部设立的海军考选委员会组织复试。第三，具体的报考条件包括：身家清白，不入外国籍者；年龄14岁以上，17岁以下，未经娶亲者；身体健壮无隐疾，目不近视、能辨颜色者；国文通顺，能作浅近论说者；曾习英文读本第一、二集者；曾习算学、比例、代数加减乘除者。第四，海军考选委员会以上级海军军官1人为会长，学校总教官1人、海军部秘书1人、军医官2人及其他委员组成，均由海军总长临时指派。第五，所有到上海应考的学生除了笔试环节，还需要参加面试，以口齿爽利、精神灵敏者为合格。第六，侨民子弟如愿应考，应呈请驻该处之中国公使或领事官，依据报考条件进行初选，然后按期分别咨呈外交部转送应考。第七，海军中等官以上官佐（海军少校军衔以上——引者注），准许以合格子弟一人呈部保送考选，但是最多只能保送两次。第八，海军官佐中，如遇有阵亡或因公殒命，有事实可以证明者，其子嗣如果合格，准由该家属呈部应考。第九，考生往返川资、寄宿等费用，除选送各生由各该省行政长官筹给外，其余均由自备。凡送考学生经录取后，即在考选地点听候派船载送赴校。[2]

1916年9月，"海军部咨京兆尹及各省省长，并附海军学校招生章程，请其保送学生应考"[3]，正式拉开了此次面向全国招考海军学生的序幕。10月，海军部在上海高昌庙海军总轮机处设立考选委员会，以参事厅首席参事吴振南

---

[1]《民国五年改订军制学教程》，陆军训练总监印，1916年8月15日，第116页。

[2] 沈天羽：《海军军官教育一百四十年（1866—2006）》（上），（台湾）"国防部海军司令部"2011年版，第455—456页。

[3] 苏小东编著：《中华民国海军史事日志（1921.1—1949.9）》，九州图书出版社1999年版，第107页。

（江南水师学堂第三届驾驶毕业生）为会长。12月，驻沪海军总轮机处奉海军部电令发布通告，要求应考考生务必于12月10日前报到。值得一提的是，此次招考，系海军部专为烟台海军学校招录学生而设，据《申报》在12月2日的报道，报名投考者共计400余名[1]，12月11日起开始考试，整个考试时间延续3至4天。考试的科目是汉文、数学、英文3门[2]。由于是海军第一次真正面向全国招生，为了保证考试顺利进行，海军部还委派军学司谢葆（邦）琛[3]、黄裳治[4]二员帮同考选，许继祥襄理考试事宜。考选委员会特别在木牌上书明"投考各学生由制造局大门而进，至海军轮机处考选"字样[5]，钉在高昌庙马路外以示引导，同时函致步兵三十八团部，谕令守门卫兵，如有学生来投考者，妥为指引。12月29日，《申报》报道称："此次海军部在沪考取海军学生一百人，业由委员会揭晓。兹闻委员会会长吴振南昨奉海军部电令，将考取诸生尅日运赴烟台海军学校肄业等。该会当即呈部派定福安练习舰，一俟诸生到齐，准阳历元旦开赴烟台，一面并通告各生知照。"[6]

这次招考过程中出现过一些考场舞弊现象。作为应考学生之一的郭寿生对此回忆说："在考场上发觉考委会监考人有舞弊情事，（他们）把试题在题纸背面预先解答好，分给应试的军官保送子弟，激起了我的愤怒不平。就在高昌庙上电车的时候，当众作了小广播，并表示如我落选，定将在报纸上揭发其舞弊经过。此事传于考委会。次日，在考场上竟有监考官来问我姓名，并对我说：'你考得很好。'上天不负苦心人，到了发榜，我在选取百名中列于十二名。我

〔1〕《定期考验海军学生》，《申报》1916年12月2日，第三张，第11版，《申报》影印本（第143册），上海书店1982年版，第589页。《申报》原文称"现计报名投考者共有四百余名"，综合其他资料，最终的报名人数很可能超过了这个数字，"四百余名"有可能是截至12月2日发稿时的数据。

〔2〕郑公德口述，郑明珠整理：《忆"五四"前后的烟台海军学校》，海淀区政协文史资料委员会编：《文史资料选编》（第三辑），内部刊物，1989年，第140页。

〔3〕本文述及的1916年12月2日和12月10日《申报》的两篇报道中，对此人名表述不一，前为谢葆琛，后为谢邦琛。

〔4〕此处描述似有误，据刘传标编纂：《中国近代海军职官表》，福建人民出版社2005年版，第78—80页，黄裳治1916年2月1日任海军部总务厅视察，1917年负责《海军编史》。

〔5〕《明日考选海军学生》，《申报》1916年12月10日，第三张，第11版，《申报》影印本（第143册），上海书店1982年版，第729页。

〔6〕《海军学生尅日赴烟》，《申报》1916年12月29日，第三张，第11版，《申报》影印本（第143册），上海书店1982年版，第1055页。

被选取后虽未揭发舞弊内幕，但对当时办海军教育者的腐败非常不满，因此对学习海军也没有信心，尤其是对于中国海军建设前途感到非常失望。"[1]但总的来说，这次招考还是颇为成功的，称得上海军教育史上的一次大事件。首先，此次所招学生优秀人才众多，这在后来既得到了人们的公认，也得到了历史的检验，这是证明招考总体成功最直接也最有力的证据。其次，主持此次招考工作的吴振南品行端正，素有口碑。他"为人正直仗义，对刘冠雄勾结袁世凯，敌视革命以及刘部吸食鸦片烟，贪污腐化，十分不满；曾团结海军中一些进步分子，组织一同仁团体'海协会'……同仁推吴为会长，宗旨为'联络同仁感情，探讨海军学术'，实际上是宣传进步思想"，后来海军部迁北京后，"他又在京办了《海军杂志》月刊，发行量虽不大，但在海军中有凝聚力，它切中海军的腐败，因此刘冠雄很不满，而一直不委他实职，使他空怀报国之心而使不上劲"，此次主持面向全国的海军学生招考，"为培养海军一代新人，他不遗余力，积极负责"。[2]其后人吴申庆回忆："各省达官要员、亲朋好友纷纷来人来函向他关说，祖父对于来者一一婉辞谢绝，来函一封未启，竟封存各类关说信函一大箱。最后不徇私情地从九百多名考生中录取了一百名。如此秉公办事，不仅在当时难能可贵，在当今也是难以做到的。"[3]即便这段回忆对自己的祖父有溢美之词，结合历史对吴振南的总体评价来判断，他主持的这次招考工作虽有疏漏之处，但仍然值得肯定。

但是，谁也没有想到，面向全国招考学生这样一项有利于海军发展的举措，竟然仅此一次，便无疾而终。1917年7月，程璧光率"海圻""飞鹰""永丰""舞凤""同安""福安""豫章"等7舰南下广州，参加孙中山发起的护法运动。1918年2月26日，时任广州军政府海军总长的程璧光在广州长堤海珠码头遇刺身亡。他所推行的全国招考制度，在此后整个北洋军阀统治时期，再也没有实行过。

---

〔1〕《郭寿生自传》（1951年手稿），第1—2页。

〔2〕江苏省政协文史资料委员会、镇江市政协文史资料委员会：《辛亥镇江将军录》（江苏文史资料第103辑、镇江文史资料第30辑），《江苏文史资料》编辑部1997年版，第639—640页。

〔3〕吴申庆：《民国著名海军将领吴振南》，冯克力主编：《老照片》（第122辑），山东画报出版社2018年版，第76页。

在上海招录的100名学生，来自除了西藏、新疆、青海以外的全国各省，录取最多的是湖南籍学生，共7名。[1]进入烟台海军学校之前，由于各地教育发展不平衡，这些学生所受教育和文化程度也各不一样，有的受过中等教育，如郑公德，入学前在奉天第四中学读书，又如郭寿生，入学前毕业于福建省立第二中学；有的受过大学专科教育，如李之龙，入学前曾先后考入武昌外国语专科学校英语班、武昌高等商业学校，因家贫无力负担而辍学应考海军学生；有的是教会学校出身，有的是高小学生，还有的是清末秀才。入校后，经过分班考试，这批学生按成绩被分为3个班。其中，有两个班学生的文化基础较好，提前一学期毕业，而来自云南、广西、甘肃等省的学生，因程度稍差，赶不上学习进度，没过多久便自动退学了。时任烟台海军学校学监的许秉贤对这些新生给予充分肯定，称他们"到校之后，颇为用功，专心学习，对于校规亦皆遵守，校风极好，成绩可观。"[2]

1916年12月，烟台海军学校第十届学生49人从吴淞海军学校毕业。在这一届毕业生中，有后来担任南京国民政府海军参谋长的周宪章，有曾担任护法舰队"肇和"舰舰长的盛延祺，有曾担任渤海舰队总参议的李毓藩等。

1917年，学校取法美国海军制度，添设轮机一科，凡航海学生必须兼习轮机，以备缓急时可担任轮机员的职务。中国的海军教育从师法英国开始，绝大多数都分为驾驶（航海）和管轮（轮机）两科。比如福州船政学堂的前、后学堂，天津水师学堂、江南水师学堂的驾驶和管轮，黄埔海军学校的航海和轮机等。这样的分科保证了学生术业有专攻，突出了专业差异性。但是，在实际操作中，航海和轮机两个专业很难泾渭分明，往往会有所交叉，如果仅仅局限于一域，不但会影响海军人才的发展，而且不利于实战。因此，烟台海军学校从单习航海一科，到兼习航海和轮机两科，不单是教学内容、课程设置的改变，更体现了教育理念的改变。当然，我们也要看到，烟台海军学校培养的人才类型，从大方向上仍然属于航海人才，这也是其立足海军教育界的资本所在。轮

---

〔1〕郑公德口述，郑明珠整理：《忆"五四"前后的烟台海军学校》，海淀区政协文史资料委员会编：《文史资料选编》（第三辑），内部刊物，1989年，第140页。

〔2〕许秉贤：《烟台海军学校始末》，杨志本主编：《中华民国海军史料》，海洋出版社1987年版，第922页。

机科的增设，更大的意义在于丰富学生的知识结构和海军技能，使学生成为发展更加全面、综合素质更高的海军人才，在必要时刻可以救急，不至于束手无策，但与培养专门的轮机人才还是有所不同的。也正因如此，学校才会有"轮机课目不录分数"[1]的相关规定。

　　1917年12月，烟台海军学校第十一届学生22人从吴淞海军学校毕业。在这一届毕业生中有北洋海军"镇远"舰管带林泰曾的孙子林植津，有曾任国民党江防舰队司令并在1949年率部起义的马来西亚归侨叶裕和等。

---

〔1〕《烟台海军学校（1903—1927）》，杨志本主编：《中华民国海军史料》，海洋出版社1987年版，第59页。

1919年罢课事件

1916年从全国招收的新生再一次为烟台海军学校融入了一股新鲜力量，这些学生的来源之多样、层次之复杂、思想之活跃都是前所未有的。时值一战爆发，北洋军阀割据混战，对学校、学生都产生了巨大的影响。

1917年7月，张勋拥立溥仪复辟，消息传入烟台海军学校，学生们群情激愤，刚入学半年多的李之龙勇敢地站出来，组织同学在校内进行集会，声讨张勋。此后，李之龙、郭寿生等进步学生开始通过各种渠道，暗中收集并传阅《新青年》等宣传新文化、新思想的杂志，进一步接受民主思想。1918年五六月间，由留日学生发起，最终引发北京、天津、上海、广东、四川等地学生抗议《中日共同防敌军事协定》的斗争，在全国范围内产生了极大影响，势必也对激发烟台海军学校学生的斗争意识和斗争热情起到了一定的作用。1919年，五四运动爆发，烟台各界群众纷纷响应，烟台海军学校进步学生的爱国热情也被迅速点燃。李之龙等学生不顾校方阻拦，在校内发表了慷慨激昂的演讲，书写了"拒绝在巴黎和会上签字""外争国权，内惩国贼""取消二十一条""誓死夺回青岛"等标语，号召学生、校工和卫兵上街游行示威，加入到这场伟大的爱国运动中去。在五四运动的热潮中，烟台海军学校学生压抑已久的不满情绪被点燃，最终在1919年的秋冬之际，爆发了学校历史上规模最大、持续时间最长的一次学潮。

校内罢课是此次学潮的起点，与学生在五四运动中受到的民主启蒙和精神鼓舞密切相关。1916年入校的郑公德对此有一段详细的回忆："大约1919年夏季，我们从《新青年》《新潮》等刊物上了解到发生在5月4日的爱国学生运动，激发了我们的爱国激情。首先由我们班的查夷平领头，有高翔鹄和我三人在同学中酝酿罢课响应。当时罢课的具体原因是认为校方腐败无能，贪污学生伙食费，大家吃不饱，教官的知识水准低，学生学不到什么东西，提出要求撤换校长和教务长。我负责文牍，向上海《民国日报》写通讯稿，报道烟台海军学校的学潮情况，《民国日报》登载了我们的稿件。因为都是品学好的学生带头闹'风潮'，号召力大，各班都响应。在全校罢课以后（大概是9月——原文注），学校当局先惩罚了厨子，在饭堂责打二十军棍；对学生则采取镇压手段，准备开除学生，因而激起了众怒。"[1]

　　为了使此次罢课产生更大的影响力，学生们决定去上海请愿。之所以选定上海，是因为上海在全国以及海军界的重要地位，而且五四运动后期，运动中心由北京转移到上海，这里的进步力量较强，有利于赢得更广泛的同情和支持，从而能够向海军部施压，达成学生的愿望。1919年11月23日晚上，除了留校的5人外，96名[2]学生携带简单的铺盖，从学校后门冒雪而出，来到烟台市悦来客栈，购票候船，乘搭新丰商船前往上海。船票费用由学生自发凑集，不敷之数，以典衣质物来换取，大有破釜沉舟，不达目的誓不罢休之势。11月25日[3]，赴沪请愿学生向南北当局及各要人发出《烟台海军学生公电》，电文指出："慨自甲午战后，海军一败不振，前总统黎公暨总长程公始议兴之，乃有全国招生之举，而生等始得置身海军矣。无如事变中来，二公去位，全国顿挫，国人痛心，生等首当其冲，尤难忍受及今志绝穷途、四方莫骋，欲违心苟

　　[1]郑公德口述，郑明珠整理：《忆"五四"前后的烟台海军学校》，海淀区政协文史资料委员会编《文史资料选编》（第三辑），内部刊物，1989年，第140—141页。

　　[2]《烟台海军学生散学之原因——海军所述》，《申报》1919年11月30日，第二张，第7版，《申报》影印本（第161册），上海书店1982年版，第511页。原文如下："烟台海军学校校长曾瑞祺昨日电海军部言，该校全体学生（共九十六人）于本月二十三日（星期日）散出学校，留者仅有五人，其散去之学生多数于该日乘搭新丰商船赴上海。"关于赴上海请愿学生的人数还有几种说法，如"79人"说，见佘振兴遗稿《回忆录》，陆宝千访问、官曼莉纪录：《郑天杰先生访问纪录》，九州出版社2012年版，第298页；又如"81人"说，见《海军学生第二次宣言与呈文》的落款，《申报》1919年12月8日，第三张，第10版，《申报》影印本（第161册），上海书店1982年版，第658页。相较而言，"79人"说非当事人所述，可先排除，其他两说皆有可能。种种资料显示，赴上海请愿的学生并非全部坚持到底，中途有人被劝返校，这有可能导致前后人数的变化。此处采曾瑞祺报海军部文牍的96人说。

　　[3]这里的时间依据《申报》报道。值得注意的是，当天《申报》该版的时间错印为"10月25日"，但与前后版所印日期稍加比照，便知应为"11月25日"。

进，则何以对国人，欲勉强支持，又难以违素志，是以人人自危，铤而走险，爰于十一月二十三日全体离校来沪，务以此中痛史宣告国人，然后分途回省陈述一切，使国人洞明黑暗之情，亟为根本改造之计，则生等虽出海军，贤于在海军多矣，迫切陈情，不胜待命之至。"这段电文是罢课学生第一次通过媒体向公众表达自己的诉求。

11月29日，罢课学生到达上海，先与民国日报社取得联系，并受到报社负责人叶楚伧的接待。后经上海学生联合会介绍，入住威海卫路中国公学第二寄宿舍，但因房舍不足，尚有20余人居于闸北青年会义务学校，后因该两处学校又将招新生，碍难久住，遂于1920年1月15日，在民国日报社的安排下，全体迁入霞飞路渔阳里20号，报社还资助了学生一百几十元钱维持生活。为了保证在沪行动统一有序，学生们组建了评议及干事二部，评议部由各省推代表一人，共同决议应行之事，干事部则分交际、会计、书记、庶务、纠察五股，管理相关具体事务，另有总干事江西人查夷平、四川人黄秉衡、奉天人高翔鹄等三人综理各股事务。[1]

学生的公开发声使罢课请愿事件引发广泛关注。由于学生在公电中仅言海军之"黑暗"，并没有述及具体细节，因此，各界都想进一步了解此次事件的内情到底为何。11月30日，《申报》再刊报道《烟台海军学生散学之原因——海军所述》，援引海军部所述披露学生赴沪罢课请愿的原因。这篇报道首先陈述了烟台海军学校校长曾瑞祺就赴沪学生人数、时间、乘坐交通工具等情况向海军部所做的汇报，以及向海军部请示办法。海军部"即派军学司科员二人赴烟查明情形，一面电令在沪之陈恩焘（陈为该部军务司长，此次随李鼎新赴日参观海军演习，日前归国道出沪上——原文注）会同上海司令处人员在沪将散去各生劝令回校，勿任其散归各本省"。从海军部的应对来看，对学生罢课并未特别重视。报道还说，经过询问，海军部方面给出的学生罢课理由是"因变更定章而起"，具体来说，"缘海军学生毕业年限本定为七年，三年在烟台

---

［1］《烟台海军学生到沪后之行动》，《申报》1919年12月3日，第三张，第10版，《申报》影印本（第161册），上海书店1982年版，第570页；苏小东编著：《中华民国海军史事日志（1921.1—1949.9）》，九州图书出版社1999年版，第166页；郑公德口述，郑明珠整理：《忆"五四"前后的烟台海军学校》，海淀区政协文史资料委员会编：《文史资料选编》（第三辑），内部刊物，1989年，第142—143页。

肄业，二年在各舰练习，二年在吴淞学校。近海军部军学司长李景曦忽然变更前议，将吴淞功课并入烟台，作为五年毕业，毕业之后，再派各舰练习。其年限统计亦不过七年，惟将吴淞及舰上之功课倒置而已。烟台学生现时已在第三年级，本来明年便可派赴各舰练习，每月便有二十两上下之薪俸，今得此等消息，失望者颇不乏人，于是集议反对。该校曾校长曾为之电部呈请，部复坚持，各生知事无可为，遂相率离校。至军学司，所以有将吴淞学校功课并入烟台之计划，系欲将吴淞学校改为海军大学，后因大学应属诸参谋部，非海军部所得办理，该司长又主张改为海军师范，复因海军不应有师范学校，该司长计划遂归泡影，其结果徒惹起烟台散学之风潮，非该司长所能逆料云云。"这种说法显然失之偏颇，连报馆都在文末表示"究竟真相如何，尚未敢遽断"。

12月1日、4日、15日、23日，罢课学生在《申报》以《烟台海军学校全体学生泣告书》为题接连向全国发声，详细阐述了罢课动因和诉求，并提出要揭露"黑幕三事"[1]：

第一，改订民国五年颁定《海军学生考选章程》之黑幕。学生们认为，黎元洪总统任内，由时任海军总长程璧光推动实施的面向全国招考海军学生的举措，原定自民国五年，即1916年起，连续招生3年，每年招生100人，"一洗从前海军招生之偏私……锐意刷新，至为公允"。但是，"复辟而后，政局稍变，该章遂为少数奸人所蹂躏……今忽改招考期间及名额由部临时酌定，又附加中级军官保送之条"，这样，势必会阻塞平民子弟进入海军的通道，使海军成为军阀之私产。学生们说的改订后的《考选章程》，即海军部在1918年10月17日发布的《海军学生考选章程》。学生们对其中的一些改动修订提出了强烈质疑，如针对第二条——"考选海军学生之期间及名额，应由部临时酌定，并先期咨行各省；一面登报通知"，学生们认为该条款中的"临时"二字太随意太模糊，给某些人的违规操作提供了搪塞的借口，也给执行1916年招考制度带来了障碍，更让平民子弟入海军难上加难。又如第八、九条——"海军中等

---

〔1〕《烟台海军学校全体学生泣告书》，《申报》1919年12月1日、4日、15日、23日，第三张，第11版，《申报》影印本（第161册），上海书店1982年版，第539、587、603、919页。以下"黑幕三事"内容，如无其他注释，引文皆出自上述《申报》的4篇报道，不再一一注明。

官以上之官佐，得准以合格之子弟一人呈部保送考选，惟每员只以保送二次为限""海军官佐中，如遇有阵亡或因公殒命，有事实可以证明者，其子嗣如果合格，准由该家属呈部应选"。这两条为1916年《考选章程》原有内容，专为优待海军军官而设，学生们对此并无异议。学生们感到不满的，是此次修订在这两条后面所加的附则——"前两条之规定，虽不在考选期间，得准其随时呈送，由部考核，果系合格，交司存记，如遇学校中有相当之额缺，准予插班，以示优异。"学生们认为，"如是则平民中子弟可以无限淘汰，军裔可以得无限制之代入，此不能容某等百人之明证也"。而且，学生们认为，在第八、九两条已经表达了优待海军军官之意的情况下，再加一条附则"以示优异"，颇有欲盖弥彰之嫌。如此一来，平民子弟入海军之路被改订后的《考选章程》百般阻塞，"更施以种种无谓之压制，延长无谓之时日，加以无谓之暴厉，试以无谓之难题，使脑筋纯洁之青年不能耐受，引退而归，脑筋稍钝者不能堪耐，致甄陶而去，则三五年间所有已入海军之平民子弟不难排挤馨尽矣"。学生们断定，"海部无招生各省意而仅以军裔充额"，正是自1916年首次实施后，海军招考之事寂然无闻的原因所在。

第二，学校中之黑暗情形。学生们控诉道："烟校为数十腐败之军官及无学之腐儒所盘踞，视学校为彼等共有之产业，将国家培育人才之意置之脑后，故于形式上极其讲究，学校中虽有种种黑暗情形，而彼等事事以谓弥缝颜面当先，竭其全力以欺外来之参观者之耳目，每言八万元之巨款，除例库开支以外，种种临时费用非有利于形式或彼等之私囊，决不肯开支，其视线能力又尽注于第三者之观察，故社会舆论均受其欺骗，毫无所知。"为了进一步让公众看清学校之"黑暗"，学生们又着重从"腐败欺骗之管理方面""腐败欺骗之教授方法"两个方面做了描述。其中，管理方面的问题主要有二：一是管理人员的腐败欺骗，学生们的矛头直指学监许秉贤和副官赵士淦，认为这二人"奸巧弄权，事事以压制学生当先"。在学生们的叙述中，许秉贤经常以开除学籍相威胁，又因学生们无身家背景而对其所有请求一概拒绝，加之许秉贤担任学监一职，"平日对于学生又专以伺察小过为务"，三年学校生活熬下来，让学生们感到非常痛苦。赵士淦垄断校中一切，平日专以隔阂校长与学生们之关系为能事，学生们有事要向校长汇报，必须先经过赵士淦的同意，这使得学生们在三年里与校长的当面对话，仅有离校时的辞别和五四运动时的请假两次。除此之外，赵士淦"亏欠厨丁之款数千元，而于各方面行使其欺骗，事实已昭然于人之耳目"。二是管理方法的腐败欺骗。学生们在《泣告书》中历数了对学校管理方法的不满：管理方法不外绝端压制，并不乏腐败欺骗之用意，使学生们"异日成为少数军阀之走狗"；"校中章程应记小过之条款指不胜屈，其制止学生之动作，至已尽矣"，而学生们为了能够完成学业，只能强忍不适；海军部令校中教职员各怀袖珍日记一本，将百名学生的名字列于其中，并暗中注意学生的"气质、智力、感情、意志、言语、容仪、动作七事，苟有瑕疵，罪不至记小过者，即于日记日日暗地扣去品行分数，并声明不得令学生得知，季终结算，如有两星期中每日平均曾扣一分者，立予革退"；学校所开设德育一科，所用修身课本陈腐不堪，而校中老师"教授德育方法不使明伦理真义而纯重记忆古人故事"，遇到海军部军学司派人来校检查教学效果时，"胆敢于军学司将来之际，将书中故事用纸条书出段数交于班长，令学生全体先期记诵，俾军学司长来时，可以对答如流"。至于腐败欺骗之教授方法，学生们表达了对总教官江中清的强烈不满。学生们认为江中清"明知各教员有种种劣迹，不但不问，而且一意纵任之、袒护之，致教授情形愈复愈下"，没有尽到总教官的职责。除此之外，学生们还点名批评了郑衡、薛良崇、傅可衡等教职员，认为这些人德不配位、能力不足，"如此妄人而为人师，而为吾等海军学生之师，海军焉能不腐败耶"？此外，学生们对于学校仪器设备和图书资料的严重短缺亦相当不满，还称"种种关于卫生饮食及治疗等事之腐败欺骗之情形不胜枚举"。

第三，毕业延期之原因及用意。学生们认为，学校之所以将学制延期，原因及用意有三：一是通过延期毕业，将这批学生留在学校，从而无需另行面向全国招生，以此杜绝平民学生之来路；二是使学生们不能耐受无谓之迁延，自己选择退学，以便校方插入军裔来填补员额之空，而且据学生们讲，已有部分学生主动退学；三是使学生们本该接下来开展的练习舰实践化为泡影，从而对其成绩产生影响。

学生的叙述几乎是对学校的全盘否定，结合烟台海军学校的发展实际来判断，这些叙述并非尽皆言之有理。但可以肯定的是，学校确实存在较大问题，而且校方与学生之间的矛盾积蓄已久。时任学监的许秉贤后来解释说，学生的认识纯系误会。"学生之学年定制是烟台学校三年，吴淞军官学校二年。今将吴淞之二年归并在烟台一起学习，既可免学生前往奔走之劳，二校并一校亦可省经费，此意甚善。惟有嫌隙在心，易起误会。及至三年毕业之时，学生闻此改革大起恐慌，以为闽籍当局故意将学年延长，削减彼之名额而增长闽籍学生之人数。因之而惧，因惧而愤，因愤而筹对策，风潮因之而起。彼知军人以服从为职责，请愿无效也，只有借外界之压力及舆论之公道，或可达到彼之希望。密议数次，均主张离校到上海想办法。先登各报，诉诸舆论，引起全国之人出来干涉，通电各省政府出来支援，向海军部说情讲理，此是学生之志愿及希望。或前学生极守秘密，外人不知也。"据许秉贤分析，学潮的发起还有一个原因，那就是"每次期考总有一二名不及格退学者，所补进之学生多是闽籍"[1]。

罢课事件发生后，海军部派军学司科长王传炯、林继荫二人赴烟查明情形，并令正在上海的军务司司长陈恩焘，会同上海司令处人员劝说学生尽快返烟复课。由于双方的立场差异较大，一时间并没能达成一致。在沟通过程中，陈恩焘"准予具呈理由，许以斟酌采纳"。同时，为了营造更大的舆论声势，学生们于12月8日发表了《海军学生第二次宣言与呈文》[2]，阐述了三点诉求。一是"要求恢复民国五年部定海军招生之旧章"。学生们认为，中国海军为国民而设，并非专为官佐而设。二是"要求学校以内设备之完全与野蛮浅陋职员之惩戒与医药卫生等事之改良"。就设备而言，"今烟校之内，参考既无，图书、仪器更属缺如，须于求学之先，縻无数之光阴揣想仪器之构造，徒耗心力，无补事实，处境如此，尚何进步之可言"？就教职员而言，"烟校内之职教员其可亲可敬者固有一二，而可畏可卑者亦占多数"。就医药卫生等事而言，医药、伙食、沐浴、茶水等方面都存在腐败敷衍的问题。三是"要求恢复民国五年部定三年毕业之旧章"。学生们认为，烟台海军学校作为海军教育

---

〔1〕许季超（许秉贤）：《关于烟台海军学校的回忆》，文闻编：《旧中国海军秘档》，中国文史出版社2006年版，第204页。

〔2〕《海军学生第二次宣言与呈文》，《申报》1919年12月8日，第三张，第10版，《申报》影印本（第161册），上海书店1982年版，第658页。下述出自该文内容不再一一注明。

体系的初级层次，三年时间足以完成学习任务，并无延期必要，之后的时间更重要的是在练习舰上实习纯熟，以增强实战驾驶能力。学生们更特别强调了三点目的关系，第一条是最重要、最根本的，"此条果得美满之解决，全国平民子弟皆有入海军之望，即海军将来有振兴之望，二三两条虽关系海军教育前途，究与同人等自身关系较为密切，同人等既报积极救国之心，宁肯仅为个人幸福之计，第一条苟不得圆满结果，二三两条虽经海军部许可，同人等亦决不回校"。学生们希望通过这种宣示，让公众了解他们罢课的真正目的，避免猜度误解，从而能为他们主持公论，力作后援。

对学生的呈文，海军部也进行了回应，电云："束函及学生请愿书并冬二支电均悉，查学校理宜随时改良，责在本部，自应力求整顿，海军校课年限应加斟酌办理，总期能收实效。至按年按省招生，乃国家海防计划，洵非该生等所可任意妄求。着即明白宣示，由陈司长即日带同各生回校，按理由书所陈各节逐条秉公切实查明，再行核办。倘有不遵，是属刁狡，本部为维持教育起见，不能姑恕，所有理由书之解释另寄海部。"[1] 较之海军部在罢课伊始的回应，上述电文语气稍有缓和，但仍不乏威胁，对于学生们的一些核心诉求，依旧没有给出明确答复，而是要求学生们先复课再言其他。对于这个答复，学生们断难满意，他们选择在同新闻记者的谈话会上将电文示之于众，不无向海军部施压之意。经过商讨，江苏省教育会、上海学生联合会、上海各界联合会、上海报界共同函约陈恩焘会晤，请其转达海军部容纳学生之要求。

至迟在12月13日前，王传炯、林继荫从烟台来到上海，校方派出的学监许秉贤也随之一并赴沪协助办理一切。王传炯到上海后一味敷衍，始终没有正面回应学生们的要求，动辄以月薪、暑假等利益笼络学生们回校，学生们对其十分反感。学生们以新任海军总长萨镇冰"贤明公正"，希望他判别是非、秉公办理，于是向其递交呈文，对海军部回复的两份电文逐一驳斥。针对第一份电文，学生反驳了海军部答复的"烟校延期因恐接续转移诸多不便""操行为少年分内事""国家财政困难，舰队不能扩充，恐再招生将人满无以致用"等三

〔1〕《海军学生与新闻记者谈话》，《申报》1919年12月9日，第三张，第10版，《申报》影印本（第161册），上海书店1982年版，第674页。

点理由，表示对其"未能明晰"；针对第二份电文，学生则提出两点不满意之处："校课年限应加斟酌办理，似于生等请求已许，已有改良之意，然斟酌至若何程度，殊不可知，且即宣言改良亦无切实保证，此生等未能满意者一也。又云招生关系国家海防大计，洵非学生所可妄求。窃谓海防大计，生等所计果有利于国家，岂无采纳余地？生等愿当局判别是非，不愿当局杜绝言路，此生等未能满意者二也。"[1]

12月14日，学生们在中国公学大礼堂召开全体大会，交流来沪后的进展和未来筹划，还专门表决了不听从王传炯的笼络，不与王传炯做私人接洽。会议持续了4个多小时。由于请愿并不顺利，海军部始终冷淡以对，不做正面回答，因此，会议气氛比较凝重，有学生情绪激动，在发言中声泪俱下。但即便如此，学生们仍是"众口一声愿牺牲一切以求达最初目的"，并签字按手印以示决心。[2]

为了扩大影响，除了上书海军部和在新闻媒体主动发声，学生们还在上海多方联络奔走，寻求一切可能的支持。他们推举代表谒见海军总司令蓝建枢，希望他将学生们的要求转达政府。蓝建枢即据情呈请海军部核办，萨镇冰电复蓝建枢，让他在上海就近劝慰学生，静待解决。他们还派代表面见当时正在进行南北和谈的南方代表饶鸣銮（烟台海军学校第一届毕业生），但饶并没有站在学生们一边。此外，学生代表查夷平、高翔鹄、黄秉衡、郑公德、聂开一等人还在叶楚伧的引见下，拜会了当时住在上海的孙中山。郑公德回忆了见到孙中山时的情景："这是我第一次见到孙中山先生。记得是去了一个会场，中山先生穿着长袍马褂，正在向大家演讲，我们进会场时已近尾声，等了一会儿孙先生领我们到会场后台谈话。他非常和气，询问我们罢课的原因和意见要求。我们主要是由查夷平代表大家说话的，叶楚伧一直陪着。"[3]孙中山的接见对

〔1〕《留沪海军学生近状》，《申报》1919年12月13日，第三张，第10版，《申报》影印本（第161册），上海书店1982年版，第738页。

〔2〕《烟台海军学生全体大会纪》，《申报》1919年12月16日，第三张，第10版，《申报》影印本（第161册），上海书店1982年版，第798页；《烟台海军学生来沪后之近讯》，《申报》1919年12月21日，第三张，第11版，《申报》影印本（第161册），上海书店1982年版，第879页。

〔3〕郑公德口述，郑明珠整理：《忆"五四"前后的烟台海军学校》，海淀区政协文史资料委员会编：《文史资料选编》（第三辑），内部刊物，1989年，第142页。

罢课学生是一个巨大的鼓舞，更加坚定了他们斗争到底的决心。郭寿生说：孙中山先生"接见我们代表，又鼓励我们参加革命才有前途，因此促使我开始了向北洋军阀腐化海军作斗争"[1]。几天后，查夷平独自一人第二次拜会孙中山。孙中山建议学生们离开腐败的海军，跟随他到广州学航空。查夷平回来将孙中山的建议转达给罢课学生，后来，确实有部分学生脱离了海军，追随孙中山南下学习航空。[2]另据郑公德回忆，他和查夷平当时还拜访过住在静安寺路的戴季陶，后者劝他们去日本读书。[3]

在上海羁留20多天后，学生们的罢课请愿并没有取得实质性效果。然而，北京海军部却传出消息，学生们所提要求已由3条增加至5条，即"一、不能恢复五年章程，但以后招生通知各省；二、加月薪、放暑假；三、吴淞图书、仪器酌量移入烟校；四、取消操行密记；五、准学生自由通函省长"[4]。学生们对此又惊又气，专门上书海军部参事谢葆璋，指出上述5条与学生所提要求截然不同，完全是王传炯有意捏造，目的是拨弄是非、混淆视听，不仅违反了他们离校的初衷，而且还玷辱了他们的人格。学生们还表示，烟台海军学校校长曾瑞祺为人忠厚，非常爱惜学生，"而舞弊朦蔽者实由管教方面"，此次风潮与他无关，而王传炯却居心叵测，似有取代曾瑞祺继任校长之意。

尽管已向谢葆璋上书说明原委，但学生们仍恐萨镇冰尚未洞悉其苦衷，且误会其有加薪、放暑假等要求，再加之所请三事久未得到海军部明确答复，特于12月22日派杨锡茂、高翔鹄为代表乘津浦夜车往京面谒萨总长，据情陈诉一切，并代呈全体学生上总长一书。书中除了再次呈上3条请求之外，一方面

〔1〕《郭寿生自传》（1951年手稿），第6页。

〔2〕黄秉衡对孙中山接见一事有不同的回忆："我与聂开一同学被推派赴广州军政府请愿。当时先总理孙中山先生住法界莫利爱路二十九号，我们晋谒孙先生，蒙亲予接见，并指示可赴粤晋见伍廷芳博士与李烈钧将军。我俩抵粤后，即遵指示进行，颇获声援及得资助。事毕返沪，得悉在沪同学，已被海军总部派员分化，并受到经济压迫。而部分同学，已先行返校。我与留沪同学，则誓不屈服，发表宣言。不久我与其他五位同学，被推举再谒先总理，再接见时并聆听训词，认为我们这辈学生，富于革命精神，希望我们参加中华革命党，共同做救中国的工作。"（陆宝千访问、官曼莉纪录：《郑天杰先生访问纪录》，九州出版社2012年版，第168—169页。）

〔3〕郑公德口述，郑明珠整理：《忆"五四"前后的烟台海军学校》，海淀区政协文史资料委员会编：《文史资料选编》（第三辑），内部刊物，1989年，第143页。

〔4〕《烟台海军学生来沪后之近讯》，《申报》1919年12月21日，第三张，第11版，《申报》影印本（第161册），上海书店1982年版，第879页。

历数王传炯在沪作为，谓其专逞手段，不务推诚，"对于学生意见，从未俯商，一面以严厉之词虚声恫吓，一面以月薪暑假骗诱人心，不知生等可以理谕，不可以威胁，可以义使，不可以利诱，可以诚服，而不可以诈取"。另一方面，清楚说明所谓5条请求皆非学生之意，学生们既无排闽之心，亦无加薪之请。[1]

至1919年底，王传炯多次与罢课学生谈判，没有出现丝毫转圜的迹象。12月31日午后，王传炯致函全体学生，转告关于开除11名学生代表的部电，但学生看原电的要求遭到了拒绝。"部电除开除学生十一人外，对于要求三事未置一词，全体学生闻之极为愤懑，力为准备将其经过诉诸国人，请求公判，全体去校在所不恤。"[2]开除齐镇午、李锡祉、查夷平、聂开一、黄秉衡、翟骥深、高翔鹄、杨锡茂等11人的部电，让矛盾再次激化，双方的谈判已趋于破裂。

1920年1月3日，王传炯离沪返京，留下林继荫、许秉贤继续与学生们谈判。二人与学生们多方接洽，一再劝说其早日回校，免碍学业，贻误前程。1月9日，学生们以《海军学生最近谨告全国书》再次发声，既对海军部不回应所请三事表示强烈不满，又对11名学生的被开除表示强烈不平。学生们认为，被开除的多为烟台海军学校优秀学生，如连续五学期名列孝班第一的齐镇午、连续三学期名列悌班第一的杨锡茂、连续四学期名列忠班第一的聂开一等，开除他们是海军人才的损失，实在让人不能理解和接受。最后，学生们还表达了目下境遇虽然困难重重，但是大家仍会坚持到底的鲜明态度。

烟台海军学校学生留沪期间，得到了社会各界的普遍关注，大多表达了对学生们的同情和支持。中华民国学生联合会总会在学生们到沪不久，就以《学生联合会总会致海军部电》呼吁海军部"本为国惜才之意，依纳舆论，力予改革，使平民子弟永无向隅之憾，出校学生早日归校，勿荒学业"[3]。商界少年救国宣讲团也在《商界少年之赞助海军学生》中，表达了对学生所请的认同，并

---

〔1〕《海军学生代表赴京》，《申报》1919年12月26日，第三张，第10版，《申报》影印本（第161册），上海书店1982年版，第970页。

〔2〕《留沪海军学生近讯》，《申报》1920年1月1日，第三张，第10版，《申报》影印本（第162册），上海书店1982年版，第10页。

〔3〕《学生联合会总会致海军部电》，《申报》1919年12月2日，第三张，第10版，《申报》影印本（第161册），上海书店1982年版，第554页。

表示愿做学生们的坚强后盾。江苏省教育会、上海学生联合会、黑龙江省议会、广西省议会、南京学生联合会等机构团体也纷纷表达了对学生们的支持，并致电海军部请求其接受学生所请。广东黄埔海军学校的学生获悉烟台海军学校学生罢课赴沪的消息后，发电报给罢课学生，询问详情。当他们得知事情的来龙去脉以后，立即表示声援，并决定全体学生也要北上上海。后由于该校校长邓聪保百般劝慰，答应代烟台海军学校学生向上争取，才将学生稳住。但学生还是在电报中说："我国海军之腐败，实由于军阀之自私，他们以海部为私产，余则皆以粉饰为完备。须知有实心然后有实政，若乃虚文是尚，事实全无，海军振兴必成绝望。诸君能奋勇力争以警其迷，万乞贯彻初衷，粤校学生必不漠视于南。"[1] 江苏督军李纯则亲自接见了烟台海军学校驻宁学生代表田乃宣、俞健，对罢课学生的举动表示同情，并表示一定代为力争。第二天即和江苏省长齐耀琳联名致函海军总长萨镇冰，请其速为处理烟台海军学校失学学生问题，以免他们继续流离上海，辍学无归。广州军政府政务院秘书厅厅长章士钊致电总裁岑春煊、林葆怿，表示同情烟台海军学校学生，认为他们的举动虽有些过激，但主张尚属正常，北京政府海军部应予采纳，并劝令学生回校，以免荒废学业。军政府参事会参议彭允彝则致电湖南都督谭延闿，希望顾念烟台海军学校湘籍学生也因反对海军腐败来沪奔走，速向北京政府为学生力争。上述对烟台海军学校罢课学生表示支持的各方力量，不仅进一步扩大了此次罢课事件的影响，也给海军部施加了不小的压力，客观上推动了罢课事件的处理进程。

时至1920年2月，学生在上海滞留已近70天，生活上的困窘不堪与请愿事项的久耗无果，让每一名学生都身心俱疲，而且随着时间的推移，这种感觉越来越强烈。留在上海的校方代表许秉贤也不断劝说，并"采取分化办法，拉着陈体贞、郭寿生等人说之以利害，使向同学疏通，颇收效果"[2]。各方支持学生的力量，多是从精神上加以激励，实际效用并不大。在多种因素的交织下，多

---

〔1〕苏小东编著：《中华民国海军史事日志（1921.1—1949.9）》，九州图书出版社1999年版，第163—164页。

〔2〕许季超（许秉贤）：《关于烟台海军学校的回忆》，文闻编：《旧中国海军秘档》，中国文史出版社2006年版，第205页。

数学生的态度开始逐渐缓和，而查夷平等学生骨干仍反对返校，主张继续等待南下广州。为劝阻大家返校，也为表示自己坚决不回烟台的决心，查夷平还剁去了一截小手指头，也没能拦住多数学生返校。是月，绝大多数学生返校复课，烟台海军学校历史上规模最大、持续时间最长的学潮终告结束。

学生们返校后，海军部对烟台海军学校做出了较大幅度的人事调整，校长曾瑞祺被调往海军部任参议，副官赵士淦、正教官郑衡等调往上海海军总司令部，原薪候差。同时，调"楚谦"舰舰长佘振兴担任校长，俞俊杰任佐理官（即原职官体制中的"副官"改称而来）。吴淞海军学校也依照之前安排并入烟台海军学校，学校的学制由3年改为5年。这也意味着罢课学生返校后，将按新学制继续在校学习2年。

留在上海拒绝返校的学生，得到了孙中山的关心和帮助。孙中山认为，将来国家建军优先考虑的是空军而不是海军，因此建议这些学生放弃海军，改学航空。留沪学生之一的郑公德曾回忆："这次我们少数学潮骨干不回去的原因，主要是认为海军学校腐败落后，学不到什么新的科学知识，又和孙中山约好等他一同去广州当空军，可以学最新的科学技术。再加上青年人爱面子，觉得这样回去不光彩，所以决心脱离海军学校。"[1]话虽如此，但实际上后来接受孙中山建议，改学航空的学生只有查夷平、聂开一、黄秉衡、郭德权等6人，而最终前往美国学习飞机驾驶技术的只有黄秉衡和聂开一。黄秉衡学成回国后，先后担任航空学校校长、航空署长、驻美空军武官等职，晚年定居美国，1989年1月病逝，享年88岁。聂开一回国后，曾任航空处参谋长，参加过许多战役，后来成为中国民用航空业的创始人之一，参与组建中国航空公司，1944年病逝，年仅45岁。查夷平长期供职于航空部门，曾任中国中央航空公司副总经理，1949年积极参与组织了中央航空公司和中国航空公司人员的起义，新中国成立后曾任中国民用航空总局顾问，第四届全国人大代表，1976年9月去世，享年81岁。郭德权到广州后，不久即进入黄埔军校，抗战时为驻美武官，后去台湾，20世纪80年代末曾任台湾地区"立法委员"。郑公德和高翔鹄于1921

〔1〕郑公德口述，郑明珠整理：《忆"五四"前后的烟台海军学校》，海淀区政协文史资料委员会编：《文史资料选编》（第三辑），内部刊物，1989年，第143页。

年赴日本留学，高翔鹄入帝国大学经济系，1944年曾任太原铁路局副局长。郑公德入东京高等工业学校（即东京工业大学），1925年回国，在奉天和留日同学、著名民主爱国人士杜重远筹备肇新窑业公司，想走工业救国的道路，但资金不足，困难重重，没能办下去。后长期从事交通、电信、矿山等部门的工程技术工作。

1919年学潮中，学生们恢复民国五年旧章程的核心诉求没有实现，表明此次罢课并未达到当初的预定目的。但通过这次学潮，学生们接触到了社会方方面面的人士，反复和各个方面展开协调、谈判等工作，开阔了眼界，锻炼了能力，思想上日趋走向成熟。而烟台海军学校在学潮过后，也吸取了一些教训，对学生们的控制稍有放松，特别是放宽了对学生读书读报的限制，一些进步报刊得以进入校园，客观上为进步学生接触先进理论和思想创造了有利条件。中共党团组织在烟台海军学校得以较早建立，郭寿生成为烟台第一位中共党员，都与此不无关系。

烟台海军学校的艰难岁月

1920年3月，烟台海军学校迎来了第六任校长佘振兴，随之而来的还有新任佐理官俞俊杰。佘振兴，山东烟台人，烟台海军学校第一届毕业生，赴任前为"楚谦"炮舰舰长[1]；俞俊杰，烟台海军学校二届毕业生，赴任前为海军部总务厅办事员。

佘振兴对担任烟台海军学校校长顾虑很大，多次婉拒，甚至赴京面见萨镇冰亲辞，均无果，最后不得不上任。对此过程，他回忆说："十二月徐世昌为大总统，萨镇冰为部长，当派余为烟台海军学校校长，余是年三十一岁且长舰六年，自问尚可应付，惟长教育一节，恐非所长，且过去为校长者，皆系年已高，约在五十以上或近六十岁者，向蓝总司令数次辞谢未准，最后惟有亲到北京向部长面陈。于九年初，一面将楚谦职务交周兆瑞代理，一面乘火车进京，在京度旧历年，见萨总长继续辞谢，无论如何不准，余亦坚定意志不去，最后萨表示，余不去烟，渠亦将辞去长，余睹此情形，势将决裂，惟有接受烟校校长，要求以代理名义，维持三月。当即出京，阴二月接篆烟校在京并带王院[2]（改名天池）及李信候二生，其余各生亦陆续回校上课，吴淞海校教官亦到校上课，并另请一微积分及化学教习，从此三年改为五年。"[3]

---

[1] 目下所见多种资料称佘振兴在担任烟台海军学校校长前为"楚有"炮舰舰长，许秉贤等人的回忆都是如此。根据佘振兴本人遗稿，实为"楚谦"炮舰舰长。1919年，海军总司令蓝建枢推行新政，采取中型舰舰长互调，"楚有"舰舰长佘振兴与"楚谦"舰舰长王光熊互调。

[2] 应为烟台海军学校第十六届毕业生王浣。

[3] 佘振兴遗稿《回忆录》，陆宝千访问、官曼莉纪录：《郑天杰先生访问纪录》，九州出版社2012年版，第298页。

这一年，海军部决定裁撤吴淞海军学校，校址交还交通部，继续开设商船学校，该校轮机教员王孝藩、理化教员陈绍棠、航海教员周麟瑞调入烟台海军学校继续教职，王孝藩、陈绍棠月薪各200元，周麟瑞月薪160元。烟台海军学校的学制也随之改为5年。这意味着，1915年开始实施的由两所海军学校分别承担初、高级阶段海军教育的模式，改为在烟台海军学校一所学校完成。学生在这里完成5年学业后，再进入鱼雷、枪炮等专业学校学习1年（原分流前往南京雷电学校、烟台海军枪炮练习所学习，后均前往合并后的南京鱼雷枪炮学校），最后赴练习舰学习舰课1年，舰课完成后，方视为整个海军教育体系内容的完成（就当时的海军教育体系来说，不论是从烟台海军学校完成学业，还是从吴淞海军学校、南京鱼雷枪炮学校完成学业，都称为修业完成，由各所学校为学生颁发"修业文凭"。学生在练习舰完成舰课亦如此，只是"修业文凭"改由海军总司令公署颁发。"修业文凭"上记载有该学生在校学习期间各门课程的成绩、操行分数和平均分。上述所有阶段都完成后，并且成绩达到一定标准，学生才算是真正毕业，由海军部为其颁发"毕业文凭"，上面分别记载该学生在各所海军学校和练习舰修业时的平均得分）。短短几年内，南京海军军官学校、吴淞海军学校相继被裁撤，这使得烟台海军学校承担的任务越来越重要，地位越来越突出。

吴淞海军学校并入烟台海军学校后，学校课程设置也有所变化，内场课程包括国文、修身、历史、地理、兵略、读文、作文、英文、读本、算术、文法（一至三集）、舆地、代数、几何（平面、立体）、量积学、天文浅说、平面三角、物理浅说、力学、地文学、球面三角、化学浅说、解释几何、航海术、高等代数、天文学、轮机学、磁学、水重学、微积学、物理学、化学、测量学、应用重学。外场课程包括兵操、体操、舢板操、泅水、射击。内场的修身课程使用的书籍包括《历代名臣言行录》《四子书》《德育鉴》《关岳合传》《伦理学讲义》《伦理学纲要》《公民模范》《最新修身绘图》《勤俭论》《修身》《社会教育》《曲礼》《朱子小学》《刘忠介人谱》《吕氏呻吟语》《陈氏五种遗规》等16种，由校方购备以便教员拣择，由浅而深，每星期教授2小时以资修省。通过此时的课程设置，我们可以看到，与1915年烟台海军学校作为海军初级教育学校时相比，内场课程更加全面多样，除了原有的文理基础类课程之外，增设了物理、化学、数学等基础科学领域的多门课程，还增设了轮机学课程，为满足海军人才培养的更高要求进一步夯实了理论基础；修身课程所用多数书籍依然充满封建气息，但也出现了如《伦理学讲义》《伦理学纲要》这样的近代西学东渐的产物，体现了时代发展的印记。

在吴淞海军学校的尾声阶段，1920年6月、1921年3月，仍按原烟台、吴淞初、高两地两阶段教育模式培养的最后两批学生相继毕业，是为烟台海军学校第十二届毕业生60名和第十三届毕业生54名。第十二届毕业生中的著名人物，有抗日战争时期担任"义宁"炮艇艇长，在鄱阳湖作战中殉职的严传经；有担任"江贞"舰副舰长，在岳州作战中殉职的张秉燊等。第十三届毕业生中的著名人物，如周应聪，曾任南京国民政府海军第二舰队参谋长、练习舰队参谋长，驻英国使馆海军武官，上海海军指挥部总指挥，驻联合国安理会军事参谋团首席秘书兼海军代表，国民党海军第五署少将署长，国民党海军总部驻上海办事处主任等要职；又如曾国晟，曾担任水雷制造所所长，专司制雷与布雷工作，在抗日战争的海军布雷战中发挥了重要作用。中华人民共和国成立前，两人都光荣起义，为人民海军的建设做出了贡献。

随着吴淞海军学校的并入，原有在校生也转入烟台海军学校继续海军高级教育阶段的学业。这其中，有来自广东海军学校的第十六届航海毕业生12名，被列入第十四届，称为"补习班"。此时的烟台海军学校，如佘振兴所言："有十四届、十五届孝悌二班，及十六届一班学生，程度甚高，可谓各省优秀青年，岑集于此。"[1] 1920年12月24日，广东补习班学生修业完成，举行修业典礼，发给证书，并转入南京鱼雷枪炮学校学习，其中的8人于1923年4月完成全部学业，即为烟台海军学校第十四届毕业生，也是烟校历史上人数最少的一届毕业生。后来在1949年2月25日随"重庆"舰起义，曾任人民海军副司令员、全国政协副主席的邓兆祥即是此8人之一。

此次接掌烟台海军学校，佘振兴负有整顿校务及改组大任，方方面面的压力很大。萨镇冰对学校寄予厚望，尤其希望学校员生能够在精神上振奋起来，

---

〔1〕佘振兴遗稿《回忆录》，陆宝千访问、官曼莉纪录：《郑天杰先生访问纪录》，九州出版社2012年版，第298页。

展示良好的精神面貌，早日走出低谷，彻底摆脱罢课风潮带来的影响，因此"迭颁训示"。不论是从上海劝返的学生，还是由吴淞海军学校转入的学生，也都希望学校能够呈现出新的气象。面对此种情形，佘振兴并没有采取"沉疴猛药"式的改革，而是在力求保持稳定的基础上，一切皆谨慎从事，承继学校的好传统、好做法，同时格外注重在校员生士气的提振，逢星期日则分别集合队伍训话，或者以格言警句辅助学生修身修德。经过努力，校务逐步恢复原状，学校渐渐有了起色，佘振兴自己评价"学堂几复旧状"。1920年5月，佘振兴结束代理校长生涯，实授烟台海军学校校长。

就在学校渐有起色之际，外部大环境却因战事频发不断恶化，给学校造成了严重困难，其中最直接、最棘手的就是经费短缺。烟台海军学校的经费向来是由北京政府海军部按时汇来的。但是，1920年7月直皖战争爆发，1922年、1924年又相继爆发两次直奉战争，北洋军阀混战不息，导致政局不稳、社会不安，军费支出剧增。中央政府的财政收入被各路军阀任意截留。随着中央财政的日益枯竭，烟台海军学校的经费也日渐紧张，"每年只发六、七个月之薪饷"[1]。即便这种情况，也并非能一直保持。甚至因为缺乏经费，无力招收新生，1920年11月，烟台海军学校从福州海军制造学校整体调来曾万里、梁序昭、姚玙、欧阳宝、何布琨、何惠等一班学生，用以补充学额，是为烟台海军学校第十七届学生。

经费不足必然导致欠饷。从直皖战争开始，学校就开始出现欠饷问题。到第一次直奉战争，也就是1922年，海军部已累计拖欠烟台海军学校师生薪饷10个月之久。教职员的生活都难以为继，更勿论正常的教学工作。在最困难的时候，为了保持学校的运转，不致妨碍学生学业，佘振兴"商同家长以房契押借三千余元，发校饷两月"[2]。

1922年6月，参加1919年学潮的学生完成了在烟台海军学校的学习，前往南京鱼雷枪炮学校继续学业。由于这批学生入校时文化程度不一，因此毕

---

〔1〕许秉贤：《烟台海军学校始末》，杨志本主编：《中华民国海军史料》，海洋出版社1987年版，第923页。

〔2〕佘振兴遗稿《回忆录》，陆宝千访问、官曼莉纪录：《郑天杰先生访问纪录》，九州出版社2012年版，第299页。

业也分为1924年7月[1]和1924年12月两个批次先后完成，是为烟台海军学校第十五、十六届毕业生。在第十五届毕业生中，有曾任电雷学校总教官的马步祥，有后来出任台湾"国防部"中将次长的宋锷，有后来出任台湾"海军总司令部"少将署长的姚汝钰，还有曾任汪伪海军部中将次长兼中央海军学校校长的姜炎钟（姜西园）等。在第十六届毕业生中，有中国共产党早期党员、也是烟台第一个共产党员郭寿生，有在采石矶抗战中殉职的"应瑞"舰枪炮官赵秉献等。

1919年参加学潮的学生离校后，佘振兴萌生去意，一再请求调任。他自己后来回忆说："十一年校中情况尤觉困难，当时李鼎新为部长，萨上将闲居北京，余因六月十六届毕业，已将闹风潮之学生完全毕业，已不负萨上将在部长任内派余为校长之意义，即以私函恳萨上将向李总长请调，一面电部辞职，是时，校中由马尾拨来十七届一班生，而十六届于六月毕业。是时李鼎新为部长，杜锡珪为总司令，在京来电，征余长建威军舰之同意，到京交涉欠饷达一月之久，带同二个月薪回校发放。新校长已派林继荫，因到差无期，即将校务交佐理官戚本恕（原佐理官俞俊杰任职一年后调往舰队任职，戚本恕升任佐理官——引者注），留交新任，余即携眷赴南京见杜总司令，后接管建威。"[2]佘振兴在烟台海军学校担任校长约两年半时间，是1919年学潮后任职时间最长的一任校长。离校前，佘振兴与全体教职员合影留念，照片上专门以烟台海军学校全体教职员的名义附了一段跋语：

> 庚申春仲，佘起周先生由楚谦军舰来长斯校，时乘学生风潮之后，秩序未复，淞校归并之际，学务正繁。先生以贞固之精神，灵敏之手段，一一整理之。自是，校规之改良不遗余力，学生之陶冶蔚成通材，是则先生之有功于教育不亦茂哉。年来中央财政奇绌，本枝饷薪积欠孔巨，先生多方筹措，竭力维持，俾员生等不至枵腹，此先生之急公纾难，尤令人感

〔1〕此处毕业时间根据第十五届学生修业结业合影所注时间，见沈天羽：《海军军官教育一百四十年（1866—2006）》（上），（台湾）"国防部海军司令部"2011年版，第474—475页。
〔2〕佘振兴遗稿《回忆录》，陆宝千访问、官曼莉纪录：《郑天杰先生访问纪录》，九州出版社2012年版，第299页。

动于无既矣。今日，先生升长建威军舰，依恋之情自不能已者，爰索数言，以志景仰云。烟台海军学校全体教职员跋。民国十一年壬戌仲秋。[1]

1922年12月，北京政府海军部派军学司航海科科长林继荫担任烟台海军学校校长，是为烟台海军学校第七任校长。从佘振兴调任"建威"舰舰长到林继荫继任校长，时隔近三月。林继荫，字伯蔚，福建闽侯人，1872年出生，系江南水师学堂第一届驾驶班毕业生，毕业后曾留校担任英文教习。自1915年起担任军学司航海科科长，曾参与调查1919年烟台海军学校学潮。

林继荫接任后，烟台海军学校所面临的经费短缺的困难局面并没有丝毫改观。林继荫因学校夫役工资微薄，月仅数元，不应拖欠，改为每月按时发饷，夫役人员备感其德。其他人员则月发半薪以维持生活。在这样的环境中，包括一些重要岗位在内的教职人员纷纷另寻他处。继佐理官俞俊杰1921年离职赴舰队后，接任佐理官的戚本恕也调任青岛港政局局长，佐理官遗缺由许秉贤升任。一年后，由吴淞海军学校转入的航海教官周麟瑞也前往青岛港政局任职。副教官陈文会则应直系军阀吴佩孚之召，前往汉口任长江缉私舰"决川"舰舰长，不久又升任"决川""潜蜀"两缉私舰司令。[2]在这种情况下，烟台海军学校借调海军部科员郑颖来代理学监，不久，又调林继荫胞弟林赓藩（烟台海军学校第九届毕业生）担任学监，派海军少校陈少如管理杂务，这才基本保证了各个工作岗位的正常运转。1924年4月，福州海军制造学校和飞潜学校因经费支绌合并，制造学校陈赞汤、程法侃、高如峰、林祥光等31名学生转入烟台海军学校，改学航海专业。除这一批转自福州的学生，"复在烟台就地招收新生陈望临、林仁甫、林仁骥、江涵、江澜等一班补充学额"[3]，再加上部分从外地考选或推荐而来的学生，如由南京考入的福州人林遵、由北平考入的南京人张天泫，组成了烟台海军学校第十八届学生。

随着军阀混战日益加剧，各地兵变此起彼伏，军饷问题愈发突出。即以林

---

〔1〕沈天羽：《海军军官教育一百四十年（1866—2006）》（上），（台湾）"国防部海军司令部"2011年版，第483—484页。

〔2〕刘传标编纂：《中国近代海军职官表》，福建人民出版社2005年版，第142—143页。

〔3〕许秉贤：《烟台海军学校始末》，杨志本主编：《中华民国海军史料》，海洋出版社1987年版，第924页。

继荫上任后的第二年，即1923年为例，这一年的《申报索引》特别单列有"海军索饷"相关内容共23条[1]。比如1923年2月19日《海军欠饷领到未及三成》报道，海军被欠饷数月，海军总司令杜锡珪迭次请拨，均无以应答，全体海军将士联名公呈请拨，仍然无效，后杜锡珪亲自赴京索饷半个月，要到的薪饷未及三成，杜锡珪准备正月初五之后再次赴京索饷。又比如4月3日、6月14日相继报道《海军请饷无着》《海军饷款仍无着落》。再比如9月27日报道海军部发生索薪风潮，被拘捕5人，引发众怒，次长以下全体辞职。从海军部到舰队大面积遭遇欠饷，且数目巨大，烟台海军学校又怎能幸免？年过半百的林继荫不得不时常前往北京海军部及上海总司令部催促放款，这也让他备受奔波之苦并积劳成疾。

因为海军部拨款过少，不敷分配，每每到困难时期，林继荫便赴上海海军总司令部求援，每次去也总是有所接济。1926年2月8日[2]，林继荫又一次前往上海促款。这一次欠饷数目累积颇多，困难情形达于极点，但与海军总司令杨树庄的交涉却并不成功，两人最终闹翻，不欢而散，杨树庄也没有多予款项。此次赴沪，适值隆冬，海上风急浪大，再加上得款微少，不敷开支，林继荫深感维系校务之难，"受怒郁结于心，寒冷侵袭于外"[3]，回校后即卧床不起，病势渐重，1926年3月11日[4]，病逝于烟台海军学校住所内，成为第一位在任上离世的校长。是年，除林继荫外，正教官林希曾（烟台海军学校第一届毕业生）和军需官张少臣（林继荫之妻弟）也都相继积劳病故。"他们的死均系由于欠饷筹钱操心过度，以及因欠饷而穷困致死，该时学校情况颇为凄惨，推源祸始，实系由于军阀的祸国害人。"[5]

欠饷筹钱无疑使林继荫等人承担了巨大的压力。1925年冬天发生的罢课风潮更是雪上加霜。一天晚上熄灯后，傅润霖偶然说话，被学监林赓藩听到，记

---

〔1〕《申报索引》编辑委员会编：《申报索引（1923·1924）》，上海书店1988年版，第115页。

〔2〕刘传标编：《近代中国海军大事编年》（中卷），海风出版社2008年版，第317页。

〔3〕许季超（许秉贤）：《关于烟台海军学校的回忆》，文闻编：《旧中国海军秘档》，中国文史出版社2006年版，第207页。

〔4〕刘传标编：《近代中国海军大事编年》（中卷），海风出版社2008年版，第317页。

〔5〕许秉贤《海军史略》（1957年手稿），第35页。

一小过，由于之前傅已经被记了七次小过，达到了学校规定的予以开除的八小过标准，于是，校方宣布开除傅润霖。这一决定一经宣布，众生哗然，对此表示强烈不满。学生们认为，傅润霖还是个年轻人，而且熄灯后偶然说话也不是什么重大事件，若要对其惩罚，尽可以留校察看，从宽处理，但是像开除这样没有任何回旋余地的严苛处分，实在让人接受不了。学生们推举班长陈赞汤向林赓藩再三求情，均无功而返，这一下子激起了学生们的极大愤怒。同为第十八届的叶守贞（1924年下半年已加入中国共产党）等进步学生提议，仿效1919年学潮中学长们的做法，罢课赴上海请愿，向海军总司令杜锡珪控诉，并借此机会要求当局撤换校长、惩办学监，收回开除傅润霖的决定，然后进一步引导全班同学投奔广州，参加革命。

叶守贞等人的提议得到了绝大多数学生的赞成，除林克中、翁政衡两生，其他人皆愿意罢课赴沪。当天深夜，学生们背着简单铺盖，由学校后门翻墙而出，冒雪前往烟台市悦来客栈购票候船。次日早晨，学校发现宿舍里空荡荡的，经询问留下的两名学生，才知道学生们前一晚已经踏上了赴沪罢课请愿之路。为了劝回学生，学校派平时很受学生信任的军医官林俊雄赶到悦来客栈劝大家返校复课。林俊雄声泪俱下，但学生们坚持必须先收回对傅润霖的开除决定，否则断然不会返校。是夜，恰有开往上海的商船，学生们登船赴沪，抵达上海后，住在法租界四马路吉升客栈。

烟台海军学校学生的罢课再一次引发极大震动。海军总司令部闻讯，立即派多人前来慰问，并向学生们了解情况。海军总长杜锡珪对学生罢课一事大为愤怒，他表示，不接见学生代表，也不问情况，下令将全班学生一律开除。杜锡珪的强硬态度使学生们深受打击，再加上学校将学生罢课赴沪一事通报家长，家长们为了逼自己的孩子尽快结束罢课，均不寄款接济。学生们在物质上没有保障，精神上没有支持，一时间在上海陷入困境。在物质和精神的双重压力下，学生们的斗争意志发生了动摇，最后决定推举叶守贞、陈赞汤、魏应麟、陈寿庄4人为代表留沪接洽，其余学生则返回福州等候消息[1]。最后，一些

---

〔1〕赴沪罢课的学生并非全为闽籍，所以魏应麟回忆的"其余学生则返回福州等候消息"，是指其中的闽籍学生还是所有学生，尚需进一步考证。

海军老前辈亲自出面调停，学生们最终同意返校复课。等他们返回烟台海军学校时，林继荫已经病逝，江中清接任校长。学生们得知不仅傅润霖依然要被开除，而且叶守贞等几名罢课学生骨干也要被开除。由于这次罢课对校方的强烈刺激，学校对学生们的管理更加严厉。[1]

接替林继荫担任校长的江中清是烟台海军学校第八任校长。其所遗总教官一职由正教官李圣传（威海水师学堂驾驶毕业生）升补。江中清是天津水师学堂第六届驾驶毕业生，也是烟台海军学校的元老级人物，自建校起一直工作于此，1908年新学堂建成后即开始担任总教官。辛亥革命爆发后，时任校长郑汝成不辞而别，江中清一度代理校长，主持校务。江中清是烟台海军学校第一位从学校内部提拔的校长。

江中清接任校长后，依然面临经费匮乏的窘境。他亲赴海军总司令部报告学校情况，并请拨款，但所请款项不过五六成而已。幸好时任总司令公署军需课课长罗序和是其天津水师学堂驾驶班同学，承诺给予特别照顾，才使得此次上海之行总算圆满而归。

令人没有想到的是，担任校长不到一年，江中清便于1926年12月27日向海军部递交了辞呈，希望辞去烟台海军学校校长一职。更出人意料的是，1927年2月20日，江中清病逝于任内。3月12日，北京政府国务院摄行大总统之职顾维钧令：据海军总长杜锡珪呈请，海军上校江中清历充烟台海军学校教官、校长先后20余年，因公积劳病故，拟请赠恤……着"追赠江中清海军少将并由海军部照少将例恤"[2]。

江中清去世当月的22日，北京政府国务院摄行大总统之职顾维钧令：着任命曾宗巩为烟台海军学校校长。曾宗巩，字幼固，福建长乐人，天津水师学堂第四届驾驶班毕业生，赴任烟台前，任海军部军学司士兵科科长兼帮理司务科长。甲午海战期间，任"扬威"炮舰千总三副并参战。1919年，福州海军制造学校甲班生因不满学校迟迟未能明确专业学科方向，罢课离校，海军部曾派曾宗巩临时担任校长，整顿校务。除了海军业务，曾宗巩还与近代著名翻译家

---

〔1〕罢课一节参见魏应麟：《烟台海军学校》，福建省政协文史资料研究委员会编：《福建文史资料》（第八辑），福建人民出版社1984年版，第144—145页。

〔2〕刘传标编：《近代中国海军大事编年》（中卷），海风出版社2008年版，第339页。

林纾合作翻译作品，最著名的当属1905年由商务印书馆出版的《鲁滨孙漂流记》。到任后，曾宗巩见烟台海军学校粮饷全无来源，维持校务着实不易，乃知难而退，是年5月10日即回京辞职，其担任校长仅3个月，成为任职时间最短的一位。因时间过短，以至于在很多曾宗巩的简介中，都没有提及这段履历。曾宗巩离任后，校务由佐理官许秉贤暂行代理。

从佘振兴接任校长到曾宗巩匆匆离任，虽然困难重重，屡有风波，但烟台海军学校依然送走了六届毕业生，而且其中不乏优秀的海军人才。

中共党团组织在烟台海军学校的建立

纵观整个烟台海军学校的发展历程，1919年学潮是一个明显的分水岭。学潮之前，学校存在的种种问题时有冒头，但很快都得以平息；学潮的发生，使得各种矛盾大爆发，让这些问题浮出水面，显露无遗；学潮之后，虽然绝大多数学生返校复课，学校也在三任校长的苦心经营下勉力支持，但实际上，一些新事物的种子已在悄然生根发芽。这些新事物之所以能够萌发，离不开学生们在学潮中的思考和历练，更离不开五四运动带来的空前深刻的思想启蒙与解放。

1920年春，李之龙、郭寿生等进步学生在烟台海军学校组织成立了读书会，秘密组织进步青年阅读和研究《新青年》《每周评论》《资本论入门》等进步书刊，以及李大钊、陈独秀等人的文章。郭寿生说："1920年间，我与同学李之龙密组读书会，开始研究三民主义、马克思资本论入门、社会主义理论和苏联革命史实，尤其爱读《新青年》杂志，而我思想的前进受《新青年》影响最大。"[1]正是在《新青年》等进步书刊的激励引导下，烟台海军学校的进步学生更加积极地思考着中国的前途、中国海军的前途，也更加主动地向马克思主义靠拢。1920年底，李之龙、郭寿生作为通讯会员参加了北京大学马克思学说研究会[2]，与中国北方宣传马克思主义的中心和早期马克思主义者建立了联系。二人也以该研究会中仅有的2名海军人员，成为最早传播研究马克思主义的海

---

〔1〕《郭寿生自传》（1951年手稿），第7页。
〔2〕罗章龙：《椿园载记》，三联书店1984年版，第66页。

军军人，并跻身中国第一批接受马克思主义的先进知识分子行列。

1921年6月，李之龙因鼓动校役罢工而被开除学籍、军籍。离开烟台时，他与郭寿生"互约各自继续奋斗"[1]。离开烟台后，李之龙来到上海，8月初，在上海结识了参加中国共产党第一次全国代表大会的湖北代表董必武、陈潭秋和湖北籍的上海代表李汉俊等人。在上海期间，李之龙向董必武等人介绍了烟台海军学校的情况，并推荐了郭寿生。不论海军学校的整体情况，还是进步学生的个人情况，都引起了党组织的关注与重视。1921年秋，党中央指派中共北方区委负责青年工作的邓中夏"专程赴烟台，找到海军学校郭寿生，调查了解海军军运情况"[2]。一个多月后，负责北方工运工作的中国劳动组合书记部北方分部（也称北方劳动组合书记部）也派出津浦工会委员长王荷波到烟台海军学校与郭寿生接洽。王荷波，中国共产党开展海军兵运的开拓者，与郭寿生同为福州人，早年当过水兵，有许多亲朋好友在海军服役。北伐时期，其三弟王介山在练习舰队"应瑞"舰上当水兵，四弟王大华、五弟王凯在第一舰队当水兵。这一切为王荷波在海军中开展兵运工作提供了便利。

通过考察了解，1921年10月，邓中夏、王荷波介绍郭寿生加入中国社会主义青年团，并指定郭寿生负责烟台团组织的发展工作。为了唤起青年学生的革命热情，壮大团组织的力量，郭寿生根据党的指示，在烟台海军学校读书会的基础上成立了烟台马克思学说研究小组，最早吸收的，是思想进步的同届学生韩廷杰和第十七届学生曾万里、梁序昭[3]。研究小组指导所属成员阅读革命书刊，宣传反帝爱国思想和马克思主义理论，并最终发起了一场新海军运动。谈及新海军运动的缘起，郭寿生曾说："曾君（曾万里——引者注）品学兼优，慷慨有大志，与我意气相投，于是风雨同窗，过从最密，痛谈国事，研究往史，均感觉中国的衰弱实由于鸦片战争与甲午战争失败的结果，帝国主义者向我国的侵略，及不平等条约的订立，都是因为没有海军做外交的后盾，于是共誓复兴海军以救中国。先在校中密组'读书会'，暗置书报，研究三民主义，与讨

〔1〕《郭寿生自传》（1951年手稿），第8页。
〔2〕冯资荣、何培香编著：《邓中夏年谱》，中国文史出版社2014年，第95页。
〔3〕郭寿生：《从组织"新海军社"到策动海防第二舰队起义》，中国人民解放军历史资料丛书编审委员会：《解放战争时期国民党军起义投诚·海军》，解放军出版社1995年版，第449页。

论海军兴革问题，新海军运动即于此时开始。"[1]

考虑到海军军官出自海军学校，海军士兵出自海军练营，郭寿生和曾万里一致认为，发起新海军运动，首先要以学校和练营为对象。至于怎样唤起学生和士兵的觉醒和爱国热情，郭寿生决定从做好宣传工作开始，于是，"乃节省个人用费，并各向各人的家中，索寄零星钱款，创办《新海军》月刊赠送全国海军各机关，以求吸收新海军同志"[2]，郭寿生担任主编。《新海军》月刊的宗旨和内容包括："（一）讨论海军兴革的问题，研究海军实用的学术。（二）提高海军的教育，增加海军军人的知识。（三）改正海军军人的思想，促进海军军人的觉悟。（四）改善海军军人的生活，解除海军士兵的痛苦。（五）打破封建畛域的观念，力求海军的统一团结。（六）建设足以自卫的新海军，防止帝国主义者的侵略。"[3]1921年冬，《新海军》创刊号问世。郭寿生在创刊号上撰写了《列强限制海军军备与中国》《中国海军改造的第一声》《中国海军大事记》3篇文章。这是中国共产党在海军中最早的宣传刊物，为了避免暴露，稿子一般由郭寿生在烟台收齐后寄给在上海的邓中夏，然后再由邓中夏交予中共开设的上海书店印行。随着时间的推移和实际斗争的需要，《新海军》的内容越来越丰富，不断登载进步学生的文章，反映烟台海军学校学生关心的问题和要求，很受学生们的欢迎和喜爱。同时，由于《新海军》的时代性、针对性都很强，又紧贴青年海军学生和士兵的思想实际和所关心话题，刊物发行后，除了在烟台海军学校，还在福州海军学校、福州海军飞潜学校、烟台海军练营、南京海军鱼雷营、舰队及其他海军部队产生了影响，许多青年海军学生和士兵都积极投入到海军兴革问题的探讨中，使刊物成为海军进步青年沟通交流的一条纽带。后来因刊登抨击海军教育制度的文章，《新海军》引起了北京政府海军部和校方的疑忌，迫令停刊，并将其列入违禁品；同时，由于学生们无力承担刊物易地编辑、印刷、发行的相关费用，出刊4期之后，办刊工作不得不宣告结束。

---

[1] 郭寿生：《悼念曾万里同志》，马骏杰等编：《郭寿生海军研究文集》，山东画报出版社2017年版，第580页。
[2] 同上。
[3]《郭寿生自传》（1951年手稿），第8—11页。

1922年春，中共北方区委负责组织工作的罗章龙根据王荷波的汇报，专程由济南经青岛到烟台视察党团活动，并当面对郭寿生进行具体指导。邓中夏、王荷波、罗章龙等人相继到烟台与郭寿生建立联系、指导工作，说明烟台海军学校进步学生的革命活动在起始阶段就处于中国共产党的直接领导下，保证了科学理论的指导和革命的正确方向，为日后中共党团组织在烟台海军学校的建立提供了人才准备和思想基础。

1922年夏，包括郭寿生在内的烟台海军学校第十六届学生完成了在烟台的学业，转入南京鱼雷枪炮学校继续专业学习。其时，南京社会主义青年团已于当年5月成立。郭寿生到南京不久，就与团组织取得了联系，继续从事团的活动。当时，南京鱼雷枪炮学校校内的中共负责人是王大华，即王荷波的四弟。上级组织负责联系海军党团组织的是刘重民（南京早期社会主义青年团团员，后为中共党员），除此之外，郭寿生还经常与南京党团组织的负责人谢远定、王觉新、彭振纲等接触。南京团组织的主要任务是开展工人运动、学生运动、军人运动、平民教育等活动，从中发现并发展那些诚实、勇敢、热心努力及完全赞成国民革命和表示同意社会主义的青年入团，不断完善团的基层组织。1923年秋，浦口（含浦镇）党小组成立，根据组长王荷波的安排，郭寿生深入津浦铁路工人群众，开展宣传活动。据郭寿生回忆："当时参加团的工作的同志有东南大学谢远定、彭振钢等，后来都为党而牺牲了。当时也参加过津浦铁路工人运动，时常夜间过江，由工人用手推车接送，在浦镇草棚屋里开会；党中央常派王荷波来指导我们这种工作，他是中国铁路工人运动的组织者和领导者。"[1]在王荷波等人的指导帮助下，郭寿生由一个在学校里学习研究马克思主义理论的学生，逐渐转变为一个受过工人运动洗礼，在实际工作中不断磨炼成长的革命者。1923年上半年，经由王荷波和恽代英介绍，郭寿生加入中国共产党，成为烟台第一位共产党员。此后，郭寿生与党的早期领导人联系更加密切，经常向他们汇报工作，取得他们的指导。1923年10月，郭寿生还应陈独秀的约见，专程赴上海，汇报、研究工作。这段时间，郭寿生根据南京地方团第二次代表大会精神，继续从事军人运动，积极筹建南京鱼雷枪炮学校的团支部。

---

[1]《郭寿生自传》（1951年手稿），第11—12页。

1923年底，郭寿生这一班学生在南京鱼雷枪炮学校修完预定课程，按照当时海军教育体制的规定，本应派到练习舰上学习舰课，但因为他们中有许多激进分子，闹过规模很大的学潮，还闹过工潮，海军总司令杜锡珪对他们颇多顾忌，因此就让他们寄驻烟台海军学校，以"应瑞"舰舰课班的名义学习舰课。

重返烟台海军学校后，由于《新海军》月刊停刊，郭寿生与曾万里、梁序昭等经过思考和讨论，决定改变工作方式，在学校中秘密成立新海军社，将其作为党团的外围组织，继续奉行《新海军》月刊提出的宗旨，团结更多的进步学生。对于新海军社的建立，郭寿生曾回忆说："《新海军》月刊被迫停刊，各方同志均大失望，因为没有这种刊物，非仅新海军运动失了喉舌，而且失了南针。我们在军阀政府压迫下，这种刊物的寿命之不能保持长久，早在意料之中，然我们的新海军运动不能因受此挫折而停止进行，由各同志讨论的结果，乃变换方针，由宣传进而从事组织，树立新海军运动的基础。由我与曾同志、梁同志序昭三人，在校中创立'新海军社'，仍遵照《新海军》月刊的宗旨进行，开始秘密宣传与扩大组织工作，其后加入同志愈多，凡学校、练营、舰队、造船所均有同志参加。"[1]新海军社成立后，有许多同学踊跃参加，因为"烟台海校第16届、17届和18届这三届学生中一部分同学，都是不满旧海军自甲午中日海战失败之后，一蹶不振，士气消沉。参加新海军社，目的希望建设新海军"[2]，这使得新海军社力量迅速壮大。郭寿生又根据党的指示规定，凡是新海军社的成员，如能信仰共产主义而愿参加海军革命工作者，则介绍其加入社会主义青年团。他先后介绍了陈嘉谟、曾万里、梁序昭等入团。

随着新海军社队伍的壮大，为了保证组织的严密统一和各处同志的团结一致，郭寿生特别制订了《新海军社章程》。《章程》规定，新海军社设立总社于烟台，设立支社于上海、南京、马尾各处，而海军各舰队、各机关则设立分社，各分社必须接受最近地方支社的指导。因为舰艇是活动的性质，没有一定的驻所，因此，任何舰艇开到某地时，负责同志即须向其最近地方的支社报到

---

〔1〕郭寿生：《悼念曾万里同志》，马骏杰等编：《郭寿生海军研究文集》，山东画报出版社2017年版，第581页。
〔2〕程法侃：《关于郭寿生同志的情况》，张玉明等主编：《港城星火与两所海军学校》，海洋出版社1993年版，第100页。

而听其指挥领导。有了《章程》作为依据和指导，新海军社不再是一个仅凭兴趣聚集而成的松散组织，而是一个由总社统一领导，有组织纪律约束的进步团体，为后来中国共产党领导上海工人武装起义时争取海军奠定了坚实基础。

在不断发展新海军社的同时，郭寿生也在烟台全埠积极开展社会主义青年团的组织建设。1923年冬末，中国社会主义青年团烟台支部正式成立，直属上海的中共中央局领导，郭寿生为支部负责人。1924年4月，福州海军制造学校31名学生转入烟台海军学校学习，郭寿生等人在这些刚来的低年级青年学生中积极开展工作，物色其中的进步青年加入社会主义青年团，先后发展了叶守贞、林祥光、王靖、高如峰、程法侃、陈训滢等入团，进一步壮大了团组织的力量，也使烟台海军学校成为烟台团组织的火种聚集地。

党中央一直保持着对烟台党团工作的关注，郭寿生从南京鱼雷枪炮学校重返烟台不久，就收到了王荷波从上海寄来的一封信，信中说："目前仲甫（陈独秀，时任中央执行委员会委员长——引者注）谈及烟台情形，全然不知，最好请你详细调查一下子，来一报告，约分：政界，经济，工业，新闻，外交等，藉以参考，以定进行方法。"[1]对于王荷波在信中所提要求，郭寿生完全赞同，并且站在中央的立场上，就烟台的地位、作用提出了自己的看法，展现了良好的大局观。他说："这件事不但是仲甫先生等要我调查的，而且中央局必要注意这里来，我自信我的责任很大，不能因为在这里时间短促，而放弃我们在烟台地方组织与宣传，极希望中央局以后要注意到这里，因为烟台不仅是山东省东北部的第一重镇，而且是站在中国北方很显要的地位。"[2]在对烟台社会各方面情况进行了详细的调查研究后，1924年2月9日，郭寿生撰写完成《最近烟台报告》呈报中央局。中央局对这份调查报告十分重视，认为其"极有价值"[3]，自1924年5月7日的第64期开始，以《烟台调查》为题，分5期在中央局机关报《向导》周报上全文刊载。《最近烟台报告》共1万多字，分为"人民状况""军政机关""教育状况""新闻事业""工业状况""商业状况""农

---

〔1〕郭寿生：《最近烟台报告》，张玉明等主编：《港城星火与两所海军学校》，海洋出版社1993年版，第11页。

〔2〕同上。

〔3〕郭丹珊：《我的父亲郭寿生》，中共烟台市芝罘区委组织部、中共烟台市芝罘区委党史研究室编：《郭寿生纪念图文集》，内部刊物，2014年12月，第27页。

业状况（附渔民状况）""宗教情形""社会事业""外交事件"等10个部分，为中央筹划开展工作提供了重要依据。

1923年6月12日至20日，中国共产党在广州举行第三次全国代表大会，大会接受共产国际关于同国民党合作的指示，并决定采取共产党员以个人身份加入国民党的方式实现国共合作，同时保持共产党在政治上和组织上的独立性。1924年1月20日至30日，中国国民党第一次全国代表大会在广州召开，标志着国民党改组的完成和第一次国共合作的正式形成。1924年4月，国民党山东省临时党部成立，根据党的三大的指示精神，郭寿生等人开展工作，帮助国民党在烟台建立组织。当时，国民党派遣山东省议员王乐平秘密来到烟台，在先志中学教务主任、老同盟会员崔唯吾的介绍下，与郭寿生取得联系，研究商讨国民党在烟台建立党部事宜。在郭寿生等人的协助下，国民党烟台党部成立大会是年5月在老同盟会员戚纪卿的私立医院——东亚医院秘密举行。郭寿生与曾万里、梁序昭一起以个人身份加入国民党，担任执行委员兼宣传部长，并负责在烟台海军学校设立的第二区分部。此后，随着国民党组织的发展，烟台海军学校改为第八区分部，郭寿生等人以国民党员的身份，把革命活动范围拓展到了烟台海军学校之外，经常到先志中学、益文中学、水产学校等学校开展活动，发展扩大国民党组织，并在其间积极开展中国共产党的宣传工作，培养锻炼进步学生，秘密发展壮大社会主义青年团组织，烟台海军学校多名进步青年学生既是国民党员，也是社会主义青年团员。

1924年3月4日，郭寿生在《中国青年》杂志第22期上发表了《中国海军状况及我们运动的方针》一文，明确提出：第一，"新海军运动"的目标是"要求'军人心性的改造'；'海军学校教育的改良'；'水手兵士生活的改良'；'打破各省畛域的私念'；'打倒国内的军阀'；'保护国外的华侨'。——尤极注意的：'谋建设足以自卫，防御列强侵略的海军，达到中华民族完全的独立'"。第二，"新海军运动"着手的方法是"先联合较有思想、有毅力、有进取精神的学校学生，船上见习生、练习员、下级候补官，练营的练勇，船上的炮首、头目、水手，陆战队的下级军官与士兵等，作积极的文字与口头的直接宣传。使他们变做有主义的、有思想的、有教育的、知道进取的军人。——尤极注意的是打破畛域的私念，因为有畛域之分，只有分裂与排挤而不能联合团结起来。这最是我们一切运动的大障碍"。第三，"新海军运动"着手的地方是"各个海军学校、练营、舰队、陆战队、医院并他们常聚会的地方。我们必须向那里边努力，同志愈加多，收效愈大。——尤极注意的就是：各个学校与练营"。郭寿生在文末号召广大的海军青年："你们要想振兴中国的海军，要把从前已失去的军港收回来，要想抵抗列强的侵略与掠夺，求中华民族的完全独立，除非你们努力来运动把海军改造起来，再没有别的好计策了。眼前最可怕的就是国内军阀要想利用你们，与你们内部自己的分裂。改造中国的责任，在你们自己的身上，你们千万要团结起来，向前奋斗呀！"[1]这篇文章是共产党人较早研究海军问题的重要文献，郭寿生在文中既分析了海军现状，又指明了"新海军运动"的前进方向，有理有据，说服力、感染力、号召力都很强，尤其是对于建设海军以实现民族独立、打破畛域私念、关注学校和练营等三个方面的特别强调，更是给人以极大启发，体现了郭寿生对海军建设问题的深刻思考。文章发表后，在海军内部产生了强烈的反响。

1924年，郭寿生先后介绍曾万里、叶守贞加入中国共产党。至此，烟台的共产党员已有3人，成立组织的条件已基本成熟。这一年年底，根据中共中央局的指示，中国共产党烟台小组正式成立，郭寿生任组长，直属中央局[2]。中共烟台小组是海军中的第一个共产党组织，也是烟台及整个胶东地区的第一个共产党组织，对烟台当地和整个胶东地区革命运动的发展具有重大意义。

就在中共党团组织在烟台海军学校相继建立之际，郭寿生、曾万里、梁序昭等骨干也到了即将毕业的时候。1924年12月，郭寿生等十六届学生从烟台海军学校正式毕业，1925年5月[3]，曾万里、梁序昭等第十七届学生也毕业离开烟台。烟台海军学校的党团工作和新海军社的工作遂交由仍留烟台的唯一一名中共党员叶守贞和社会主义青年团团员王靖负责。此外，叶守贞作为国民党烟台市党部的执行委员，还负责国民党在烟台的发展工作。

〔1〕郭寿生：《中国海军状况及我们运动的方针》，马骏杰等编：《郭寿生海军研究文集》，山东画报出版社2017年版，第4页。

〔2〕中共烟台市委党史研究室编著：《中国共产党烟台画史》第一卷（1921—1949），中共党史出版社2015年版，第42页。

〔3〕此处毕业时间根据第十七届学生毕业典礼合影所注时间。见沈天羽：《海军军官教育一百四十年（1866—2006）》（上），（台湾）"国防部海军司令部"2011年版，第476—477页。

1925年冬，叶守贞因罢课风潮被校方开除后来到上海。他在上海先协助郭寿生负责与海军各方面的通信联系，后又负责《灯塔》月刊的收稿、校对和发行工作。但叶守贞的人生却以悲剧告终，这也成为郭寿生的一段痛心往事，他曾回忆说："当李之龙在广州任海军局副局长兼海军政治部主任的时候，因犯错误被开除党籍，党中央征求我赴粤接代李之龙之任务。我知道在粤海军很腐败，尤以封建的畛域观念很深，曾闹过排闽事件。若不了解情况，没有工作计划，突然到那边去，是决无成就，且以北方领导新海军运动没有适当的人选，不能离开岗位，因此经党中央的同意，先派叶守贞同志到广州观察了解那边海军实况后，再作决定去否。不料叶同志到粤之后，竟遭海军暴徒殴打，受了很大刺激，回沪之后发生神经错乱，经医治无效，乃由他的父亲带回厦门休养，不幸竟以自杀牺牲了。我们失去了一个勇敢革命的海军青年，也影响到我们的工作。嗣党以北伐即将举行，北方海军策反工作更为重要，故党中央仍留我在上海工作。"[1]

1926年7月9日，国民革命军在广州誓师北伐，北伐战争正式打响。此时，郭寿生由"海筹"舰调往"建威"舰担任候补员，由于"建威"舰是艘逾龄旧舰，只能停泊于上海高昌庙黄浦江内，不能出海航行，这就为郭寿生开展工作提供了极大便利。为了配合北伐，更好地服务于革命，他将新海军社总社由烟台海军学校迁至上海，并进一步在全国海军系统中扩大新海军社的组织。包括烟台海军学校在内，上海江南造船所、烟台海军练营、南京海军鱼雷营、福州海军学校等各类海军机构以及多艘军舰都建立了新海军社分社。新海军社成为中国共产党团结海军广大中下层爱国官兵的中坚力量，也为党在海军内部秘密发展党员打下了基础。1926年10月至1927年3月，在中国共产党的直接领导下，新海军社成员参加了上海三次工人武装起义，真正实现了新海军运动与革命的结合。在参加起义的新海军社成员中，除郭寿生外，还活跃着许多烟台海军学校毕业生的身影，如第十二届毕业生郭友亨、倪华銮、林聪如，第十六届毕业生陈嘉谟、韩廷杰等，还有身在南京准备采取行动的第十二届毕业生王致光、第十七届毕业生曾万里等。

---

〔1〕《郭寿生手稿》（1951年手稿），第20—22页。

　　新海军社总社南迁上海后，烟台海军学校成为新海军社分社之一，负责人是林祥光、陈赞汤、高如峰等进步学生，他们也是烟台海军学校党团组织的负责人。1928年，烟台海军学校解散，学校中的党团组织及各类活动随之结束。后来，烟台海军学校的进步学生们散至各处，在不同的环境中为党的事业和中国海军的发展继续努力奋斗，只是，属于烟台海军学校的那个章节就此落下了帷幕。

烟台海军学校的结局

1927年5月，曾宗巩担任烟台海军学校校长仅3个月即回京辞职，校长一职再次出缺。曾宗巩离开后，许秉贤再次代理校务。

1927年3月，谢葆璋升任海军部代理部长。经过与代理军学司司长何兆湘商量，谢葆璋将许秉贤召来北京，会商维持学校的办法。实际上，在这之前，谢葆璋经过慎重考虑，多方商讨，已基本确定让许秉贤担任校长。召许秉贤进京，主要是为了当面征求他的意见。这些年，许秉贤屡屡"救火"，恐怕没有人比他更了解学校的情况，也正因如此，面对谢葆璋让他担任校长的提议，一开始许秉贤并不愿答应，"后经谢责以大义，何又从旁劝勉"[1]，勉强答应下来。不久，谢葆璋即下部令，任命许秉贤为校长。由此，许秉贤成为烟台海军学校第10任，也是最后一任校长。30年后，当许秉贤回忆接任校长一事时，自言"当时我想为人应当尽其所能，为国家出力，方对得起国家和自己良心，且经济方面，有以上两个临时依靠，因此在谢氏的劝导下，最后我就答应了"[2]。

许秉贤从北京返回烟台后，迅速整顿部署校务，令他颇感欣慰的是，"大家均能以教育为重，不以个人得失为重，仍照常安心从事教授，校务一切进行尚称顺利"[3]。待校务稍有头绪之后，许秉贤即启程赴海军总司令部请款。此时，李景曦代行总司令职权，经过会商，再加之谢葆璋从中斡旋，决定每月拨款3600元为学

---

〔1〕许季超（许秉贤）：《关于烟台海军学校的回忆》，文闻编：《旧中国海军秘档》，中国文史出版社2006年版，第208页。

〔2〕许秉贤：《海军史略》（1957年手稿），第37页。

〔3〕同上。

校维持费。名义上虽系此数，其实内有600元是归还林继荫、江中清两任校长为校务所垫款项，因此，学校维持费实际上为每月3000元。这对于学校的整体运转仍显不足，教职员每月发给五六成薪饷（许秉贤另一处回忆有"八成"之说），但钱款能由总司令部按时拨来，总算是勉强维持住了局面，人心也渐渐安稳下来。

1927年6月20日，奉系军阀张作霖在北京成立安国军政府，组成北洋军阀统治时期最后一届内阁，次日就任"中华民国陆海军大元帅"，并以国家名义，改编陆海军队番号。将原北京政府海军部、陆军部合并为军政部，改设军政部海军署，何丰林为军政部部长，温树德任军政部次长兼海军署署长。是年7月26日[1]，许秉贤照例前往北京参谒署长温树德并报告烟台海军学校状况。在校时，温树德好运动长于外场，内场功课颇得许秉贤之协助，因此两人私交不错。温树德听了许秉贤的汇报后，对他的工作很满意，并对他艰难维持校务表示同情，嘱咐许秉贤在京稍待，等候领款。同时，呈请大元帅张作霖任命许秉贤为烟台海军学校校长。8月4日，张作霖任命许秉贤代理烟台海军学校校长，8月14日，军政部部长何丰林委任许秉贤为烟台海军学校校长[2]。

1927年7月19日，张作霖统一北方海军并改组，任命山东督军张宗昌兼任海军总司令，沈鸿烈为副总司令（代行总司令职权）。8月28日，南京国民政府海军将领杨树庄、陈季良、陈绍宽、陈训泳与陆军将领等29人联名通电，宣称会合各军继续北伐。随着北伐军的节节推进，烟台海军学校员生不胜雀跃。但因南北对立，烟台此时仍处于奉系军阀统治区内，烟台海军学校仍属张宗昌管辖，因此，大家的言行举止格外谨慎。即便这样，一场无妄之灾也从天而降。1928年初，张宗昌以烟台海军学校师生私通北伐军为由，命令副总司令沈鸿烈查办此事，沈鸿烈即派东北海军海防第二舰队少将舰队长袁方乔（烟台海军学校第四届毕业生）具体负责。袁方乔电话通知许秉贤赴其办公处谈话，许秉贤应召前往后，发现东北海军参谋长谢刚哲也在场，袁方乔告诉他，有人告发烟台海军学校学生有违法革命之举动，谢刚哲就是来实地查办的。许秉贤向其申辩，学生只知学习功课，不管校外之事。谢刚哲则告诉许秉贤，只要把犯

---

〔1〕刘传标编：《近代中国海军大事编年》（中卷），海风出版社2008年版，第353页。
〔2〕同上，第356页。

规的学生交出来，可以保证其他人无事，许秉贤仍辩解说确无犯规者可交。于是，谢刚哲提出要亲自到学校查勘，许秉贤允之。第二天拂晓，谢刚哲部包围学校，到学生宿舍等各处查勘，毫无所得。于是，谢刚哲下令将全体学生集中在宿舍内，行动皆受监视，不准随便离校，如囚徒一般。全校员生深感惶恐愤怒，但又无可奈何。眼见校内查不到什么，谢刚哲又到烟台市各处查访，依然毫无所获。此后，谢刚哲又多次派人到烟台海军学校搜查，并没有找到私通革命的丝毫证据。此事被外界知晓后，各报均予以登载，在沪海军总司令部得知此事，竟不再汇款接济，致使学校伙食问题无法解决。许秉贤请谢刚哲予以拨款帮助维持伙食，遭到拒绝。为此，许秉贤四处奔走求援，幸好得到精盐公司慷慨借款，才使全校员生的基本生活得以保障。上述情形持续了四五十天，谢刚哲没有查到任何证据，只得解禁撤离。离开学校前，在毫无证据的情况下，谢刚哲要将学校军医官林俊雄、学生林遵、林祥光、高如峰、陈嘉桐等8名所谓嫌疑分子强行带走。许秉贤对此据理力争，但力争无效，8人仍被带走。除此之外，其他学生被勒令限期解散。遭此一劫后，烟校员生亦觉此地不宜再留，于是，学校筹划南迁。校方尽数遣散夫役，将校舍及公物等移交给沈鸿烈派来接收的陈文会（烟台海军学校第一届毕业生）后，许秉贤等教职员率学生乘船赴沪。经校方再三请求，才准发给赴沪旅费。

魏应麟作为此次事件的亲历者回忆说："一九二七年三月，海军总司令杨树庄率闽系海军舰队依附国民革命军。这时南北对立，烟台海校仍属张宗昌管辖，但学校经费无着。这时有鲁人陈文会者（烟台海校第一期）曾以同乡关系，投靠直系军阀吴佩孚，任武汉江防司令，自吴势倒后，回到烟台，向张宗昌靠拢，唆以烟台海校学生罢课闹事，其中多属闽系海军将领的子弟或亲戚，值此南北政府对立之时，彼等恐不可靠等语。进而游说解散烟台海校，另立新海校，由其担任校长。他利用其子陈望临（时亦为烟台海校学生）搜集学生材料，欲加陷害。"[1]陈文会对此事也有说明，他说："闽人掌握海军实权，引用私人，外省的军人（非闽省者）敢怒不敢言，乃有护法舰队在广州劫舰挑闽之事。张宗昌名

---

〔1〕魏应麟：《烟台海军学校》，福建省政协文史资料研究委员会编：《福建文史资料》（第八辑），福建人民出版社1984年版，第145页。

为总司令，而大权实操之于沈鸿烈，沈氏曾将闽属舰队江利舰强劫过来，沈氏与闽人之关系可以想象，故因烟校有通敌嫌疑逼之南迁良有以也。"[1]

抵达上海后，许秉贤到南京政府海军总司令部报到，将烟台海军学校被迫解散始末向李景曦参谋长汇报，并请妥善安置南迁员生。当时，老师们住在上海旅社，学生们则分住高昌庙"建威""建安"2艘废弃军舰上等候安排。谢刚哲强行带走的8名员生，先被带到位于青岛的东北海军司令部受审，无罪，又被送往济南军法处复加审讯，亦无罪，但8人仍被关入济南第一模范监狱，直到1928年5月1日，国民革命军克复济南时，才得以从监狱脱身，并陆续绕道来沪。至此，烟台海军学校第十八届学生共30人俱集于沪。许秉贤感慨："经此大风波，无一人失散及发生意外事故，终算不幸中之大幸。"[2]是月，烟台海军学校正式宣布停办。

1928年5月21日，南京政府海军总司令部以烟台海军学校已停办，令调许秉贤为海军总司令部额外参谋[3]，其他教职员亦各有安排。全体学生则由海军总司令杨树庄送往福州，进入福州海军学校继续学习，被称为"寄闽班"。1928年9月，寄闽班30人全部毕业，这就是烟台海军学校第十八届，也是最后一届毕业生。在这届毕业生中，有曾担任"中山"舰副舰长，在抗战中殉职的张天泫；有后来担任国民政府驻美海军武官、中央海军训练团主任的林祥光；有曾任国民党海军第二舰队司令，后率部起义的林遵；有曾任江防第二舰队参谋长，后率舰起义的程法侃，以及台澎要港司令高如峰等。

烟台海军学校自1903年（清光绪二十九年）创办，历经旧学堂、新学堂、海军学校等不同时期，至1928年（民国十七年）停办，共培养海军航海毕业生18届546名[4]。

---

〔1〕陈文会：《烟台海军学校的始末》，烟台市政协文史资料研究委员会编：《烟台市文史资料》（第二辑），内部刊物，1983年，第74页。

〔2〕许秉贤：《海军史略》（1957年手稿），第41页。

〔3〕苏小东编著：《中华民国海军史事日志（1921.1—1949.9）》，九州图书出版社1999年版，第367页；国民政府海军总司令部编：《海军大事记》（下卷），殷梦霞、李强选编：《国家图书馆藏民国军事档案文献初编》（第十二册），国家图书馆出版社2009年版，第102页。

〔4〕烟台海军学校的毕业生总数较为普遍的说法是"547名"，此说源自张侠等编：《清末海军史料》，海洋出版社1982年版，第455—458页。本书所述之"546名"亦基本依据上述材料。但笔者认为，第十六届学生李之龙于1921年被开除学籍、军籍，实际并没有真正毕业，算在毕业生人数中，似有不妥。第十八届学生叶守贞等人同样被开除，并没有被列入毕业生名录之中。李之龙与叶守贞等人的情况相同，应作同样处理。

下篇

人物传略

谢葆璋

谢葆璋（1865—1940），字镜如，祖籍福建长乐，1865年1月3日（同治三年十二月初六）生于福州。烟台海军学校首任校长（时称"烟台海军学堂监督"）。

谢葆璋的祖父谢以达，是福建长乐县横岭乡的一个贫农，因为天灾，生计难以维持，遂从乡里到福州城学做裁缝。那时的裁缝，一年到头，只有春节、端午节、中秋节的时候，才可以到人家中要账。由于不识字，谢以达在一年春节要账时，被人钻空子赖了账，导致家中年关将至却无米下锅，妻子为此急得自缢，幸亏他发现得早，将妻子解救下来，才避免了惨剧发生。"两人抱头大哭，这一对年轻的农民，在寒风中跪下对天立誓，将来如蒙天赐一个儿子，也要让他读书识字，好替父记账、要账。"[1]谢以达的妻子从那以后一连生了四个女儿，第五胎才生了一个男孩，还是难产。这个男孩就是谢葆璋的父亲谢銮恩，字子修。谢銮恩出生后，父母挤出钱来供他读书。他不负众望，中了举人，在福州光禄坊道南祠开馆授徒，成为一位颇有名望的私塾先生。谢銮恩宽和仁厚，结交了不少有才学的朋友。近代著名的翻译家林纾和思想家严复，都是他的至交。

谢葆璋是谢銮恩的第三个儿子，4岁时，母亲去世，由父亲和姐姐抚养长大。谢葆璋两个哥哥继承父业，做了教书先生，谢葆璋选择了加入海军。

谢葆璋的海军生涯始于天津水师学堂。1880年（光绪六年），继福州船政

---

[1] 冰心：《我的故乡》，卓如编：《冰心全集》（第五册），海峡文艺出版社2012年版，第455页。

学堂之后，天津水师学堂由李鸿章奏请设立，"将以开北方风气之先，立中国兵船之本"[1]。学堂的负责人称为"总办"，最初由前船政大臣光禄寺卿吴赞诚担任，后吴赞诚因病回籍，改由曾任福州船政局提调之二品衔分发补用道吴仲翔接任，第一批赴英留学归国的严复（福州船政学堂后学堂驾驶第一届毕业生）担任总教习。1881年7、8月间（光绪七年七月），天津水师学堂落成于天津卫城东三里外天津机器局旁，开始招生入堂肄习。按照《天津水师学堂章程》规定的招生条件：挑选学生，年龄自13岁以上，17岁以下，已经读书数年，读过两三经，能作小论半篇、成篇者；从报名者择其文理通顺者先取百名左右，选赴水师学堂面试，最后招收60名；入学试习两个月后，再行察看，倘口齿不灵或性情恶劣、举止轻浮，即行剔退；学生入学后，按照文理会通程度和读书的多少，分为三个班。第一班每月给赡银一两，第二班每季度给衣履费银二两，第三班每季度给衣服费一两。如果学业有进步，待遇再为递加，并随考核酌奖。[2]学堂创设伊始，在天津的招生工作并展得并不顺利。在当时人们的传统观念中，通过科举考取功名，是为正途，因此，许多读书世家子弟持迟疑观望态度，报名并不积极。眼见招生名额不满，李鸿章派闽籍总教习严复回闽招生。由于1866年福州船政学堂开启了中国近代海军教育进程，经过15年的熏陶、培养、积聚，闽地对海军的认可度很高，闽人子弟入海军学堂已蔚然成风。

冰心对父亲加入海军的过程有详细的描述，她说："在我父亲十七岁那年，正好祖父的朋友严复（幼陵）老先生，回到福州来招海军学生，他看见了我的父亲，认为这个青年可以'投笔从戎'，就给我父亲出了一道诗题，是'月到中秋分外明'，还有一道八股的破题。父亲都做出来了。在一个穷教书匠的家里，能够有一个孩子去当'兵'领饷，也还是一件好事，于是我的父亲就穿上一件用伯父们的两件长衫和半斤棉花缝成的棉袍，跟着严老先生到天津紫竹林的水师学堂，去当了一名驾驶生。"[3]就这样，谢葆璋成为天津水师学堂第一

---

〔1〕《李鸿章奏天津水师学堂请奖折》，张侠等编：《清末海军史料》，海洋出版社1982年版，第395页。

〔2〕沈天羽：《海军军官教育一百四十年（1866—2006）》（上），（台湾）"国防部海军司令部"2011年版，第256—258页。

〔3〕冰心：《我的故乡》，卓如编：《冰心全集》（第五册），海峡文艺出版社2012年版，第458页。

届驾驶班学生，与他同班的，包括烟台海军学堂第二任监督郑汝成、曾任烟台海军学堂教务长的陈杜衡、曾任烟台海军练营管带的郑纶等人。

天津水师学堂的堂课按章程规定是4年完成，但谢葆璋这一届只用3年时间便学完了全部课程。正如李鸿章所说："盖自开堂以来，一日之间，中学、西学、文事、武事，量晷分时，兼程并课，数更寒燠，未尝或辍。叠经季考诸生课业，月异而岁不同。"[1]临近毕业之际，李鸿章委派水师营务处道员罗丰禄邀同英、俄两国海军军官到堂会考，学生们的表现令这些外国军官刮目相看。罗丰禄也向李鸿章汇报说"堂中所授繁难诸学，多为从前闽厂驾驶学堂洋教习所未及课"[2]。看到培养的第一届学生就取得了如此令人满意的成绩，作为天津水师学堂创始人的李鸿章非常高兴，特意向朝廷上折请求对教职员和学生予以奖掖。

1884年12月（光绪十年十一月），天津水师学堂第一届驾驶班共30人毕业，谢葆璋以第一名的优异成绩结束了堂课学习。按照章程规定，由学堂毕业到成为合格的海军军官，至少需要在练船上经过33个月的教育与训练。于是，谢葆璋转入"威远"练习舰见习。见习期的课程结束后，进入北洋海军服役。

1887年（光绪十三年），北洋海军在德国购造的"经远""来远"和在英国购造的"致远""靖远"共4艘主力巡洋舰分别建成下水。此次接舰事宜，由洋员提督衔琅威理总负责，李鸿章决定派北洋海军官兵亲往英、德两国处理，不再由洋人送舰来华。这既可免去招募洋员耗费薪资之烦，又可使接舰官兵积累和丰富航海经验。4舰的管带分别为："致远"舰管带邓世昌、"靖远"舰管带叶祖珪、"经远"舰管带林永升、"来远"舰管带邱宝仁。另外，每舰派1名大副和3名学生协助驾驶。谢葆璋与同班同学蔡灏元、梁汝辉被分配至"来远"舰协助接舰工作。"来远""经远"两舰属同一级别装甲巡洋舰，正常排水量2900吨，长82.4米，宽11.99米，最大吃水5.11米，功率4400匹马力，航速16节，装备有2门210毫米前主炮和2门150毫米副炮，以及6门小口径火炮。是年2月末，接舰员弁400余人乘坐招商局轮船出发前往英、德两国。8月11日，

---

[1]《李鸿章奏天津水师学堂请奖折》，张侠等编：《清末海军史料》，海洋出版社1982年版，第395页。

[2]同上。

负责接收"经远""来远"二舰的员弁在什切青港接舰并举行升旗仪式。8月24日，4舰齐聚英国朴茨茅斯港。9月12日，4舰驶离朴茨茅斯港回国，除自身航行外，"来远"舰还用钢索拖带着在英国购造的"左队一"鱼雷艇。[1]12月10日，从英、德接收的4艘巡洋舰驶抵厦门，北洋海军提督丁汝昌率北洋诸舰迎候。1888年4月，4舰与北洋各军舰驶抵天津大沽，进入北洋海军序列。此后，谢葆璋便留在"来远"舰任职。1892年（光绪十八年），谢葆璋被正式任命为北洋海军右翼左营守备、"来远"舰驾驶二副。

1894年，甲午战争爆发。9月16日，包括"来远"舰在内的北洋海军主力护送陆军前往鸭绿江口大东沟一带登陆。17日，在大东沟口外进行常操的北洋海军主力与突然出现的日本联合舰队主力遭遇，爆发了黄海海战。当时，"来远""靖远"两舰被编配在舰队横阵的右翼。海战中，"来远"舰在管带邱宝仁的指挥下，向日"赤城"舰发起攻击，在友舰的支援下，"赤城"舰弹药库爆炸，蒸汽管路遭到破坏，前炮台弹药断供，舰长板垣八郎太当场毙命。然而，"赤城"舰在负隅顽抗中击中"来远"舰后甲板，引爆了堆积在那里的小口径火炮炮弹，燃起大火，火势一直蔓延到了锅炉舱附近。危急之中，谢葆璋表现十分英勇，带领全舰官兵奋力救火，终于将大火扑灭，保住了军舰。之后，"来远"舰又返回战场，战斗到了黄海海战的最后一刻。9月18日，天亮后，丁汝昌率舰队返至旅顺，当遍体鳞伤的"来远"舰入港时，上层甲板和军官舱木制部分已全部烧光，钢铁变形，整艘军舰只剩下骨架。迫于形势，"来远"舰只是草草修补后就再一次投入战场，并带伤返回威海。

1895年1月，日军进攻威海。2月6日凌晨时分，尚未修复的"来远"舰被潜入威海港内偷袭的日本鱼雷艇"小鹰"号命中机舱，很快沉没。谢葆璋死里逃生，泅水登上刘公岛，方得以脱险。一周之后，威海失守，北洋海军覆没。甲午战后，包括谢葆璋在内的幸存下来的北洋海军军官均遭革职罢免。

1899年，清政府恢复北洋海军，叶祖珪、萨镇冰分别出任北洋海军统领和帮统。用人之际，谢葆璋被他在天津水师学堂时代的老师萨镇冰召回，重返海

---

〔1〕姜鸣编著：《中国近代海军史事编年（1860—1911）》，三联书店2017年版，第354—355页。

军任职，担任"海圻"舰帮带，该舰管带由萨镇冰兼任。1900年10月5日，35岁的谢葆璋迎来了自己的第一个孩子，他为这个小女孩取名"婉莹"，这就是后来享誉现代文坛的著名作家冰心。

1903年，萨镇冰受命创办烟台海军学堂，他再次想到了堪托重任的谢葆璋。这一年冬天，谢葆璋出任烟台海军学堂首任监督。谢葆璋担任烟台海军学堂监督8年，成绩斐然，为烟台海军学堂的创立和发展，为甲午战后海军人才的培养，乃至海军的重建做出了卓越贡献。他主持编订的《烟台海军学堂现行章程》确立了烟台海军学堂的制度基础，继任者大多萧规曹随。民国建立后，虽然在1912年、1916年根据时代发展和任务变化对章程做了一些补充完善，但基本上都是局部的修修补补，大的框架并没有脱离谢葆璋当年制订的内容。1909年（宣统元年），筹办海军大臣载洵视察烟台海军学堂，认为学堂办得有成绩，质量较高。于是，清廷选派20名满族贵胄学生来校学习，以加强满族人对海军的控制。满族学生入校后，因自感优越，行事傲慢，与汉族学生之间隔阂甚深，蓄积了不小的矛盾。1910年，满汉学生之间的矛盾因为争夺春季运动会的一项锦标而被引爆，互相仇视的满汉学生爆发了激烈冲突。事件发生后，地方官员秉承朝廷旨意，要求校方严惩汉族学生。为人正直的谢葆璋坚决不肯对满族学生有所偏袒，而是据理力争。不久，清廷派他的同学郑汝成来校查办此事，意在逼其就范。在这样的形势下，谢葆璋对清廷不再抱有任何幻想，毅然辞去监督一职，带着家人返回福州老家。

1912年元旦，中华民国临时政府在南京成立，谢葆璋的同乡好友黄钟瑛被临时大总统孙中山任命为民国首任海军部总长兼海军总司令。黄钟瑛上任后不久，就给身在福州的谢葆璋发去电报，邀他回海军部任职。不幸的是，黄钟瑛在这一年12月积劳成疾而病逝。

再次重返海军后，谢葆璋被安排担任海军总司令部二等参谋官。1913年7月4日，谢葆璋补授海军上校军衔。8月20日，晋升海军少将军衔。10月10日，谢葆璋以"才具开展，办事热心"[1]，被任命为北京政府海军部军学司司

---

[1]《海军部请任命谢葆璋为军学司长呈文》，杨志本主编：《中华民国海军史料》，海洋出版社1987年版，第756页。

长，具体负责整个海军教育工作。此后13年间，谢葆璋一直在海军部任职。谢葆璋提任军学司司长后，积极改革和整顿海军教育，恢复遭严重破坏的海军学校，多方筹措资金，改善办学条件，在极端困难的条件下，推动海军教育的发展，始终不忘造就海军人才之心愿。

袁世凯称帝后，将副总统黎元洪封为"武义亲王"，软禁在中南海瀛台。黎元洪早年毕业于天津水师学堂第一届管轮班，与谢葆璋是校友。民国建立后，黎元洪提任副总统，曾几次邀请谢葆璋到他在北京东厂胡同的住所做客，都被谢葆璋婉拒。黎元洪被袁世凯软禁后，谢葆璋却不顾当权者的疑忌，经常去看望他，与他一起谈天、对弈解闷。他重情重义，但又不愿借他人资源为自己谋名利的性格由此可见一斑。

由于军阀混战，海军建设得不到应有的重视，加之官场腐败，相互倾轧，使谢葆璋满腔热情屡遭冷落。回到家中常沉默不语，在院子里种花，借以排遣愁烦。1920年，谢葆璋改任海军部参事厅参事，执掌事务主要包括审订撰拟法律、命令案事项，应总、次长之咨询及各厅、司之商榷事项，评议海军各种条陈事项，本部会议事项等。1926年8月21日，谢葆璋署理海军部次长。此时，谢葆璋61岁。

谢葆璋任海军部次长后不久，国内形势急剧变化。1926年7月，国民革命军誓师北伐。北洋军阀在北伐军的打击下节节败退。随着北伐的胜势日趋明显，1927年3月，原北京政府海军总司令杨树庄正式易帜，宣布就任国民革命军海军总司令，率舰队加入北伐军。1928年7月，谢葆璋被任命为国民政府海军海道测量局少将局长，兼任全国海岸巡防处处长。他携家眷离开北京，前往上海任职。

1929年6月，国民政府在南京成立海军部。此时的谢葆璋已卸去本兼各职，寓居沪上。因为是海军前辈，资历较深，经验丰富，所以，海军部聘请他担任顾问。

1930年，谢葆璋妻子去世。1931年，他辞去一切职务，随女儿冰心离开上海到北平定居。抗日战争爆发后，北平沦陷，冰心一家于1938年南迁昆明，年迈体弱的谢葆璋留居北平，由长子谢为涵负责照料。

1940年，谢葆璋病逝于北京，终年75岁。

佘振兴

　　佘振兴（1889—1963），字起周，山东福山（今烟台）人，1889年10月22日（光绪十五年九月二十八日）出生。烟台海军学校第一届毕业生、第六任校长。

　　佘振兴出生在山东福山县烟台南二里处之一村，村中共有三百余户，民风朴实，勤俭有礼。父亲佘镜（海山），母亲葛氏，世代耕读，小康之家。[1] 初进私塾，后进学校，1902年，高小毕业，母亲去世。1903年冬，初中一年级，时由养正义务学校招选入烟台海军学堂，成为第一届学生。1905年，考选为赴日留学海军学生。1906年春，佘振兴等22名烟台海军学堂学生和江南水师学堂学生等共30余人，由海军游击郑祖彝带队，进入日本东京深川区商船学校学习。商船学校校长平山藤次郎大佐教学严格，但是该校所授课程系预科教育，烟台、江南两海军学堂学生多已在国内学过，佘振兴等人因既浪费时间，学的又并非正式海军内容，心中十分苦闷。于是，在次年夏天回国探亲抵达上海后，即向时任总理南北洋海军兼广东水师提督的萨镇冰报到，呈请当局准予回国派舰服务，后经允准回国分派各舰见习。

　　萨镇冰感到由于留学计划事前考虑不周而导致学生中途返回十分可惜，遂从归国学生中挑选烟台海军学堂的温树德、佘振兴、任光宇、刘永浩，江南水师学堂的吕德元、孟慕超、奚定谟、沈奎等8人派往英国留学。1907年9月，

---

[1] 吴洽民：《海军佘振兴将军之生平（1889—1963）》，《山东文献》第14卷第4期，1989年3月，第12页。

佘振兴一行8人先抵达英国东方舰队驻香港的军舰学习，每舰2人，佘振兴和孟慕超被分在Bedfort舰，在舰上共有三四月之久，经南洋、新加坡、槟榔屿与婆罗洲一带巡弋，获得了有益的海上航行经验。1908年春，8名海军学生在英国东方舰队的实习期满，经萨镇冰商请英国海军提督摩亚伯爵呈报英海部批准，延长8名留英学生的留学计划。于是，英国为他们安排了完整的养成训练，包括舰队见习、海军学院教育、作战演习及枪炮、鱼雷、航海训练等4个阶段。4月，佘振兴等人被分配到东方、地中海、大西洋、海峡等4个舰队见习，每个舰队2人。除2人留在东方舰队外，佘振兴和其他5人经过广开见闻的6个星期航程后，抵达英国。此后，佘振兴和孟慕超被派在英国海峡舰队副司令舰Hibernia号上，操练甚勤。舰课结束时，8人都通过了各项考评，被授予海军少尉军衔。1909年秋，8人进入英国格林尼治海军大学深造，为期6个月。1910年3月，8人随舰参加作战演习2个月，演习内容丰富多样，进一步在实践中加深了对理论的理解。同年6月，8人冉被派往朴茨茅斯之鲸岛学习枪炮、航海和鱼雷6个月。至1910年底，完成全部少、中尉军官的训练与见习课程，准备回国。佘振兴等人原本打算乘火车，经西伯利亚铁路回国，借以游历沿途欧陆风光，但因东三省发生鼠疫，仍决定乘商轮返回。他们从伦敦启程，经大西洋、地中海、苏伊士运河、红海、印度洋，在斯里兰卡首都科伦坡换船，再经槟榔屿、新加坡，于1911年1月下旬至上海，全程共计6个星期。抵达时，正值春节前夕，萨镇冰召见他们之后，嘱其先回家省亲过年，正月十五之后到北京海军部参加鉴定考试。至此，距佘振兴赴英留学已近4年。

1911年2月，8人齐聚北京。除刘永诰、孟慕超2人奉派随"海圻"舰参加英王乔治五世加冕大典外，佘振兴等6人经海军部考试后，以"协参领少校，照正军校（上尉）"，分派各舰担任教练官。佘振兴被派往"海筹"舰任教官（舰长黄钟瑛，副长陈鹏翔），驻泊广州黄埔。"海筹"舰系1896年清廷向德国伏尔铿船厂购造，1897年12月11日下水，与"海容""海琛"为同一级别。排水量2950吨，舰长100米，宽12.5米，舱深7.5米，吃水4.877米，主机功率8400马力，航速20节左右，装备克虏伯150毫米40倍径速射炮3门作为主炮，克虏伯105毫米40倍径速射炮8门作为副炮，另外还配有机关炮、机枪、舢板炮、鱼雷发射管等武器。

是年10月10日，辛亥武昌首义，革命军占领武昌，声势浩大。清廷派萨镇冰率"海琛"舰自上海急驶汉口，配合驻泊武昌附近的"楚豫""建威""湖鹗""江贞"等舰，由水路进攻武昌，因"海圻"舰出访，急饬驻粤之"海筹""海容"舰北驶，由上海进入长江，阴历九月中旬抵达湖北省境内。萨镇冰率领各舰泊守汉口下游刘家庙（即武昌下游青山对面），"海筹""海容"2舰到达武昌下游，即同"海琛"舰等上驶，炮击武昌。但各舰均有不少海军学堂毕业生在舰实习，其中多有充满革命思想的青年军官，因此，趋向革命之风日盛。"海筹"舰上当时也有郑耀恭、郑耀枢等烟台海军学校第六届毕业生。佘振兴积极支持了"海筹"舰上相关人员的革命举动，推动舰上形成了有利于易帜的积极态势，也为驻鄂海军最终易帜做出了自己的贡献。

中华民国成立后，黄钟瑛任南京临时政府海军部总长，海军部下辖军政、船政、教务、经理、司法等5局及军械处和上海要港司令处，佘振兴被任命为船政司兵器科中校科长。1912年3月，北京政府海军部成立，刘冠雄任海军部总长，佘振兴先是被派赴北京，负责接收军械司案卷及各国造船契约，不久，被调往海军部总务厅副官处担任副官，负责接洽欧美各国使节等事务。1913年6月，刘冠雄赴直沽校阅海军各舰队、学校、练营等，佘振兴随同前往，负责宣传联络、起草命令、招待来宾等事宜，均有条不紊，令人满意。

1913年9月，佘振兴被任命为"楚有"舰中校舰长。"楚有"舰1906年10月22日下水，系张之洞担任湖广总督时向日本川崎神户造船所订造的，与"楚谦""楚泰""楚同""楚豫""楚观"等属同一级别。排水量740吨，全长60.96米，宽8.99米，吃水2.43米，功率1350马力，航速13节，武备为120毫米口径速射炮2门、76毫米口径火炮2门、诺登飞4管并列机关炮2门、保式机关炮2门。25岁即任一中型舰艇之长，对佘振兴的任命不免引发了一些人的议论。他自言："当时余以二十五岁年龄，籍山东人，无背景，长七百五十吨之炮舰，均为奇异，以致李（鼎新）之幕僚秘书饶怀义、王璧颖等，时时予以刁难。"[1]面对某些人的质疑和"楚有"舰给他出的一道道难题，佘振兴用自己的能力和

<hr>

〔1〕佘振兴遗稿《回忆录》，陆宝千访问、官曼莉纪录：《郑天杰先生访问纪录》，九州出版社2012年版，第292页。

表现回应了一切。"楚有"舰本是江行平底船，凌波力太弱，仅能承担巡弋江防的任务，官兵也缺乏海上行船的实践经验，自日本接舰归国后，尚未单独出海，海图未备、仪器不全，再加上该舰保养维护十分滞后，每日留汽水管曾渗漏80余条（最多时曾渗透120多条），锅炉也有渗漏，船上官兵时有力不从心之感。佘振兴到任后，励精图治，积极整修保养装备，开展航海演练，使"楚有"舰的面貌大为改观。其间，佘振兴也经历过几次险情，均依靠卓越的航海操作能力化险为夷。1914年，"楚有"舰在一次执行任务过程中遭遇恶劣天气，东北风甚猛烈，船体摆动幅度达40度，时打空车，浪花飞满全船，船上员兵大部分晕船，驾驶台仅佘振兴与一掌舵中士，机舱仅轮机长林桂吉和二帮车。后来东北风以90度角猛扑右舷，舰向左倾，无法恢复平衡，空车使船身剧烈震动，海浪汹涌，全舰上部如同浸水中，情势非常危险。佘振兴镇静指挥操舵，一一化解险情，体现了扎实深厚的航海功底。1915年，"楚有"舰开赴湖口，和"楚同""楚观""楚谦""楚泰""江元""江亨""江利""江贞""江犀""江鲲""豫章"等舰以及鱼雷艇4艘等参加会操1个月，展示了训练成果，海军总司令李鼎新进行了校阅。

1919年，海军总司令蓝建枢实施同型舰舰长互调的新政，首先在中型舰艇上推广开来，佘振兴与"楚谦"舰舰长王光熊互调。佘振兴接掌"楚谦"舰后，"楚谦"舰成为蓝建枢的座舰，并于是年乘该舰，由上海溯江上驶至湖口，校阅长江流域驻泊各舰。

1920年3月，海军总长萨镇冰经过慎重考虑，调佘振兴任烟台海军学校校长，晋升上校军衔。此时，烟台海军学校刚刚经历了1919年学潮，佘振兴掌校后，竭力提振士气，改善教职员和学生的精神面貌，悉心整顿校务，处事稳健，使学校很快步入正轨，平稳过渡到合并吴淞海军学校后实施的新学制。特别是彼时中央政府财政支绌、政局不安，又值奉直战争，经费严重不足，欠发薪饷曾达十月之久，佘振兴想方设法筹款，甚至不惜以老家房产为抵押借款，垫发烟校员生薪饷两个月，保证学校运转不辍。总之，作为烟台海军学校第六任校长，佘振兴颇有成绩，赢得了教职员的充分肯定。

1922年6月，学校各方面均有起色，发动1919年学潮的学生也已毕业，佘振兴因身心俱疲，多次请求调任，终获批准，奉调"建威"舰舰长。"建威"舰系福州船政局所造鱼雷炮舰，1904年竣工，排水量830吨，长78.58米，宽8.1米，功率7000马力，航速23节，武备为100毫米口径士乃得速射炮1门、65毫米口径速射炮3门、37毫米哈乞开司机关炮6门、14英寸鱼雷发射管2具。该舰驻泊南京下关老江口，久驻长江，已数年未修，以致舰上污秽不堪，舱内久不油漆，腐铁碎片，随手可抓。佘振兴到任后，填补舱底漏处，饬兵整理敲锈加漆，将锚链逐一敲验修换，舰艇面貌焕然一新，安全亦得以保证。1924年11月，佘振兴调任"靖安"运输舰舰长，因其长期在海上任职，次年7月15日晋升少将。1928年2月，又调任"普安"运舰舰长。至此，佘振兴累计长舰已十余年，这种任职轨迹在当时的海军中颇不正常，按说早该调往岸职，以资调剂。因此，他在接任"普安"舰舰长之前，再三推辞，相持数月方赴厦门接舰。是时，烟台军阀刘珍年归顺中央政府，佘振兴奉命担任烟台陆上单位正主任，管辖烟台的海军练营、炮台、医院等机构。1928年7月，佘振兴刚到烟台，未及部署，刘珍年已率部叛变，悬五色旗捕杀南京国民政府派去的官员。佘振兴潜踪微服，乘船赴大连，然后又换船回到上海，调任海军总司令部上校参议兼法规委员。

1929年10月，海军部缩编为海军编遣办事处，佘振兴被任命为军务局训练课上校课长。1930年7月，佘振兴调任海军扬子江引港传习所上校所长，所址设于沪西枫林桥，附属海道测量局，其任务为定期训练上海、汉口之间的所有引水人，6个月训练并考核后，发给修业证书。引港事务关乎国家主权，设立引港传习所是因为过去受不平等条约束缚，引港业务竟为外人把持，需要从培养引港人员着手，做收回引港权的准备。佘振兴担任所长后改革教学形式，职务繁忙者改为函授，等有机会来上海时，再到所中进一步学习请教。这样的方式给引水人的资格认证提供了便利，登记非常踊跃。1931年4月，海军扬子江引港传习所改为海军引水传习所，直隶新成立的海军部。1934年开始训练汉口至宜昌段引水人160多名，完成学业后，不但发给修业证书，而且发给执业证书，可供其借以营业。从此，我国有了自己培养的引水人，长江一带的引水形势尽被掌握。佘振兴任所长期间，前后培训400余人，为引港人才的培养和引港权的维护做出了贡献。

1935年1月，佘振兴升任海军部编译处少将处长，负责编译英国海军法规及书籍，为修订我国海军有关规章提供借鉴。1937年8月，海军部迁往湖南岳阳，奉令缩编，"上自少将下至中尉共225名军官无处安置，而被裁撤单位的军官几乎全部无缺可补，结果他们大多被编为海军总司令部候补员"[1]。佘振兴与舰政司司长唐德圻、军学司司长吕德元、军械司司长林献炘、海政司司长许继祥等共5名少将被调整为候补员，连同编余的科长、参谋共28人，奉命南下广州，转道香港前往上海待命。1938年春，佘振兴抵达上海，寄居在英租界之友人处，与隐居上海的海军人员积极从事敌后联络工作。珍珠港事件后，日本收回了上海的英、美租界，物价飞涨，百姓生活困苦，佘振兴一家的生活亦大受影响，银行存款已变为零，连蔬菜都不能保证。如佘振兴这样长期蛰伏于敌占区的候补员，生活状况难言乐观。汪伪政权对上海的海军人员拉拢不成，继之施以恐怖手段，王寿廷、周兆瑞等人先后被突然拘捕。一时间，在沪的南京政府海军人员人心惶惶，白天不敢家居，夜间闻叩门声即惊起。佘振兴自言："余有生之苦，未有苦于此时之景况。"[2]于是，有不少海军人员，包括许继祥这样的高级军官，都在威逼利诱之下投降变节，加入了汪伪海军。但佘振兴始终不为所动，在极端困难之中坚持了下来，保住了气节。

1945年9月13日，海军总司令部由重庆迁至上海，海军在各地区的受降接收工作随即全面展开。但接收地区之多，接收任务之重，对于当时的海军来说，的确殊非易事。时任海军接收处人事部门负责人的许秉贤回忆："日军投降之速，出人意外。当时的国民党政府事前对接收工作毫无准备，更谈不到计划，因此接收消息突如其来公布后，当时大小机关不知所措，乱成一片。海军方面亦不例外。"[3]就在13日这天，佘振兴接到命令，当天下午即开始接收驻泊上海高昌庙的日伪军舰。由于军装在抗战时期全部损失，佘振兴向杜逢时、周兆瑞借来了白色海军常服、肩章、军帽、白鞋、军刀等，下午便会同"永绩"舰舰长谢为良开始接收工作。然而，仅仅过了3天，16日晚，佘振兴突然接到紧急命令，派他于次日乘飞机赶赴青岛接收日伪舰艇，时任海军总接收专

---

〔1〕苏小东：《中国海军抗日战史》，人民出版社2017年版，第222页。

〔2〕佘振兴遗稿《回忆录》，陆宝千访问、官曼莉纪录：《郑天杰先生访问纪录》，九州出版社2012年版，第305页。

〔3〕许季超（许秉贤）：《国民党海军接收上海方面日伪物资之史料》，上海市政协文史资料委员会编：《上海文史资料存稿汇编 抗战史料》，上海古籍出版社2001年版，第411页。

员的海军参谋长曾以鼎面交法币5万元，密电码册1本，而随行人员仅4人。在佘振兴抵青之前，美国海军已于9月上旬到达青岛，并扣留了日军驱逐舰6艘。佘振兴到青岛后，由于接收人员严重不足，只好按照上级指示，依靠已致电效忠国民政府的原汪伪海军威海卫要港司令鲍一民及其部队，同时查阅清册，交由鲍一民派兵看管并加封条，准备逐步接收。在接收的仓库中，各类军需品存量很多，鲍一民建议变卖一部分以补充经费，但佘振兴予以拒绝，引发了鲍的不快。后来，海军部派曾国晟等人来青接收船坞，鲍一民竟拒绝交出，开会亦不到场，对海军部的处置常有不满之言。继而，鲍一民更联系其葫芦岛航警学校同学、时任华北区海军接收负责人的唐静海插手青岛的接收工作。在这种各方争夺利益、处处掣肘的情况下，佘振兴孤立无援，根本无法行使职权，接收工作已无可能继续下去。于是，只好和曾国晟一起返回上海复命。1946年5月，佘振兴被任命为海军总司令部第一（人事）署副署长，后在1948年3月转任第五（编制装备与训练）署署长，还一度兼任京沪警备司令部海军副参谋长。

　　1949年1月，佘振兴赴台。60岁生日时，毕业于烟台海军学校的学生们纷纷写诗祝贺老校长花甲之庆，表达对他的敬意。第十五届毕业生宋锷（台湾"国防部中将次长"）有诗云："远涉重洋博六韬，欲平海宇斩鲸鳌。楼舡仰镜声威壮，帷幄参戎意志豪。美德清操标楷范，春风化雨感熏陶。初添花甲裁诗颂，眉寿应如泰岳高。"第十六届毕业生王天池（台湾"海军总参谋长"、高雄港务局长）有诗云："颂公我愧乏清词，葵向难忘雨化私。共信存真终是福，转钦未老竟先慈。凌霜傲干翻红叶，立雪英髦露鬓丝。道义因缘骨肉感，此情惟有昔贤知。"[1]赴台后，佘振兴先后担任过"整建委员会"人事组组长、"法规委员会"专任副主任委员。1952年11月16日，佘振兴退役，结束了49年的海军生涯，转任高雄港务局顾问，后又被聘为台湾"海军官兵福利委员会"顾问。1959年患喉癌，1963年9月1日去世，享年75岁。

---

　　〔1〕郑恒萃：《海军耆宿佘振兴将军传略》，《山东文献》第9卷第2期，1983年9月，第79页。

曾以鼎

　　曾以鼎（1892－1957），字省三，福建闽侯人，1892年1月19日（光绪十七年十二月二十日）生于福州。烟台海军学校第二届毕业生。

　　曾以鼎祖居福州西门外洪塘乡，待他出生时，已迁至福州城内东街孝义巷口，其家族可谓榕城名门望族。曾以鼎的高祖父曾晖春是嘉庆六年（1801）进士、民族英雄林则徐的表哥，他的5个儿子在道光十五年（1835）皆中举人，其中3个儿子又考中进士，"'五子登科'曾家"之称即由此而来。曾祖父曾元炳是道光九年（1829）进士，祖父曾兆鳌是道光二十四年（1844）进士，叔父曾宗彦是光绪九年（1883）进士，被誉为"近代中国陆军之父"，一家四代皆进士，在福州城也是绝无仅有。曾以鼎的父亲曾宗诚是举人，胞兄曾毓隽（1875－1967）是段祺瑞政府的重要成员，担任过北京政府交通总长、段祺瑞执政府总参议，曾是民国风云人物，中华人民共和国成立后，被聘为中央文史研究馆馆员。

　　1905年，曾以鼎考入烟台海军学堂，是建校后的第3班学生。1908年毕业后，被派往"通济"练习舰见习。1909年10月，载洵、萨镇冰赴欧洲考察海军，挑选了一批海军学生和青年军官随同前往英国，留英学习制造船炮，曾以鼎是其中之一。1911年初，留学回国后，曾以鼎随"海圻"舰开赴英国参加英皇加冕典礼，此次远航，让他得以将所学海军理论知识付诸实践，在提高航海技术和积累航海经验方面受益良多。"海圻"舰归来后，中华民国已经建立。曾以鼎充任"应瑞"练习巡洋舰教练官，教授舰课。"应瑞"舰系清末载洵一行赴欧考察海军时在英国维克斯船厂订造，性质比较特殊，乃是根据考察团的要求量身设计的一款专门当作训练舰使用的巡洋舰，意在当时缺钱缺人的背景下，"购买尽量地多安装了和主流大型军舰一样的新式装备的小型军舰作为训练舰，开始培训、储备能够使用新装备的人才，以便将来大型的新战舰购得后，不至于出现乏人可用的局面"[1]。但是由于时代更迭，加之尾款未付清，"应瑞"舰1911年12月即建造完竣，直到1913年4月才在上海接收完毕。

1918年3月28日，26岁的曾以鼎被任命为"永健"炮舰少校舰长。"永健"舰1917年竣工，系上海江南造船厂仿照日制"永丰""永翔"舰而造，同级别的还有"永绩"舰。该舰排水量860吨，长65.7米，宽9米，吃水3.5米，动力1350马力，航速13.5节，武备为100毫米口径阿姆斯特朗速射炮1门、75毫米口径阿姆斯特朗速射炮1门、47毫米口径哈乞开司机关炮4门、37毫米口径维克斯机关炮2门。由于长舰得力，是年10月23日，曾以鼎被授予"六等文虎章"。1921年6月7日，曾以鼎在长"永健"舰3年多后，调任"江利"舰舰长。"江利"舰系在日本川崎神户造船所订造的4艘"江"字号"元亨利贞"浅水炮舰之一，排水量525吨，长54.86米，宽8.53米，吃水2.1米，动力950马力，航速13节，武备为120毫米口径速射炮1门、76毫米口径火炮1门、57毫米哈乞开司机关炮2门，马克沁机关枪2架。1922年4月，第一次直奉战争爆发。海军大多助直作战。海军上将萨镇冰亲率第一舰队"海筹""海容""永绩"3舰开赴秦皇岛，威胁奉军后路，"江利"舰亦受第二舰队司令杜锡珪派遣，与"楚观""楚谦""楚泰"等舰北上助战。曾以鼎指挥"江利"舰参战，在作战中被流弹伤了手指。直军获胜后，曾以鼎得到了吴佩孚的嘉奖。是年9月，曾以鼎因病辞职。曾以鼎的这次辞职显得十分诡异，其中原因，据时任"建康"舰舰长的严寿华讲，曾以鼎任"永健"舰舰长时，"该舰泊在大沽，时常往返京津一带，曾均住在其兄云沛（曾毓隽，段祺瑞的心腹——引者注）的公馆里，此情况被直隶省长曹锐探悉，认为别有企图，有政治活动的野心，遂报曹锟转知海军总司令杜锡珪。杜为势所迫，又慑于威力之下，虽无找到确凿证据，但仍把曾以鼎免去职务，特派军衔课课长葛葆炎赶往大沽代理'永健'舰长。至葛葆炎将'永健'驾驶南下，杜才放心。杜锡珪为了讨好直系，不惜

---

〔1〕陈悦：《清末海军舰船志》，山东画报出版社2012年版，第343页。

违反海军法规（按海军法规，凡是任免海军人员，向不受外力的影响），破例而创此举。曾以鼎虽不甘心，但处于这种情况之下，也无可奈何，只好住在北京乃兄公馆中，做起'二老爷'来了。"[1]

随着直系军阀力量的日渐扩张，其武装统一之愿望愈发强烈，而奉皖两系军阀均不愿就此认输，遂提出"联省自治"进行对抗。1923年3月，反直各派代表在天津聚会，商讨联合倒直之事。此时，皖系地盘仅余浙江和淞沪两地，由浙江督办卢永祥控制。段祺瑞决定发动海军叛直，以壮浙沪声势。4月，在曾毓隽的安排下，曾以鼎前往青岛，劝说"永绩"舰舰长蒋斌、"海筹"舰舰长许建廷倒戈反对直系。其中，前者为其烟台海军学校同班同学。在曾以鼎的策动下，特别是在当时欠饷严重的情况下，贿以巨款，许建廷得3万元，蒋斌得1.5万元[2]，2舰开往上海高昌庙，联合驻沪的"建康"舰舰长严寿华、"列"字鱼雷艇艇长彭瀛、江南造船所所长刘冠南及海军总司令公署轮机课课长王齐辰、军械课课长张澜清、电务课课长陈翼宸、军医课课长许世芳等率全体官佐发出通电，组成海军"沪队"，宣布脱离直系控制的北京政府而独立[3]。未几，"上海海军领袖处"成立，公推原第一舰队司令林建章为"海军领袖"，主持一切工作，曾以鼎为参谋处参谋长。海军"沪队"成立后，发出宣言，请各舰来归，并保证按月发饷，还补发欠饷，这对于当时普遍欠饷严重的海军来说影响是巨大的。"靖安"舰舰长朱天森趁该舰运送军械开赴马尾之便，转舵驶入上海；"辰"字鱼雷艇副长陈时珍在该艇开赴湖口途中，囚禁艇长廖德星，将艇驶入上海。此外，还有"海鹏"鱼雷艇、"楚泰"舰、"江利"舰的官兵，亦先后意欲投往上海。"沪队"独立，截断了南京海军总司令部和闽厦之间的联络。北京政府海军总司令杜锡珪面对此种情况，连下重手，多名参与其中的海军人员被枪决。1924年9月，直系军阀齐燮元和皖系军阀卢永祥之间爆发"齐卢战争"，投靠直系的北京政府海军总司令杜锡珪和投靠皖系的沪队"海军

---

〔1〕严寿华：《海军"沪队"独立见闻》，福建省政协文史资料委员会编：《文史资料选编》（第四卷），政治军事编（第一册），福建人民出版社2002年版，第139页。

〔2〕海军司令部《近代中国海军》编辑部：《近代中国海军》，海潮出版社1994年版，第744页。

〔3〕苏小东编著：《中华民国海军史事日志（1921.1—1949.9）》，九州图书出版社1999年版，第233页。

领袖"林建章分别指挥舰艇参战，这场战争最终以皖系卢永祥的失利而告终，"沪队"各舰被杜锡珪收编，曾以鼎亦逃离上海。

"齐卢战争"期间，奉系军阀张作霖以援助卢永祥为名，组织"镇威军"入关作战，引发了第二次直奉战争。11月，直败奉胜，中华民国临时执政府在北京成立，段祺瑞就任"临时总执政"，林建章代替杜锡珪成为海军总长，在他的大力举荐下，曾以鼎复出，担任"海容"巡洋舰上校舰长。"海容"舰排水量2950吨，远超曾以鼎之前所长各舰，因此，此次任命当属升擢。

1927年，随着北伐军的节节胜利，北洋军阀大势已去，3月14日，海军总司令杨树庄率领第一、第二和练习舰队所属舰艇易帜，正式宣告海军加入国民革命军，就任国民革命军海军总司令。9月，南京国民政府海军设立鱼雷游击队司令处，任曾以鼎为代将司令官。"建康""豫章"2艘驱逐舰和"湖鹏""湖鹰""湖鹗""湖隼""辰""宿""列""张"8艘鱼雷艇编入遣用，参加了西征唐生智军的战斗和北伐战争。11月1日，曾以鼎被任命为鱼雷游击队司令。

1929年6月，南京政府海军部正式成立，杨树庄任部长，下辖第一舰队（司令陈季良兼）、第二舰队（司令陈绍宽兼）、练习舰队（司令陈训泳）、鱼雷游击队（司令曾以鼎）。在两次蒋桂战争中，曾以鼎率领舰艇与反蒋势力作战，为蒋介石巩固政权出力甚多。1931年元旦，南京政府授予其"三等宝鼎勋章"。1932年1月，杨树庄辞去海军部长职务，专任福建省政府主席，陈绍宽升任海军部长，其所兼第二舰队司令一职由曾以鼎接任。是年10月，海军部召集"宁海""逸仙""咸宁""永绥""民权""民生"等舰在南京八卦洲江面会操，后又加入"楚谦""楚泰""楚观""江贞""靖安""定安"等舰艇和"湖鹗""湖隼""湖鹏""宿"字鱼雷艇，曾以鼎担任指挥，整个会操持续20多天。11月，曾以鼎督率"通济""大同""自强""中山""永绩""永健""建康""靖安""湖鹗""湖隼""湖鹏""辰"字等舰艇会操。12月中旬，又奉令率"宁海""逸仙"2艘新列装巡洋舰出海练习打靶。之后，"逸仙"舰返航上海，曾以鼎奉令率"宁海"舰沿海南巡，直至福建，是为该舰服役后的第一次远距离航行。次年8月5日，曾以鼎又奉令率"逸仙"舰由上海出发北巡，先后巡抵石岛、威海卫、烟台、长山岛、大沽各港口，9月1日到达青岛后南航回防。

1934年2月，因经费匮乏，海军部呈准将鱼雷游击队裁撤，借以节省开支。鱼雷游击队原有之"建康"驱逐舰奉令转编入第一舰队，其余"湖鹰""湖鹗""湖隼""湖鹏"4艘鱼雷艇奉令转编入第二舰队。1935年9月6日，南京国民政府明令授予曾以鼎海军少将军衔。1936年7月9日，南京国民政府明令，曾以鼎"翊赞国民革命有功"，颁给"国民革命军誓师十周年纪念勋章"，8月28日，因其在鱼雷游击队司令任内校阅成绩优良，而获得"陆海空军甲种一等奖章"。

1937年7月，全面抗战爆发。为了阻止日本海军由长江进逼南京，延缓其溯江西进的速度，争取战略调整的时间，南京国民政府做出了构筑长江阻塞线的决定。作为阻塞现场指挥官，曾以鼎8月初即开赴江阴，督饬测量舰测量江阴水道，选择自长山附近至天申港为堵塞线。为了防止日本海军对阻塞线采取破坏行动，同时也为了加强江阴封锁线，海军部派第一舰队司令陈季良率"平海""宁海""应瑞""逸仙"等主力舰布防第一线，曾以鼎则率第二舰队随后支援，负责接应。江阴阻塞线初步建成后的第二天上午，淞沪会战打响。江阴封锁线上，日本海军航空兵与中国海军展开了空袭和反空袭作战。9月25日，曾以鼎率"楚有"炮舰赶赴江阴接防，于当晚驶抵江阴。至31日凌晨3时，在日机的轮番空袭下，"楚有"舰卧沉。10月22日，第二舰队司令部迁至江阴城内，曾以鼎被任命为江防司令部副司令及江阴区阻塞委员，工作重点仍在江上封锁线。

1937年12月1日，江阴要塞区被攻破。当晚，曾以鼎奉令率所部退往南京待命。次日凌晨，曾以鼎率本部人员离开江阴开赴南京。12月11日，南京陷落的前一天，曾以鼎奉令到江西湖口重组海军炮队。1938年1月1日，为应战时形势，海军部暂行裁撤，成立海军总司令部，隶属军政部，下辖参谋、军衡、舰械、军需4个处，及秘书、副官办公室等机构，陈绍宽任总司令，陈训泳任参谋长，陈季良任第一舰队司令，曾以鼎任第二舰队司令兼江防总司令部副总司令兼海军赣鄂地区炮队总队长。是日，曾以鼎在九江江防总部指挥所就职，并分马当、湖口、田家镇为三区，建立赣鄂地区炮队。

1938年6月，日军溯江而上，意欲攻下武汉。为了保卫武汉，抵挡日军的攻势，国民政府初步形成了长江中游的防御计划，即以马当为第一道防线，湖口为第二道防线，田家镇为第三道防线，葛店为最后一道防线。曾以鼎坐镇湖口。曾以鼎一方面调集兵力，加强炮台的防守，先后调驻防湖南辰溪一带护卫铁路的陆战队一团、三团来湖口增强防务，为炮台建立起坚固的后盾；另一方面加布水雷，自6月17日至21日，湖口共布下水雷900余枚，不久又加布了300余枚。尽管如此，仍未能抵挡日军的攻势。湖口陷落后，曾以鼎奉令移驻蕲春。

1938年10月25日，武汉失守，国民政府迁都重庆。为了做好重庆的防卫，是年冬，开始实施宜昌阻塞计划。11月，海军成立布雷队，驻泊宜昌的曾以鼎亲自部署布雷事宜。

1939年1月5日，海军总司令陈绍宽向军事委员会呈报抗战有功人员，呈文中写道："……海军少将第二舰队司令曾以鼎，自抗战以来，率舰队、炮队、雷队，先后在江阴及长江一带，担任江防，努力抗战……""陈季良、曾以鼎各记功一次"[1]。

至1939年，中国海军舰艇仅存14艘，大部分分驻于宜昌、巴东、万县、重庆各地，除担任水上防务外，还协助当地防空部队参加对空作战。分别是：第一舰队的"江元""楚观""楚谦"等9艘，由驻泊万县的第一舰队司令陈季良指挥；第二舰队的"永绥""民权"等5艘，由驻泊庙河的第二舰队司令曾以鼎指挥。1945年3月，海军总司令部参谋长兼第一舰队司令陈季良因病出缺，曾以鼎升任海军总司令部参谋长，并于是年6月晋升为海军中将，其第二舰队司令一职由海军闽江江防司令李世甲接任。

1945年8月15日，日本宣布无条件投降。9月10日，国民政府组建全国统一接收委员会，将中国战区划分为16个受降区，曾以鼎负责接收日伪海军。陆军总司令部向冈村宁次下达军字第2号命令，并转饬日本中国方面舰队司令长官福田良三遵照执行，明确要求："（一）日本驻华舰队及越南北纬十六度以北地区（香港除外）暨台湾澎湖列岛，日本舰队之舰船、兵器、器材、一切基地设备，及基地守备队、陆战队暨一切其他附属设备等，兹派中国海军总司令部参谋长海军中将曾以鼎负责统一接收；（二）各海岸及岛屿之基地，仍由中国

---

[1] 国民政府海军总司令部编：《海军大事记》（下卷），殷梦霞、李强选编：《国家图书馆藏民国军事档案文献初编》（第十二册），国家图书馆出版社2009年版，第174页。

各受降主官派兵接替守备。"[1]是年12月，国民政府军事委员会下令撤销海军总司令部，该部业务由军政部海军处接管，并于接管后扩编为海军署，陈诚和周宪章分任正、副署长。陈绍宽辞职回乡。曾以鼎亦随之离职，寓居上海。

上海解放前夕，蒋介石多次派人劝说曾以鼎前往台湾，曾以鼎不为所动，坚决留在上海。1949年4月23日，华东军区海军在江苏泰州白马庙成立后，曾以鼎和郭寿生、金声、陈藻藩、张衍学等人加入华东军区海军司令部研究委员会，并担任主任委员，为华东军区海军首长和领导机关担当顾问。1950年4月14日，中国人民解放军海军领导机关在北京正式成立，海军副政委兼政治部主任刘道生亲自到南京接华东海司研究委员会人员进京，成立海军司令部研究委员会，作为海军首长和领导机关的高级咨询机构，对人民海军的编制体制、军事训练、基地建设、装备发展和在沿海区域作战等提出研究意见或专门报告。同时，还为领导机关团以上干部讲课，介绍国内外海军战术技术知识，以及审编条令、词典和出版外军研究刊物等。曾以鼎等12人选调入京，受到海军首长的热烈欢迎，他仍任主任委员（正军级）。1957年11月2日，曾以鼎因病在北京逝世，享年65岁。为了表彰曾以鼎对人民海军做出的贡献，海军党委追认他为革命烈士，安葬于八宝山烈士公墓。

---

〔1〕苏小东编著：《中华民国海军史事日志（1921.1—1949.9）》，九州图书出版社1999年版，第737页。

王　助

　　王助（1893—1965），字禹朋，生于北平，因庚子之乱，随家人迁居原籍河北省南宫县普济桥村。1908年入烟台海军学堂学习。未及毕业，选派英国留学海军，后转入美国麻省理工学院学习航空，是中国早期出国留学获得航空工程硕士学位的飞机设计师和制造技术专家，参与创建中国第一个正规飞机制造厂——马尾海军飞机工程处，倡议与筹建中美合作的中央杭州飞机制造厂。抗日战争期间，组建中国航空研究院，是中国近代航空工业主要的奠基人之一。美国波音公司首批总工程师。

　　宣统元年八月（1909年10月），载洵、萨镇冰带员赴欧洲考察海军，前一年刚刚进入烟台海军学堂的王助与一批海军学堂学生和青年海军军官被选派留学英国学习海军。1910年，王助进入阿姆斯特朗学院学习机械工程，又进Vickus工厂实习。其同学巴玉藻曾在一次演讲中回顾了他与王助走上航空之路的缘起，他说："我和我的一位同事王助君对于航空很早就感有兴趣。我们从1910年起就在英国学习普通机械，那时飞机的制造还在很幼稚的时期，而一般学机械的美国青年人（应为英国青年人——引者注），很多都羡慕飞行家的生活，我们那时大概也是受了这个环境的影响，所以有闲空的时候都欢喜买一点关于航空的书籍杂志看看。到1912年暑假期间，我们在Vickus厂内做工，听见离我们厂所不远，有一个飞行家名叫Porter的在Winder Were湖上飞行。他所用的飞机是当时的FARMEN式那种，幼稚的制造可由这张相片上得一个大概的印象。不过在那时候这是个何等神秘的东西呵！我们凑了两镑钱跑到那里跟这位Porter飞了一次，这就是我们对于航空发生关系的起点。"[1]就是这样一次看似随意的飞行,决定了王助与航空的不解之缘。

1915年,时任海军总长的刘冠雄建议大总统袁世凯复兴海军,并发展航空事业,遂向美国新伦敦电船公司定造潜水艇若干艘。选派驾驶、轮机官员魏子浩、韩玉衡等12人,以海军造舰总监魏瀚为监督,前往该厂实习,并与该公司议定合同。同时,将已在英国学习造船、造械两科的海军留学生陈藻藩、巴玉藻、王助、王孝丰、曾诒经等13人,由留英海军学生监督施作霖率领前往美国,与魏子浩等会齐入厂实习。凡已毕业于造船、机械专科者,和驾驶、轮机官员魏子浩、韩玉衡、陈藻藩、曾诒经等,均在厂分别实习潜水艇和发动机构造以及鱼雷、驾驶技术。[2]王助与巴玉藻、王孝丰3人对航空极感兴趣,愿意学习飞机,遂于是年9月考入麻省理工学院航空工程学系第二期。麻省理工学院的课程十分繁重,每逢假期,同学都忙于功课,王助和巴玉藻则去工厂实习,实地学习体验航空机械理论的运用。王助对于实习非常认真,从设计、制造到钳工、锻工工艺等,无不深入实际加以揣摩锻炼,而且他常常深入车间,有时钻入烟囱,搞得一身黑灰油垢,体现了一种踏实的实践精神。正是缘于这样的精神和态度,王助和巴玉藻等人仅用9个月时间就修完了全部课程,在1916年6月7日取得航空工程硕士学位。[3]王助还被选为美国自动机工程学会会员。

王助毕业后,正值袁世凯复辟帝制,动荡之际,他们的公费留学款项全无着落,无法立即回国。在这样的窘境中,王助被新创办的美国太平洋飞机公司(波音公司前身)聘为总工程师。麻省理工学院是全美第一个开办航空工程专业的大学,波音公司的两位创始人之一乔治·康拉德·韦斯特维尔特(George Conrad Westervelt)即是该专业的首届毕业生,正是他向另一位创始人威廉·波音(William Boeing)推荐了王助。同年,23岁的王助设计、监造了第一架双座双浮筒双翼的B&W-C型水上飞机,这是波音在20世纪初第一架在商业上取得成功的飞机,也帮助其在第一次世界大战期间获得了美国政府的第一份订单。

---

〔1〕《巴玉藻演讲稿》,福建省政协文史资料研究委员会、福州市马尾区政协编:《福建文史资料》(第十五辑),内部刊物,1986年,第105页。

〔2〕曾诒经:《旧中国海军马尾船政局制造飞机的回忆》,林樱尧主编:《马尾首创中国航空业资料集》,福建省音像出版社2006年版,第10—11页。

〔3〕巴吟轩、巴钟奇:《巴玉藻生平事迹简介》,福建省政协文史资料研究委员会、福州市马尾区政协编:《福建文史资料》(第十五辑),内部刊物,1986年,第97—98页。

美国海军部认为这种飞机性能稳定，并且兼具巡逻艇和教练机的双重功能，一次就订购了50架，为波音公司带来了57.5万美元的收入，奠定了波音公司的经济与技术基础[1]。但在飞机试飞时，美国军方却禁止王助进入现场。面对这种歧视，王助愤然辞职，决定回国投身航空事业报效祖国。

　　1917年11月，王助辞去波音公司的职务，与几位同在美留学、工作的中国人一起回到了中国。王助的同学兼好友巴玉藻后来谈道："我们进厂的时候适好碰到一个很好的机会……所以在1917年的时候我们就觉得，我们可以回去创造起来了。我们建厂计划在这个时期成熟。"[2]同批回国的曾诒经回忆说："当我们1917年底回国时，袁世凯已死，刘冠雄二次上台，我们晋见他时，他痛哭流涕的谈国事，说尽鼓励我们为国效劳的好话……在第一次世界大战正在进行之际，他能看到飞机对于海军复兴的意义，飞机制造与海军有密切关系，还算是有一点远见的。"[3]

　　1917年冬，归国的巴玉藻、王助、曾诒经、王孝丰4人被派遣至福州船政局，举办海军飞潜工程。首先在船政局内建福州海军飞潜学校，开展相关人才教育。1918年1月，我国第一个飞机制造厂——福州船政局飞机制造工程处成立，巴玉藻担任主任，王助、王孝丰、曾诒经担任副主任。工程处成立不久，王孝丰有意从政，投奔安福系而去，实际工作便由巴玉藻、王助、曾诒经3人管理。飞机制造工程处开办初期，在福州船政局原有工人中挑选了四五十人（大部分是木工，次为机工、钳工和油漆工）加以训练。这些工人就是制造飞机的基本人材。随后招收学徒二三十人，每月教以一二小时机械常识、初级算术、使用工具和量具等课程，并加以手工和机工的训练。人员薪资由船政局经费拨给，初期每月1500元左右，后增加至2000元左右，制造飞机所需的设备全部利用船政局现成的设备。另外，在船政局内利用闲置场地和旧有车间，建设了一座飞机仓库（5000元）、一座飞机装配厂（8000元）、一条飞机入水滑

　　〔1〕马遥：《中国近代航空工业主要奠基人之一——王助》，《中国航空报》2018年4月28日，第7版。
　　〔2〕《巴玉藻演讲稿》，福建省政协文史资料研究委员会、福州市马尾区政协编：《福建文史资料》（第十五辑），内部刊物，1986年，第105页。
　　〔3〕曾诒经：《旧中国海军马尾船政局制造飞机的回忆》，林樱尧主编：《马尾首创中国航空业资料集》，福建省音像出版社2006年版，第10—11页。

道（6000元），总计费用19000元，也从船政局经费中拨助。至于建造飞机所需的材料费和外购发动机等费用，则由海军部专门拨给。[1]

飞机制造工程处首先选择的机型为适合海军使用，起降比较容易，对机场要求较低的水上飞机。制造飞机所需的航空发动机、金属材料（如钢丝绳、钢线、钢管、铝板、铝条）、蒙皮（麻布）、涂布油、干酪胶等从国外直接购买。王助等人在极其简陋的条件下，克服重重困难，于1919年8月制造出了我国第一架水上飞机——甲型1号，实现了中国航空工业零的突破。甲型1号的总体设计大致就是王助1916年在美国为波音公司设计的B&W-C型水上飞机，属于单发、双翼、双座、双浮筒的拖进式水上飞机。所谓拖进式，是指飞机起飞时需要依靠船舰拖曳加速，以获得足够的升力起飞。甲型1号飞机翼展13.7米，机身长9.32米，高3.88米，装备1台美国寇蒂斯公司1915年定型的OX5型V8发动机，功率100马力，最大飞行时速126公里，升限3690米，飞行距离340公里。飞机前后座均设有方向盘等操控机构，均能实现驾驶飞行功能，可作为教练机使用。此外，飞机上还可携带4枚手投炸弹，具有一定的轰炸作战能力。当时中国缺乏飞机驾驶人才，后由原广东护法军政府的飞行专家杨仙逸推荐，原护法军政府"援闽粤军飞机队"飞行员华侨蔡司度进行了甲型1号的试飞，结果试飞失败，所幸飞行员并未受伤。[2]1920年5月，飞机制造工程处按照"甲"型的设计，又建造出第二架"甲"型飞机，即甲型2号，并试飞成功。该飞机功能不逊于欧美飞机厂所生产者。至1931年被并入江南造船所之前，飞机工程制造处又先后研制出了"乙""丙""丁""戊""己"等5种机型，连带之前制造的甲型1号、甲型2号，共制造飞机14架（其中部分是将先前建造的飞机报废后，利用原发动机重新制造），虽然受限于制造规模，生产出的飞机总数并不多，但是从各型号的技术性能看，明显有日益精进和偏重军事用途的趋势。

1922年8月，王助与巴玉藻合作，在上海江南造船所设计制造了世界上第一个水上飞机浮动机库——浮坞，成功解决了水上飞机停置和维修的难题。王

---

［1］曾诒经：《旧海军制造飞机处简介》，海军司令部研究委员会：《中国近代海军史参考资料1》，内部刊物，1960年，第116—117页。

［2］同上，第120页。

助等人还在福州海军飞潜学校担任飞机制造教官，培养飞机制造方面的人才。1928年初，王助调任海军总司令部航空处处长。1928年9月，飞机制造工程处转隶海军总司令部，改名为海军制造飞机处，由海军总司令部供给经费，仍设于船政局内，巴玉藻任处长，曾诒经为副处长。1929年6月，巴玉藻因脑中毒身亡，王助接任海军制造飞机处处长一职。1930年，中美联合创办中国第一家航空公司——中国航空公司，王助出任总工程师，参与飞机的修理、革新工作，成绩显著。

1934年，中美合作创办中央杭州飞机制造厂，厂址选在杭州笕桥，王助出任中方代表、总监理。他在任3年期间，中杭厂组装和制造飞机235架，其中，仿制美国诺斯罗普2E全金属轻型轰炸机45架，在抗战初期发挥了巨大的作用。此外，还生产了道格拉斯战斗机30架、轰炸教练机20架。[1]也正是在中杭厂工作期间，王助结识了当时已考取庚子赔款留美公费生，来厂参观实习，实地接触航空工业的钱学森。王助很快发现了钱学森的才华，并毫无保留地教授他各种航空知识。当时，南京国民政府规定，公费留学生出国前，要在国内找导师辅导，王助和清华大学教授王士倬成为钱学森的两位导师。[2]

抗日战争结束后，王助重返中国航空公司，担任主任秘书。1949年，中国航空公司和中央航空公司人员在香港驾机起义，返回大陆。王助没有参加起义，国民党政府任命他为中航公司总经理，并将该公司由香港迁往台湾。王助到台湾后，因无飞机可经营，遂辞去总经理一职。1955年，他应聘台湾成功大学机械系任教授，讲授航空工程，多有著述。

1965年3月4日，王助逝世于台湾台南。1991年，波音公司为纪念王助开创性的贡献，宣布在他任教过的台湾成功大学开办讲座，每年选派专家到成功大学航空所演讲。2005年，波音公司总部的飞航博物馆内设立了一个专门纪念王助的个人展区，波音公司的纪念文告开篇写着：First, and Best。

---

〔1〕马遥：《中国近代航空工业主要奠基人之一——王助》，《中国航空报》2018年4月28日，第7版。

〔2〕魏子乐供稿，刘明沐整理：《波音公司的创办人之一——王助》，南宫市政协文史资料研究委员会编：《南宫文史资料》（第5辑），内部刊物，1995年，第208页。

李世甲

李世甲（1894—1970），又名渚藩、德声，字凯涛，祖籍福建长乐，1894年4月25日（光绪二十年三月二十日）出生于福建福州。烟台海军学校第六届毕业生。

李世甲之父李复礼，继承祖传笔店，以制笔为生，在福州南街魁辅里经营著名的"生花堂"毛笔店。李世甲另有一弟李世申，二人均以出生年份取名。李世甲6岁入塾学习，1905年入私立自治学堂读书。1907年由其父带往上海投考海军，被选入烟台海军学堂，是烟校历史上著名的"八十三万"班的一员。在校期间，李世甲为第六届年龄最小者，但考试成绩却屡屡获得第一名。1911年6月，李世甲从烟台海军学堂毕业，被派往"通济"练习舰见习。辛亥武昌首义，海军易帜，李世甲亦加入革命阵线，随舰参加了光复南京等战役。

1913年1月，李世甲进入海军军官学校进修，12月，以第一名毕业，补海军少尉，派为"海容"舰候补副官，随舰实习。1915年春，李世甲、陈宏泰、俞俊杰、郑耀恭等人，在北京政府海军部派顾问处军事顾问魏瀚带领下，共赴美国公费留学，进入美国新伦敦电船制造厂研习驾驶潜水艇专科，留学期间学习颇为用功，对潜艇构造及潜航技术等均有心得。次年10月，李世甲留学结束回国，派为海军第一舰队司令部差遣员，补海军中尉。不久，被任命为"海容"舰鱼雷副。1917年春，北京政府在帝国主义怂恿下，拟加入协约国，对德、奥宣战，遂由第一舰队司令林葆怿在上海汉口路三号设立办事处，专责与上海海关港务处英人戴乐尔联系，监视德、奥船只，互换情报，李世甲升任海军第一舰队司令部中尉副官，被派在该办事处随办。8月，北京政府加入协约国阵营，对德、奥宣战后，没收了2艘德国浅水炮舰（后改名为"利绥""利捷"）、1艘拖船（后改名"利通"），以及2000吨至10000吨不等的德、奥商轮10艘（后改名为"华甲""华乙""华丙""华丁""华戊""华己""华庚""华辰""华壬""华癸"，由于用人不当，贪污亏损，逐渐被变卖过半，最后只剩下"华甲""华乙""华丙""华癸"4艘，分别改名"华安""普安""靖安""克安"，均编为海军运输舰）[1]，李世甲参与了接收舰船及管理所俘虏德、奥海军官兵及船员水手近300人的工作，补海军上尉。

1917年，俄国爆发十月革命。1918年，俄、德缔结《布列斯特和约》，协约国对此深感不安，14个协约国组织干涉军，镇压俄国革命，进行武装干涉。远东方面亦由各国共同出兵西伯利亚，并以海参崴为集中点。经国务会议议决，北京政府由主张参战最为积极的段祺瑞兼任参战处督办，专任参战事宜。上校舰长林建章擢升为海军代将，率领"海容"舰及边防军1个团赴海参崴，设海军代将处，李世甲以第一舰队上尉副官担任随办委员。其时，中国在海参崴设有总领事馆，这里有2万多华侨，多数是山东籍劳动者，每年春季来此劳动谋生，至快要结冻时入关过年。另有一些华侨久居于此，开店铺，做小买卖，有中华总商会作为商人领导组织，调处华侨之间的纠纷。[2]10月，协约国干涉军组织参谋团西进，李世甲以中国干涉军少校参谋身份随团行动。次年11月，德国投降，签订《凡尔赛和约》，中国干涉军由俄撤兵，海军代将处以"保护侨民"为名仍驻海参崴，李世甲留代将处任随办。

1920年1月，李世甲奉调回国，升任练习舰队少校教练官，驻"通济"练习舰，舰长为陈绍宽。1922年，调任海军部中校副官。是年10月，陈炯明叛变，正在江西的北伐军腹背受敌，奉命退入福建，与闽北镇守使王永泉联合打败了福建督军李厚基。李厚基逃至马尾海军联欢社，被海军马尾造船所所长陈兆锵与练习舰队司令杨敬修扣留，其退却部队亦在大桥头被驻马尾海军缴械。李厚基毕竟系中央委派之地方大员，海军的这一行动震动了北京政府，时任海

---

〔1〕李世甲：《我在旧海军亲历记》，福建省政协文史资料编辑室编：《福建文史资料（选辑）》（第一辑），内部刊物，1962年，第41—42页。

〔2〕严寿华：《我随"海容"舰参加各国联合军在海参崴活动的回忆》，文闻编：《旧中国海军秘档》，中国文史出版社2006年版，第260页。

军总长李鼎新为避免事态扩大，急派以林葆伦为首的调查团赴马尾调查处理，李世甲亦是调查团成员之一。调查团处理完成后即回京复命，李世甲则留在马尾海军警备司令部任中校参谋，后又任参谋处主任。当时，孙中山有感于护法舰队中闽籍势力日益扩大，有失控之势，遂命鲁人温树德、粤人陈策等，联络非闽籍海军官兵，组织夺舰运动。夺舰成功后，所有闽籍海军官兵近千人皆被驱逐北上，北京政府将其中军官委以他任，士兵则收容于1922年设立的马尾警备队中，警备队管带由李世甲兼任。

1923年，李世甲升任海军练习舰队司令部中校参谋，督导操练，纠察军纪。同时，兼代"豫章"驱逐舰、"华乙"运输舰舰长。1924年，直系军阀吴佩孚、齐燮元以皖系军阀卢永祥、何丰林盘踞浙沪，引为心腹之患，吴佩孚乃命福建督军孙传芳由福建攻打浙江，命江苏督军齐燮元攻打淞沪。孙传芳出征时，福建军务帮办王永泉欲趁机取而代之，被孙察觉，派人飞驰问罪，王永泉连夜向闽南逃走。兼海军闽厦警备司令杨树庄接到王永泉逃走的消息后，派李世甲于3月9日率领海军警备一中队和要塞兵两连，驾"吉云"轮驶往乌龙江峡兜正面堵截，并令陆战队一营从鳌头登陆，以抾其背。李世甲驾"吉云"轮赶到峡兜江面时，适逢王永泉由福州撤退的炮兵营正在渡江，李世甲遂予以炮击，不使其渡江，最后在要塞连和陆战队登陆后，俘获炮营官兵200余人，山炮4尊，以及枪械弹药等。9月初，齐卢之战开始，练习舰队司令兼闽厦警备司令部司令杨树庄率闽厦海军舰队和海军陆战队参加淞沪浏河战役，李世甲作为练习舰队中校参谋随同前往。随着战事的进行，卢永祥一方渐显颓势，其舰队司令周兆瑞约杨树庄前往"海筹"舰商谈，李世甲力主前往，并与副官萨师俊、"楚同"舰舰长李孟斌等人乘"湖鹗"鱼雷艇送杨前往。谈判达成初步协议后，李世甲又乘"湖鹗"鱼雷艇前往南京，向海军总司令杜锡珪报告商谈经过情形，并请款5万元，以解决统一问题。10月，战事告终，李世甲升任"楚同"舰舰长，驻防东山。

1926年，国民革命军誓师北伐，何应钦率领第一军入闽。大势所趋，李世甲随海军总司令杨树庄和第一舰队司令陈季良，意欲归附北伐军。是年冬，何应钦率领国民革命军东路军由广东潮汕向福建进军，福建陆军第一师师长张毅部节节败退，由厦门向福州退却，李世甲奉第一舰队司令陈季良电令，率"楚同"舰向闽江口以南海域港湾搜索，凡在海上遇有载运张毅部队及其辎重的船只，一律予以截留。不久，陈季良又电令李世甲开赴乌龙江，助战尾追张毅部的北伐军和海军陆战队，将张毅部歼灭于瓜山地区。之后，海军利用一切可以渡江的工具，引渡国民革命军东路军向福州城区压迫，李世甲则率"楚同"舰驶泊大桥下，炮口朝向福州城内进行警戒，胁迫福宁镇守使兼省防司令李生春向国民革命军投降。经此一役，海军实力亦得以扩充。海军陆战队原有混成旅、独立团、独立营各1个，战后，混成旅下辖4个团，独立团扩充为独立旅，下辖3个步兵团，独立营扩充为第一补充团，并成立第二补充团。另外，还扩编了2个独立团。经此一役，海军倾向革命的态度已十分明显，引起了北京政府的疑虑。陈季良在同李世甲谈及时局时，对于海军的前途，表示"我们这一行动，已与北洋军阀政府翻了脸，今后如不走国民革命军的道路，将何所适从"[1]？

1927年2月，李世甲接海军总司令杨树庄电调，率"楚同"舰由闽驶沪，并将自己与陈季良的商谈情况向杨做了汇报，杨亦表赞同。杨树庄命李世甲率"楚同"舰开赴安庆上游活动，相机行事，去南昌找蒋介石接头。李世甲先到南京，面见第二舰队司令陈绍宽，"陈也认为当前大势已经如此，非干不可，不过要干就大家同时一起干，个别地区或者个别人分开来干，恐怕会给海军带来不利"[2]。之后，李世甲率舰上驶。22日夜半接到陈绍宽来电，令其迅即驶返南京待命。23日晨，到"楚有"舰时，陈绍宽告之以驻泊上海高昌庙的"建威""建康"2舰在共产党组织下，于22日炮轰北洋军，发动武装起义。至此，北洋军阀对海军已是高度警惕，而海军也急需做出是否易帜的决定，否则就会陷入被动之中。陈绍宽遂派李世甲赴沪请示杨树庄下一步行动。28日，杨树庄令原泊黄浦江的所部10余艘舰艇全部集中于吴淞口，后又令各舰集中于鸭窝沙驻泊。3月初，在杨树庄主持下，于"海筹"舰上召开军事会议。其时，陈绍宽亦统率驻宁全部舰艇到达，与会人员一致赞同海军易帜，归附国民革命军。3月10日，杨树庄命陈绍宽以"海容"舰为旗舰，率"海筹""应瑞""永

---

〔1〕李世甲：《我在旧海军亲历记》，福建省政协文史资料编辑室编：《福建文史资料（选辑）》（第一辑），内部刊物，1962年，第62页。

〔2〕同上，第62页。

"健""建康"等舰担任吴淞口至江阴水域的防务;命李世甲率"楚同"舰与"楚谦""楚有"等舰,以"楚谦"舰舰长杨庆贞为总指挥,溯江上驶,冒险通过北洋军阀控制的吴淞、江阴、镇江、南京等要塞,赴九江与国民革命军总司令蒋介石接洽。3月13日,3舰驶抵九江,并电告杨树庄。14日,杨树庄率领各舰队司令及全体海军官兵通电归附国民革命军,并通令各舰艇易帜,由五色旗换为青天白日旗,杨树庄就任国民革命军海军总司令。

3月23日,杨树庄命令驻九江的长江上游海军总指挥杨庆贞,留"楚同"舰听候蒋介石遣用,速率"楚谦""楚泰"东下攻打南京。当晚,国民革命军克复南京。同日,蒋介石乘坐李世甲的"楚同"舰顺江而下,期间曾在安庆上岸参加光复安庆庆祝大会。24日,英舰"绿宝石"号和2艘美舰炮击南京城内国民革命军炮台,干涉革命。25日中午,蒋介石抵达下关,在"楚同"舰召程潜、何应钦、李宗仁、白崇禧等人商讨战局,于当晚7时即命李世甲指挥"楚同"舰载送他去上海。李世甲在孙传芳军与国民革命军于两岸严密布防、不时交火的危险形势下,驱舰猛冲疾驶,于26日抵达上海。不久之后,蒋介石即在上海发动了四一二反革命政变。

4月,杨树庄在南京设立海军办事处,派其表弟、海军中校陈可潜为办事处主任,同时调李世甲去南京国民革命军总司令部任联络参谋,专门与蒋介石联系海军配合国民革命军继续北伐的有关事宜。凡海军的煤炭、枪弹及粮饷等,都由他接洽交办。"楚同"舰舰长一职交罗致通代理。蒋介石对李世甲颇为赏识,委任他为总司令部参议。5月,李世甲加入国民党。8月,蒋介石下野,李世甲返回"楚同"舰仍任舰长,参加了攻打孙传芳的龙潭战役,粉碎了孙传芳的渡江计划,稳定了南京政权。10月,李世甲率"楚同"舰与"永绩"舰作为前锋,参加了第一次西征唐生智之役。1928年2月,李世甲升任"通济"练习舰舰长,补海军上校。4月,被选为海军国民党特别党部执委。

1929年6月,国民政府成立海军部,部长杨树庄,政务次长陈绍宽,常务次长陈季良,李世甲则升任海军部总务司司长,叙少将,兼海军江南造船所监造官。海军部成立伊始,舰船装备很弱,李世甲自言:"从1911年至1928年前后17年期间,没有新造一艘新型的舰艇,全部海军排水量的总和仅3万多吨,比不上帝国主义一艘战斗舰的吨位……经过前后8年的努力,1928年至1936

年，海军部一共改装了13艘舰艇，建造了7艘军舰和10艘炮艇，同时添购了一些军械和军火……再加收回的中山舰一艘，排水量总和为二万几千吨，闽系海军由原有3万多吨，一跃而增加至五万几千吨，力量大大加强。"[1]但是，在这个过程中，兼任监造官的李世甲也引发了一些争议，比如1931年选择日本播磨造船厂代造"宁海"舰一事。"宁海"舰乃海军部计划向外国订造的3000吨级轻型巡洋舰，本打算让英商承包制造，后日方也主动招揽此项工程，旋以日方的造舰时间短、价格低、条件宽，并且声称设计方案、技术要求将完全与日本海军相同。经过李世甲先后三次赴日考察，最终签订合同。"宁海"舰建造期间，九一八事变爆发，又因李世甲携同赴日考察的海军部顾问李择一后来成为汉奸，"国内舆论哗然，海军界人士啧有烦言……海军界一些青年军官，对于向敌国造舰极为不满，写威胁信、寄匕首和向小报透露，谴责李世甲以至王致光（舰装设计监造官——引者注）等人"[2]。

1932年1月，陈绍宽接替杨树庄任海军部长，李世甲以总务司长兼代海军部常务次长。一·二八事变骤起，第十九路军奋起抵抗，李世甲奉行蒋介石的不抵抗政策以及与日本海军维持"友谊"的命令，竟与日军司令野村海军中将同坐汽车参观各处战壕。2月初，江南造船所的哨兵为自卫，击毙日本商船船长福田，日本海军第一舰队司令官盐泽蛮横提出惩凶、道歉、赔偿、限二十四小时内答复等强硬要求。李世甲在上海秘密会晤日本海军武官北岗大佐，委曲求全，社会舆论哗然，纷纷指摘他为亲日分子。

1933年2月，李世甲兼任海军军械处处长。此机构系由原海军军械所升格而来，下设修造、检验、兵器三课，统管各地之修械所和弹药库。1934年1月，李世甲调任海军马尾要港司令，兼福建省政府委员及海军陆战队第一独立旅旅长，同年12月，调任海军陆战队第二独立旅旅长。在马尾之海军学校、海军造船所、海军陆战队讲武堂、海军练营、海军医院、海军修械所、海军监狱，以及海军陆战队第一、第二两个独立旅，长门要塞，海军陆战队补充营

---

[1]李世甲：《海军部成立以后的一些情况》，万建清、孙甫主编：《文史资料存稿选编　军事机构》（上），中国文史出版社2002年版，第300—301页。

[2]曾国晟：《海军大学风潮见闻》，文闻编：《旧中国海军秘档》，中国文史出版社2006年版，第221页。

等，均归其节制指挥。次年，海军部长陈绍宽于马尾创办海军学校，派李世甲兼教育长。时值日本帝国主义步步侵略我国之际，李世甲却向日本海军省接洽聘请2名教官，来讲授军事学和国际公法，引起一部分舰长的强烈反对，拒绝入学。社会上对李世甲的指责也相当激烈，但他却受到国民政府的安抚，于9月被正式补叙为海军少将。

1937年4月，英王乔治六世加冕，国民政府派代表团前往英伦观礼，以财政部长孔祥熙为特使兼团长，海军部长陈绍宽为副使。临行前，李世甲由闽赴沪为陈绍宽送行，陈密告李世甲，参加完加冕礼后，即前往德国购买潜水艇6艘和潜水艇母舰1艘。成约之日即电告李，并要求他接电48小时内飞伦敦转柏林接收，成立中国海军潜水艇部队，短期内将留在国外训练，此次随行人员即为首批潜艇备员。后因卢沟桥事变爆发，及至中德绝交，此项计划即随着形势急转而告终。

全面抗战开始后，李世甲改变亲日姿态，投身抗日战争。1937年8月中旬，他着手设计闽江口阻塞线，并亲自督饬施工。各港口阻塞线工程前后施工26个月，直到1939年冬方告完成。在打造阻塞线的同时，李世甲命"抚宁""正宁""肃宁"三炮艇担任各港口巡防任务，并着马尾造船所制造小雷400具，组织布雷队，以海军中校陈秉清为队长，在各阻塞线外沿敷布水雷，加强封锁。另指定长门阻塞线外的熨斗岛水域为各国通商轮船寄泊场所，所有卸载货物的货船，均由中方引水人员接送通过阻塞线和雷区。李世甲预估日军如进犯福州，其主力必定从连江登陆，因此，将海军陆战队第二独立旅第四团的主力部署在长门要塞右侧翼的下岐和东岸，以一部分兵力扼守琅岐岛，加强对长门要塞南岸烟金炮台侧后的防卫，第四团团部设在下岐，第二独立旅司令部仍在马尾。李世甲还在闽北地区寻找合适地点，疏散非战斗序列的机关、人员和物资，以避免无谓牺牲。令海军学校迁至鼓山上课（后奉海军部令先后迁往湖南湘潭、贵州桐梓）；海军陆战队讲武堂提前结训；马尾造船所、马尾修械所、海军火药库等各单位的物资，也陆续疏散。[1]

---

〔1〕李世甲：《我在旧海军亲历记（续）》，福建省政协文史资料研究委员会编：《福建文史资料》（第八辑），福建人民出版社1984年版，第27—29页。

1941年4月19日，日本海陆空军分两路进犯福州，李世甲率驻闽海军部队扼守马长地区，与敌战斗，周旋三月，伤亡颇多。福州陷落后，马长地区孤立无援，李奉令弃守，转至鼓岭地区，被敌围困两昼夜，最后奉命突围至南平。5月，海军总司令部电令撤销海军马尾要港司令部，委任李世甲为海军闽江江防司令，仍兼陆战队第二独立旅旅长。9月1日，福州之敌开始撤退，李世甲率队星夜向福州推进，3日，率特务排首先入城，当晚，陆战队到达马尾，闽江江防司令部随即移设马尾。

1944年9月，日军再度进犯福州，李世甲率部抗敌，在长门至岭头之间作战七昼夜，直至大北岭陆军主阵地被敌攻破才奉令撤退，布防桐口、白沙一带，与敌相持9个月之久，大小战斗数十次，互有伤亡。1945年4月，李世甲调任第二舰队司令，所遗闽江江防司令一缺由海军第三布雷总队总队长刘德浦接任。第二舰队当时驻防川江，而西犯之敌已占领贵州独山、都匀，其处交通已被阻断，因此，李调任之事经月未能成行。5月，福州敌军有撤退迹象，陈绍宽令李世甲再率海军陆战队第四团收复马长地区。李世甲与刘德浦配合，于5月18日收复福州，继而收复马尾、长门地区，仍与川石岛之敌相对峙。当日，福州市政筹备处召开庆祝会，有盟军参加。李世甲在会上用英语发言，并言要打到东京与盟军会师，在座中外人士报以热烈掌声。[1]

1945年8月15日，日本无条件投降。仅数日后，海军总司令陈绍宽即电令李世甲兼任接收厦门日本海军专员。李世甲原计划由集美渡高崎入厦门，不想，26日到达集美时，福建省政府主席刘建绪所派的一个省保安团已先行集结于此，准备接收厦门。接收活动遂陷入僵局，李世甲被迫拖延一个月之久，仍然不得解决之法。9月10日，国民政府组建全国统一接收委员会，以何应钦为主任委员，海军方面，则由海军总司令部参谋长曾以鼎负责接收日伪海军。曾以鼎派已任厦门要港司令的原闽江江防司令刘德浦，协助李世甲办理厦门的接收事宜。9月24日，刘德浦率上校参谋长郑沅、少校副官刘景篁和李择一等随员，自上海飞抵厦门，向刘建绪通报其奉命来厦经过及李世甲率陆战队渡海之

---

〔1〕陈一卒：《李世甲事略》，福建省长乐县政协文史资料工作组编：《长乐文史资料》（第3辑），内部刊物，1987年，第46页。

决定，并表示接收范围仅限于原海军厦门要港司令部、海军厦门要塞、海军飞机场、海军厦门造船所、海军医院和海军电台等机构。10月3日，海军在厦门鼓浪屿海滨饭店举行受降仪式，中方受降官员为李世甲、刘德浦及其参谋长、副官等人，日方代表为驻厦日军最高指挥官原田清一及其参谋长等5人。受降仪式后，李世甲即被海军总司令部派为接收台湾日本海军专员，厦门的接收工作和遣返日俘事宜由刘德浦继续办理。

李世甲回到福州后，即以第二舰队司令部的名义，登报通知所有离职的原海军人员回军服役，即少数逃亡分子，亦既往不咎。经甄别审查，共批准录用200余人。[1]这些人即为李世甲补充的接收台湾日本海军机构的主要人员。10月中旬，陈仪被任命为台湾行政长官公署长官，统一领导接收台湾工作。陈仪由重庆来电指示，要求李世甲率部于10月20日前到达台湾。其时，李世甲所倚赴台交通工具仅1艘"海平"炮艇。此艇原系香港海关的缉私艇，排水量200吨，香港沦陷时被日本夺去改为炮艇，此时已归还中国。艇上各类人员仍以日本海军员兵充任，唯艇长由中方海军上尉叶水源暂代。10月18日上午8时，李世甲率彭瀛、陈秉清、严寿华等海军官员和几个书记、译电员、电讯员（带有2架电台）乘"海平"炮艇由马尾赴台。此前，部分海军人员（每人发给1套临时订制的陆军制服）及海军陆战队1个团的800人，由陆战队团长戴锡余率领，乘坐另雇的大帆船前往台湾。帆船队虽先期出发，但因气候不佳和船速缓慢，到台湾时比"海平"炮艇迟了许多天。[2]

10月19日晚，"海平"艇抵达基隆，李世甲等人翌日晨进入台北，设海军第二舰队司令部于台北教育公会堂，并命令日本海军驻台湾司令长官福岛中将，即造具投降官兵花名册及舰艇、炮械、弹药、财产、物资、档案、图表、机密文件等清册各3份，听候点收。另外，禁止其对外通信，严令限期扫清战争时期在台湾海峡和各港口所布水雷。[3]10月24日，陈仪抵达台北。10月25日

〔1〕李世甲：《我在旧海军亲历记（续）》，福建省政协文史资料研究委员会编：《福建文史资料》（第八辑），福建人民出版社1984年版，第42页。

〔2〕严寿华：《抗战胜利后接收台湾日本海军的经过》，福建省政协文史资料研究委员会编：《福建文史资料》（第十一辑），内部刊物，1985年，第66页。

〔3〕李世甲：《我在旧海军亲历记（续）》，福建省政协文史资料研究委员会编：《福建文史资料》（第八辑），福建人民出版社1984年版，第42—43页。

上午9时^[1]，中国战区台湾省受降仪式在台北公会堂（后改称中山堂）举行。李世甲感言："被日本帝国主义霸占和奴役了五十年的台湾，就在这一天正式宣告归还祖国的怀抱，当时台湾人民欢乐的情景，真非笔墨所能形容。"参加受降仪式的中方人员有陈仪、葛敬恩（台湾行政长官公署秘书长）、柯远芬（台湾警备总司令部参谋长）、陈孔达（陆军七十军军长）、张廷孟（南京地区空军司令）、李世甲、黄华国（陆军一〇七师师长）、林某（台北地区空军司令）、范颂尧（台湾警备总司令部副参谋长）；日方投降代表为以台湾总督安藤利吉大将为首的5个日本陆海空军将领。^[2]受降仪式后，李世甲令彭瀛驻台北，为台北地区接收日本海军的负责人，并设海军基隆港口办事处，以海军上校参谋严寿华为处长，负责接收驻在基隆的日本海军。11月初，李世甲率部接收马公、左营两港，所有日本海军官兵均送入战俘营，等待遣返。是月，海军总司令部任命其为台澎要港司令，司令部设在左营，内设参谋、副官、秘书、舰械、港务、军需、军法等处和无线电台、特务排等。司令部下辖台北、基隆、马公3个办事处和马公造船所。台澎要港司令部是台湾光复后中国在台澎地区正式设立的第一个海军机构。

1945年12月，国民政府改组军事机构，裁撤海军总司令部，在军政部下设海军处，军政部长陈诚自兼处长，还动用武力接管了海军部。海军总司令陈绍宽被迫去职，李世甲深感海军处境窘困，遂于1946年4月，全部日海军俘虏遣返完毕后，向陈诚提出辞职。陈诚接受了辞呈，派高如峰为接收专员，并下令撤销台澎要港司令部。李世甲交接完毕后，于6月1日离台返回福州，不久转赴上海休养。

李世甲卸却海军本职后，只挂名福建省政府委员。1948年，他出任福州市粮食配购审核委员会主任委员、省"戡乱建国动员委员会"委员、省经济管制

---

〔1〕此乃李世甲回忆所提供的时间（李世甲：《我在旧海军亲历记（续）》，福建省政协文史资料研究委员会编：《福建文史资料》（第八辑），福建人民出版社1984年版，第43页），另有严寿华所回忆之"上午10时"（见严寿华：《抗战胜利后接收台湾日本海军的经过》，福建省政协文史资料研究委员会编：《福建文史资料》（第十一辑），内部刊物，1985年，第69页）。

〔2〕李世甲：《我在旧海军亲历记（续）》，福建省政协文史资料研究委员会编：《福建文史资料》（第八辑），福建人民出版社1984年版，第43页。

督导委员会秘书长。在福建省政府主席刘建绪申请辞职去厦门期间，李世甲还曾被推举代理省主席职务。1949年8月初，李世甲赴厦门，让妻小先渡海去台湾。不久得知人民解放军已迫近福州，海军前辈萨镇冰、陈绍宽等皆拥护共产党，拒去台湾，留在福州迎接解放，并获悉长子李作健在沪策动海军之事已泄露，被台湾电令指名追捕等内情，李世甲意识到自己去台定无出路，遂于8月15日返回福州，等待解放。

1951年，李世甲被判管制4年。1956年，李世甲被安排为福建省政协委员，任省政协台湾工作组组员兼秘书，并加入了中国国民党革命委员会。1970年4月11日，李世甲去世。1979年，福建省政协和民革召开追悼大会，肯定了他新中国成立以来的进步和贡献。

萨师俊

　　萨师俊（1895—1938），字翼仲，福建闽侯人。烟台海军学校第八届毕业生。1938年10月24日，作为"中山"舰中校舰长，萨师俊率舰在武昌金口镇附近水域执行任务时，遭日军空袭，在战斗中以身殉国，壮烈牺牲，是抗战中牺牲的军衔最高的海军军官[1]。南京国民政府追赠其为海军上校。2014年9月，民政部公布第一批300名著名抗日英烈和英雄群体名录，萨师俊名列其中。

　　萨师俊出身闽侯望族——雁门萨氏家族，系海军名宿萨镇冰的侄孙。其父萨君谦与妻罗氏育有三子，萨师俊排行第二。他幼聪颖，性倔强。少时尝苦练骑射，几番落马摔得体无完肤，却不停练，言："既习矣，习必有成！"及长，卓有大志，沿袭叔公萨镇冰爱国、爱海军的热忱，立誓报效内忧外患的祖国。他对兄长萨师同、弟弟萨本炘说："强国莫急于海防，忠勇莫大于卫国，我兄弟宜习海军，亦我民族武德之传统也。"在他的影响下，三兄弟中学毕业后分别考入江南水师学堂、烟台海军学校、福州海军学校。[2]

　　1913年7月，萨师俊从烟台海军学校毕业，此后的7年多，他在各级司令部机关担任副官。他先后担任北京政府海军第二舰队司令处正副官、练习舰队司令处副官。1923年1月，升任练习舰队司令的杨树庄，统辖驻闽海军各部，受命经略福建沿海。杨树庄带领练习舰队相继夺取了东山、厦门、金门

---

　　〔1〕抗战中牺牲的海军军官，最高军衔为中校，有两位：一位是电雷学校总教官马步祥中校，烟台海军学校第十五届毕业生，1937年11月13日，在带领"史181"艇越过封锁线，前往吴淞口夜袭敌舰的战斗中阵亡，后被南京国民政府追赠为海军上校；另一位是"中山"舰舰长萨师俊中校。两位抗日英烈均出自烟台海军学校。

　　〔2〕钟兆云：《中山舰最后一任舰长萨师俊》，《百年潮》2006年第1期，第50页。

等地。5月，在马尾设立了闽厦海军警备司令部，杨树庄自兼警备司令，海军割据福建沿海遂告完成。1925年6月，萨师俊又调任闽厦海军警备司令部副官处处长。

1930年5月，萨师俊担任"公胜"炮艇艇长，开始了他的海军舰艇长生涯。"公胜"炮艇原是1911年由扬子机器公司建造的轮船。其前身为汉冶萍公司所属"萍"字号浅水轮船之一，北洋政府时期被军阀征用后改为炮船，南京政府海军接收后改名改装为"公胜"号炮艇，1928年6月编入第二舰队，1930年拨归海军巡防队为巡逻艇，不久又与海军测量队的"青天"号测量舰互调，且名字互换，"公胜"号变为"青天"号。"公胜"艇为钢质双桅设计，排水量280吨，艇长36.57米，宽6.4米，舱深3.04米，船首吃水2.31米，船尾吃水2.43米，功率400马力，正常航速8节，最快航速12节。武备为装置在舰首甲板上的37毫米口径哈乞开司机关炮1门，另有位于甲板室顶部甲板后方的7.9毫米口径马克沁机关枪2挺。萨师俊在"公胜"炮艇及改名后的"青天"测量舰担任艇长、舰长近1年时间。此后，又在1931年4月、1931年7月、1932年8月先后担任"顺胜""威胜"炮艇艇长、"楚泰"舰舰长。期间，还在国民政府海军第一舰队担任过近1年的参谋。

不论是在舰艇任职，还是在岸上工作，萨师俊对于自己所处岗位和肩负职责，从无丝毫敷衍，始终勤勉务实、一丝不苟。1937年5月开始在"中山"舰见习的何博元回忆道："萨舰长最爱清洁和整齐……要是谁服装或是房间欠整洁，不论官员士兵，他都是不客气地责备。他自己的服装总是穿得挺直，我没有见过他不穿外衣离开大官厅到甲板上来散步，这无形中增加了他的尊严，甲板或是油漆上有一点不干净，他看到便立即要值更吏令人洗去，甚至于刮去刨去或重新油漆过，因此他的公费格外开销得大。他还有过人的精细，往往在我们离开舱面不久后，他会叫值更吏或梯童，下来请我们上去，告诉我们某个Scuttle有东西伸出来，或是某处栏杆上有东西挂着，要我们去查办，因此我们格外地留心，以免再有同样的事发生。"[1]他持身刚正，不染恶习，刻苦钻研

〔1〕何博元：《萨舰长的船》，《海军建设月刊》第二卷第一期，1941年4月15日，第95—96页。

技术，常说："服役海军，必勤奋忠勇，力争上游。"他治军严明，恩威并重，士兵有疾，必致慰问，遇急辄解囊相济；平时则以"明生死、知荣辱、负责任、守纪律"与所部官兵共勉，因此深得军心，部下甚为拥戴。出身海军世家的萨师俊，海军知识丰富，技术精湛，表现出色，颇得上司赏识，也受到下属的衷心佩服。任"顺胜"炮艇艇长时，曾率该艇由上海驶往福建，开内河炮艇航海巡弋海疆之先例。何博元敬佩地说："内河航行因水流冲积泥沙，航道时时变更，只有常常航行的领江知道，但大致说来，一年中也只不过一次二次。萨舰长从不倚赖领江，他对于每个灯桩或灯船的所在距离和方位，都不限定看图就能够指出，领江只不过他的顾问。"[1]不少同事皆称萨师俊有古名将之风，将来必可获英国海军名将纳尔逊之殊勋。萨师俊则说："吾唯勉尽责任而已，任之所在，生死以之，吾何敢望纳尔逊之勋猷，但愿效纳尔逊之殉职耳！"[2]

1935年2月16日，萨师俊由"楚泰"舰调任代理"中山"舰，成为"中山"舰第14任舰长。"中山"炮舰，原名"永丰"，与"永翔"舰为同一级别，同为1910年载洵、萨镇冰赴日考察海军时所购造。"永丰"由三菱长崎造船所建造，"永翔"由川崎神户造船所建造。该舰排水量780吨，长65.8米，宽9米，吃水2.4米，功率1350马力，航速13.5节。舰上设有无线电收发报设备。其武备为前主炮1门——100毫米口径阿姆斯特朗速射炮，尾炮1门——75毫米口径阿姆斯特朗速射炮，舷侧炮4门——47毫米口径哈乞开司机关炮，飞桥甲板两翼炮2门——37毫米口径维克斯机关炮，此外，在后望台配置7.9毫米口径机关枪2挺。

1936年1月17日，萨师俊被正式任命为"中山"舰中校舰长。次年7月，全面抗战爆发。淞沪会战中，"中山"舰奉令奔驰于宁沪之间，力筹防御。萨师俊还奉派参加了国民政府军事委员会在庐山举办的暑期训练班第2期。淞沪战役期间，萨师俊的侄子萨支源（又名澧泉，后因萨师俊婚后无出，其兄师同以子嗣之）于沪江大学肄业，愤日军之强横，痛国势之危急，一心想从军抗日报国。适逢国民政府招考飞行员，遂思投身航校，杀敌报国。萨师俊对侄子的

---

〔1〕何博元：《萨舰长的船》，《海军建设月刊》第二卷第一期，1941年4月15日，第95页。
〔2〕钟兆云：《中山舰最后一任舰长萨师俊》，《百年潮》2006年第1期，第50页。

选择大为赞赏，他对同在海军服役的友人黄恭威说："际此强敌压境，国家民族正在危急存亡之秋，凡属国民，均有荷戈卫国之责，故澧泉之投效航空，予曾励其志，而赞其行，不以私情误国事，倘此时人人存贪生怕死之心，则抗战前途，安有胜利之望？"黄恭威闻之感慨："其忠勇之气概，固足为家庭表率，尤可为军人模范也！"[1]

淞沪会战后，上海、南京相继沦陷。日军重兵压境，直指当时中国的抗战中心、国民政府的临时首都武汉。1938年1月1日，应战时之需，海军部暂行裁撤，改设海军总司令部，萨师俊任海军总司令部第一舰队"中山"炮舰二等中校舰长。是年2月1日，海军总司令部正式成立，隶属军事委员会，仍由前海军部长陈绍宽为海军总司令。除舰长一职外，萨师俊兼任海军（岳州）特务队队长。海军特务队是抗战期间成立的海军临时部队。1937年8月以后，由于打造江阴阻塞线，海军多艘舰艇先后沉堵在长江航道之中。除了在战斗中牺牲的舰上员兵，还有千余人离开了自己的舰艇。他们由前线经南京、大通前往岳阳，暂住岳州中学等待重新编队。1938年2月1日，海军总司令部组织这批员兵成立了海军特务队，任命萨师俊兼任队长，原"平海"舰枪炮官姚玙任副队长。队伍成立后，加紧训练，以备战时补充之用。5月，海军特务队由岳阳移驻湘潭，所有残废官兵分批送马尾海军抗战士兵休养所疗养，留队训练的员兵，陆续派补各舰艇及各区炮队缺额，队务遂暂告结束。

6月12日，日军占领安庆，武汉保卫战打响。为了阻止日本海军舰队溯江而上攻打武汉，海军开始撤入内河，承担设置水雷、封锁航道等任务。在利用马当、湖口、九江、田家镇、葛店等要塞雷区、炮台及阵地节节抗敌的同时，海军将"永绩""中山""江元""江贞""楚观""楚谦""楚同""民生"等舰艇派往金口、新堤、岳阳、长沙等地，以固后方。这些舰艇除了担负武汉防御任务以外，还承担军事委员会的运输工作。7月20日，日机30余架侵犯岳阳，图谋炸毁泊于此处的海军各舰。一时间，弹如雨下，海军各舰高射炮集合迎击，战斗持续数十分钟后，日机飞离战场。当晚，萨师俊与友人谈及白天的战事，

---

〔1〕黄恭威：《中山舰萨舰长师俊事略及抗战殉难之经过》，国民政府海军总司令部编译处：《海军抗战事迹汇编》，1941年，第254页。

慷慨放言："国难至此，军人以身许国，遗嘱已立，生死祸福置之度外，此后，惟有以一腔热血，与暴敌相周旋。"[1]

1938年8月，海军总司令部由岳阳迁往湘阴。为了避免舰艇过于集中，遇敌机轰炸造成更大损失，各舰亦奉令疏散，分防各处。10月5日，"中山"舰由岳阳开往武汉外围，担任金口至新堤一带沿江警戒，以保证武汉军民物资的安全转移，期间也往返于岳阳、湘阴等地从事布雷工作。此时，"中山"舰的武备情况也有所变化。江阴大战之后，为了在长江两岸架设炮台，以备阻击敌舰，军委会要求海军各舰拆卸火炮。"中山"舰共拆下100毫米口径前主炮1门、75毫米口径尾炮1门、47毫米口径舷侧炮4门，在舰首原主炮位置安装了瑞士制瓯立肯20毫米机关炮1门，防空火力受到较大影响。另外，"中山"舰还装备有大小舢板3艘。1938年10月下旬，武汉保卫战进入最后关头。日军为扫清武汉周围中国军队的抵抗力量，疏通长江航线，特别是为避免中国海军在武汉上游敷布水雷，不断派出飞机对金口以上、城陵矶以下实施搜索和轰炸。当时上级有意以鄱阳湖警备司令之职调萨师俊离舰，萨师俊力辞不就。他向友人坦露心迹："不是有人说我每次战事都在岸上供差，若就了这警备司令，不又在岸上吗？我觉得以前都是内战，在岸上、在船上，都算不了一回事；这次是神圣的对日抗战，我还到岸上去躲避吗？再大些的官儿我也决定不就，免得有人议论我怕死取巧。"[2]

1938年10月22日，"中山"舰奉令驻泊金口。金口因位于金水河与长江交汇口而得名，地处水陆交通枢纽，两岸槐山与大军山夹江对峙，地势险要，是武汉西面的重要门户。自23日起，因敌机屡屡过境，萨师俊要求全舰实行全天防空戒备，并组织全舰官兵开展了各项战备演练活动。舰上士兵分作两班轮流守候炮位，同时将全舰吃水线下舱盖及天窗、圆窗等保险盖——关闭、旋紧。其他救火、救护、堵漏等各项应急措施也都相继准备就绪。当天下午5时左右，哨兵突然发现空中有6架敌机自东边飞来，当即发出战斗警报，全舰进入紧急

---

[1] 黄恭威：《中山舰萨舰长师俊事略及抗战殉难之经过》，国民政府海军总司令部编译处：《海军抗战事迹汇编》，1941年，第255页。

[2] 拱：《萨舰长殉国前夕谈话回忆录》，《整建月刊》第一卷第一期，1940年4月15日，第106页。

战斗状态。日机临近金口上空后，开始俯冲投弹，中山舰当即开炮还击，日机投弹7枚后离去。当天，敌机以停泊在金口港湾内的煤炭运输船只为主要轰炸目标，因此其他舰船均未遭到大规模轰炸。24日清晨，"中山"舰由金水河口移锚至赤矶山附近江边。因水流湍急，后改移锚至金口镇上游约一里之处。上午9时10分左右，"中山"舰上空突然发现1架日军侦察机，遂以高射机关炮射击，日机盘旋数圈后离去。11时许，9架日机编成3队，从不同方向飞来，会合于"中山"舰上空盘旋，盘旋逗留约5分钟后离开。

下午时分，海军总司令部电告"中山"舰：俟"平海"号汽艇到金口时，即拖其上驶，一起开往监利。同时告知该舰，将由"楚同"号军舰运送2门高射炮，增援中山舰的防空火力。萨师俊当即决定移锚进口，遂命令补足油水，并派汽艇赶赴金口镇购置干菜，以供官兵途中食用。15时15分，就在"中山"舰调转船头准备驶向金口时，6架双翼式日机突然出现在舰首右前方，萨师俊随即发出防空警报，全舰人员完成战斗准备。"中山"舰顺流而下，已驶抵金水河河口附近。敌机飞临"中山"舰上空后，变为一字鱼贯式轰炸机队形，轮番向该舰投弹攻击。萨师俊一面下令舰艇蛇行规避，一面令全舰炮火一起向敌机射击。不料，舰首之瓯立肯高射炮发出3弹后，舷侧之维克斯机关炮发出2弹后，均发生故障，虽经紧急抢修却毫无效果，舰尾的高射炮又因桅杆阻挡，无法向舰首上空的敌机射击，只能以机关枪射击。本来防空火力就受到削弱的"中山"舰，因为突如其来的火炮故障进一步遭遇被动。此消彼长之间，日机利用舰首前方空档向"中山"舰俯冲投弹。第一弹落在舰尾左舷水中爆炸，官员舱水线下铁板破裂进水，导致舵机损坏，无线电房配电板震碎。同时，由于军舰后部电灯震灭，运送弹药全靠油灯和手电筒照明。第二弹落在右舷水中爆炸，前锅炉舱右侧水线下铁板破裂，进水态势甚为凶猛，虽堵漏但效果不佳。同时，锅炉舱、机器舱的电灯均被震灭，小火轮吊杆及手摇水龙头均被破坏。第三弹落在右舷水中爆炸，因离舰体较远，未能造成伤害。第四弹落于左舷水中爆炸，后锅炉舱左侧水线下铁板破裂进水，堵漏无效，锅炉很快被江水淹熄，不能正常供汽。此时，舰体开始向左倾斜。第五弹落在舰首海图室右甲板，前望台右机关炮被打翻。海图室、舵房均被炸起火，军舰逐渐失去控制。萨师俊当时正在驾驶台，不幸被弹片击中，两腿被弹片炸断，左臂受伤，遍体血肉模糊。根据枪炮官陈夔益的回忆："他到达驾驶台时，只见萨舰长一人斜坐于舵机前塌倒之沙袋上，遂问'舰长怎么样呀？'萨舰长摇手示之。陈夔益又安慰说：'舰长，不要紧！'说完即亲转舵机。但因舵机房舵机连接杆等均已炸毁，无法转动。他再次安慰萨舰长说：'不要紧，我去舰尾转硬舵去。'当他离驾驶台下梯转身时，日机所投第七、八两弹接连落于右舷舰侧水中，其食指被弹片炸去一半。他下梯后即大喊：'舰长在望台受伤，速去救至安全地点。'自己则赴硬舵处驾驶。管舱的簿记中士陈恒善听到喊声，当即登上驾驶台，救护萨舰长至左舷甲板。当时，航海员魏行健及站立于前舱门口之三位头目正放松1、3号舢板。官兵们要送舰长下舢板，但萨舰长口令云：'我舰长不能先离舰，非要等到全舰官兵全离后方可离舰，否则对不住海军部长！'萨舰长因流血过多，加之官兵们以'舰长重伤，自然例外'相劝，遂由管舱陈恒善抱扶至3号舢板。其余凡在舰之前部、中部舱面官兵（多为受伤者）均下至舢板，其中，1号舢板由航海员魏行健率领，并亲荡左头桨。舢板离舰时，日机继续投弹4枚，舰之左右均被命中。"[1]两艘满载受伤官兵的舢板离舰后，日机忽然又俯冲下来，以机枪对着舢板密集扫射，萨师俊中弹壮烈牺牲。舢板上其他受伤官兵也大多殉难。敌机接着在"中山"舰上空盘旋一圈，方整队离开。"中山"舰副长吕叔奋代理舰长职务坚持指挥作战。无奈该舰此时已呈40余度倾斜，且动力全失，吕叔奋不得不下令舰上官兵准备木板，弃舰逃生。就在这个时候，赴金口镇购买干菜的小汽艇及时赶到，于是赶紧召唤两岸附近的民船前来救援。此时，"中山"舰舱面已无法行走，舰上人员只能攀缘而下。在全体人员登上汽艇、民船，驶离该舰约20码左右时，倾斜的"中山"舰舰首突然翘起，不到3分钟即沉没于水中，地点在金口北岸大金山前。

金口血战从15点15分打响，至16点30分"中山"舰沉没，历时1小时15分，牺牲官兵24人。大战前夕，萨师俊曾与友人在夜谈中说："我觉得抗战是在杀敌，是在成仁，司令与舰长若是都能达到这样目的，即任务并无大小轻重之分，何必选择任重呢？现在战争原不分前方后方，随时随地都可以死，在岸

---

〔1〕苏小东：《中国海军抗日战史》，人民出版社2017年版，第302—303页。

上当警备司令也可以死，但我总觉得海军军人离开了兵舰，总比较有些近于'怕'字吧。""'死'有什么'祥'与'不祥'？双方作战也不过像演电影似的，演员好的表演出来是血肉横飞，演员坏的是抱头鼠窜，你愿意我做名角呢，还是喜欢看那抱头鼠窜的表演呢？"[1]

---

[1]拱：《萨舰长殉国前夕谈话回忆录》，《整建月刊》第一卷第一期，1940年4月15日，第107页。

曾国晟

曾国晟（1899—1979），字拱北，福建长乐人。烟台海军学校第十三届毕业生。海军水雷专家、舰船专家，在抗日战争时期的海军布雷战中做出了重要贡献。曾任南京国民政府海军总司令部第四署、第六署少将署长。新中国成立后，先后任华东军区海军舰艇调查修装委员会主任、华东军区海军后勤部副司令员兼技术部部长。

曾国晟出生于海军世家，其父辈兄弟5人及2位堂兄都考取了海军学堂，服务于清末民初的海军界。其大伯父曾光时，福州船政学堂后学堂第二届管轮毕业生，是专攻轮机的技术专家，去世时，蔡元培为其亲撰墓碑；其父曾光世，福州船政学堂后学堂第五届管轮毕业生，长期在海军做轮机工作；其三叔曾宗巩，天津水师学堂第四届驾驶班毕业生，长期在海军部任职，也曾短期担任过烟台海军学校校长，还是著名的翻译家、藏书家。其弟曾国暹系烟台海军学校第十六届毕业生，毕业后，在舰上担任枪炮官，对鱼雷战术研究较多，后曾往日本学习鱼雷技术与战术。

1916年，曾国晟入烟台海军学校学习，经过海军初、高级阶段的学习后，1921年3月从吴淞海军学校毕业。在经历了练习舰的磨砺后，1927年10月，曾国晟出任"楚有"炮舰副长，隶属国民政府海军第二舰队。是年10月19日，参加第一次西征，奉令讨伐唐生智。1929年，参加第二次西征，攻打李宗仁，"楚有"作为第二舰队司令陈绍宽的座舰，参加了各项战事。同年，他调任新舰监造处舰装设计监造官，曾负责"逸仙""平海"巡洋舰在江南造船所的监造工作。次年，即调往福州海军学校任舰课班主任，主要负责学生的舰课学习。

1931年7月，曾国晟再次返回舰上任职，相继担任"逸仙"舰副长、"海筹"舰副长。1935年2月，海军部长陈绍宽创办海军大学，聘请了2个日本海军顾问充当考官，抽调海军各舰艇长入学受训，且改变了原来舰上公费由舰长包干的制度，引起了以"应瑞"艇艇长林元铨、"宁海"舰舰长高宪申为首共23个上、中校舰长的联合反对，掀起了一场反陈大风潮。此时担任"海筹"舰副长的曾国晟亲历了这段风潮，并与辞职后寓居上海的陈绍宽多次交流，建议陈绍宽趁此机会整顿一下舰长，转变腐朽的不良风气，但被拒绝。后曾国晟联合多位副长，印发《告二十三位舰长书》《再告二十三位舰长书》，分寄南京国民政府各机关，并公诸社会及海军机关，把舰长们腐化无能、反陈另有目的的劣迹加以揭露。[1]1936年11月，曾国晟任"江鲲"舰少校舰长，曾在练习舰队司令王寿廷督率下，带领"江鲲"舰于1937年5月赴江西湖口会操。

1937年9月1日，海军新舰监造室奉令制造水雷，调集技术人员在上海召开水雷设计会议，由派在监造室的"江鲲"舰舰长曾国晟担任监造官，负责组织海军官兵员工研究试制水雷，并向海军江南造船所及海军军械处选调技术人员研究、设计、试制水雷。最先参加试制水雷工作的，官员有周应骢、吴建彝、韩廷杰、黄璐、王荣瑸、陈兆俊、陈宗芳、王衍绍、黄良观、葛世柽等，技工有电工张裕庭、许根宝、俞作银，电焊工丽关源，士兵王宜升等。临时办公地点设在上海重庆南路原海军联欢社内，试制水雷工场先设在南市庙宇内，因白天日机轮番袭炸南市，员工只能在夜晚工作；后迁至上海枫林桥（靠近法租界）海军海道测量局内。随着上海局势日益紧张，制雷工场迁往无锡，无锡沦陷后，曾国晟等人携带部分制造水雷的仪器、原料辗转撤往南京，然而南京国民政府各机关已经全部撤往武汉，监造室遂赶往武汉。先在汉口市汉安里海军联欢社设试制水雷办公处，后在武昌彭公祠设办事处，并修建制雷工场。

1939年1月，曾国晟因办理水雷事务，制雷布雷极具成绩，被授予青天白日勋章。同年4月，海军总司令部为了进一步加强水雷的制造工作，加之海军监造室之名与其实际担负的制雷任务并不相符，遂裁撤海军监造室，正式将其

---

〔1〕曾国晟：《海军大学风潮见闻》，全国政协文史资料研究委员会编：《文史资料选辑》（第147辑），中国文史出版社2002年版，第161－171页。

改编为海军水雷制造所，曾国晟被任命为中校所长。1940年1月，海军将湖口至芜湖沿江各地带划为第一布雷游击区，作为长江中游雷游击队的游击范围。4月，又将鄂城至九江段划为长江第二布雷游击区。第二布雷游击区划定后，为提高抗战效率，海军总司令部决定在长江浔鄂区增置海军布雷游击队，由曾国晟督率。1941年4月，海军总司令部调整第二布雷游击区的任务，分为浔鄂、湘鄂两区，曾国晟兼任海军浔鄂区（布雷游击队）总指挥。1944年3月，海军水雷制造所改称海军第二工厂，隶属海军工厂管理委员会，曾国晟出任海军工厂管理委员会主任。此时，制造所除生产水雷外，还制造发动机和提炼汽油。

　　1940年，曾国晟负责筹办了《海军整建月刊》（第二卷起更名为《海军建设月刊》）。主编蔡鸿干在谈及刊物的创办背景时说："1939年第二次世界大战爆发，那时不但戈林的空军在欧洲战场上趾高气扬，意大利的杜黑主义的空军理论也盛极一时。反映在中国军事论坛上便有'制海在空'和'优空弃海'的思潮。这对海军来说，是生死攸关的问题。那时不管戈林的空军多么厉害，英国海军还是毫不动摇地把住英吉利海峡，使闪电战的德军只得望洋兴叹。于是又一问题提出来了，就是欧洲战局的最后胜利是否仍然属于有制海权的国家？中国海军往何处去？这个问题不独是海军官兵而且也是所有爱国志士所共同关心的问题。曾国晟认为要澄清由杜黑主义所引起的思想混乱，须报道西方的海上战局并总结经验资为他山之石，更为了要明确中国海军往何处去的问题，海军必须有个既可对内又可对外的通用刊物。这个设想，在海军方面，确是前所未有的。事关国运和军运，曾国晟以若干少壮军官为核心，经过陈绍宽、陈季良、曾以鼎这些海军巨头的默许，于是'海军整建促进会'的组织产生了，《海军整建月刊》也就随之而来。"[1]《海军整建月刊》核心目的在于从理论上廓清海军的地位，进一步扩大海军的影响，特别是扭转自甲午之后形成的漠视海军的社会心理，增强人们对海军的认可，进行海军整建的启蒙。

　　《海军整建月刊》需费甚多，曾国晟经过考虑之后，指示水雷制造所财务人员："《海军整建月刊》势在必办，所需一切开支，一律在水雷配件承办厂商

---

〔1〕蔡鸿干：《〈海军整建月刊〉的前前后后》，文闻编：《旧中国海军秘档》，中国文史出版社2006年版，第149页。

的回扣项下报销。"蔡鸿干感言："曾国晟把外府之物的制雷回扣，转用于《海军整建月刊》，使海军官兵一看到这份月刊，就心有所感，认为这是一本'清官册'，是一个'假公济私'的典范。从此，曾国晟的人望大大提高了，刊物本身也流露出一种不平凡的光彩。"[1]

1943年12月，国防科学技术策进会联合中央文化运动委员会，举行了科学技术有功人员授奖，以奖励国内科学技术人员之发明及仿造。所有获奖人员都由国防科学技术策进会负责调查、推荐，经专家审核后确定。曾国晟以"发明各式水雷漂雷轰炸敌舰"，跻身19人的获奖名单。

1945年8月，日本宣布无条件投降，曾国晟被海军总司令陈绍宽委任为海军接收日本三菱造船所、长江敌伪海军、海军工厂专员。1946年10月，曾国晟任战后南京国民政府海军总司令部第四（支应）署少将署长，次年调任第六（技术）署少将署长。

抗战胜利后，蒋介石发动内战，这让曾国晟十分反感。加之桂永清担任海军总司令后，大肆排挤和打压"闽系"海军人员，将一批陆军将校安排在司令部各重要部门，甚至在任用舰艇长时也不惜违反常规。海军内部乌烟瘴气，让曾国晟失望之极。他与上海海军基地司令方莹、海军练营营长叶可钰等一批正直的闽籍海军军官，在上海海军界秘密组织"仁社"，开展"翻箱倒柜"（即"反蒋倒桂"）进步活动。1948年6月，曾国晟、叶可钰通过共产党员郭寿生认识了中共中央社会部上海站的林亨元，二人向林亨元表示愿意积极为共产党工作。林亨元给他们一部电台，让他们秘密带往福州，从此，他们便开始了与中共中央机关的联系，并经常以聚餐、打扑克等形式搞策反和搜集情报工作。1949年4月23日，中国人民解放军华东军区海军在江苏泰州白马庙成立，曾国晟是加入人民海军队伍的第一批原海军人员。成立伊始，面对人员短缺的现状，创建人民海军的基本原则确定为"在中国共产党领导下，以人民解放军陆军为基础，团结原海军同志，共同建设人民海军"[2]。6月3日，成立了一个原国民党海军人员登记办事处，也就是招募处，地点设在上海市重庆南路182号，

〔1〕蔡鸿干：《〈海军整建月刊〉的前前后后》，文闻编：《旧中国海军秘档》，中国文史出版社2006年版，第150页。

〔2〕东方鹤：《上将张爱萍》（上卷），人民出版社2007年版，第390页。

孙克骥为处长，曾国晟是副处长之一。

华东军区海军司令部迁至上海后，一系列机构也相继成立，舰艇调查修装委员会就是其中之一。这个委员会由曾国晟任主任，主要负责所有舰船的修理和改装。当时，华东军区海军虽然从国民党海军的起义投诚者手中接收了一批舰船，但距离装备一支海军部队远远不够，司令员兼政委张爱萍专程就此事拜访了曾国晟。曾国晟建议，一是到各海军基地调查了解，把那些遗弃的破旧舰船整修起用，二是购置商船民船加以改造，具体办法就是把陆军用的大炮卸掉跑轮，固定在船上，虽然准确性差于舰炮，但用于海上训练及小型海战还是大有用途的。张爱萍后来回忆道："我和曾国晟交谈中，向他请教军舰与商船异同之处，从中学到不少军舰与商船的构造、性能等基本知识，颇有启示，我当即称他为我的造船教师，遂决定由曾国晟出主修装委员会。我们当时是两大工作，一是修复，二是改装。""在改装抢修舰船的过程中，领导、专家、技术人员和工人群策群力，克服了许多难以想象的困难。特别是曾国晟等原海军专家的真知灼见，及时解决了如陆炮装舰等许多技术难题，确保了装修进度。到1949年10月底，经3个半月奋战，如期完成16艘炮舰、护卫舰的改装和抢修，并立即投入第二批舰船的打捞、改装和抢修的战斗，一次又一次地创造了舰艇修理史上的奇迹。"[1]正是缘于"陈船利炮"的决策，初创的人民海军的舰船装备得到了有效的改善，有了第一支战斗舰艇部队，并且在解放东南沿海岛屿的一系列作战中发挥了威力。

1950年，曾国晟被任命为华东军区海军后勤部副司令员兼技术部部长。是年，长江扫雷工作启动，华东军区海军扫雷大队成立，初期扫雷进展缓慢。9月21日，曾国晟和苏联水雷专家率队出海，使用定深为6.7米的MT-3型扫雷具，先分别以大面积梯次队形往返清扫、密集队形清扫两次，再以疏开队形检扫、清扫一次，很快便接连扫出水雷数枚。至11月11日，扫雷大队胜利完成了预定区域的全部清扫任务，长江航道宣告通畅。[2]1965年，曾国晟退休回闽，担任福建省政协常委。1979年病逝于福州。

〔1〕张爱萍：《忆创建人民海军》，中国人民解放军历史资料丛书编审委员会：《海军回忆史料》，解放军出版社1999年版，第7—8页。
〔2〕陈辉：《海上沙场的开路先锋——人民海军扫雷部队历史上四大扫雷战回望》，《党史博览》2019年第2期，第58页。

邓兆祥

邓兆祥（1903—1998），广东高要人。烟台海军学校第十四届毕业生。1949年2月25日，他与国民党爱国官兵在吴淞口发动"重庆舰起义"，加入中国人民解放军海军，为人民海军的建设做出了突出贡献。是第一至三届国防委员会委员，中国人民政治协商会议第一届全体会议特别邀请代表，第一届政协全国委员会委员，第六至八届政协全国委员会副主席，第一至四届全国人民代表大会代表，第五届全国人大常务委员会委员。1955年被授予海军少将军衔和一级解放勋章，1988年被授予中国人民解放军胜利功勋荣誉章。

1903年4月，邓兆祥生于广东省高要县双木棉村（今属广东省肇庆市端州区）。其父是当地黄江税厂的查货员，其母务农持家，家境尚属殷实。邓兆祥7岁那年，父亲突然病逝，家中经济状况急转直下。邓兆祥兄弟姐妹共12人，他排行第六，沉重的家庭负担迫使其2位兄长均外出谋生。1913年末，邓兆祥小学毕业后，看到母亲为生活所迫，整天忙碌劳累，知道家里无力再供他去城里读寄宿中学，便准备去当车衣工，以减轻母亲的负担。恰逢广东海军学校登报招考新生，膳宿服装一律公费，邓兆祥在其族侄、时任广州警察厅厅长邓瑶光的担保引荐下，多报了2岁年龄，通过英语、数学考试之后，在语文考试中以《国防以海军为重》的精彩短文，使老师赞叹不已[1]，顺利被录取为广东海军学校航海第十六届学员，其海军生涯即由此开始。

---

[1] 袁华智、吴海岩、张卫星：《海军耆宿邓兆祥》，全国政协文史资料委员会编：《中华文史资料文库·第九卷军政人物编》，中国文史出版社1996年版，第322页。

1913年末，邓兆祥入校，当时生活十分清苦，每月只有广东币5元的伙食费，穿的都是粗布海军制服。他在生活上毫不计较，想的只是如何学好海军知识，将来振兴中国海军。[1] 寒暑假回家，邓兆祥经常教弟弟们英语，对他们讲甲午海战邓世昌以身殉国的爱国事迹，讲欧洲大战结束，中国是战胜国，但不能收回以前被德国占领的领土胶州湾。他慨叹国弱民贫，备受列强侵略，教育弟弟们要牢记顾炎武"国家兴亡，匹夫有责"的名言。[2]

1919年12月，邓兆祥从广东海军学校毕业，这批学生堂课结束后本该上舰见习，但因当时南北对立，他们不可能再分配到广东的舰上去。经校长邓聪保请示北京政府海军部，海军部命他们到吴淞海军学校继续学习。1920年，吴淞海军学校停办，并入烟台海军学校。于是，邓兆祥等12名同学来到了烟台海军学校，被列入第十四届，称为"补习班"。1920年12月，广东补习班学生修业完成，举行考试，发给证书，并转入南京鱼雷枪炮学校学习，其中的8人于1923年4月完成全部学业，即为烟台海军学校第十四届毕业生，也是烟校历史上人数最少的一届毕业生。

邓兆祥等人在南京鱼雷枪炮学校原本应是兼习鱼雷和枪炮2科，训期各6个月，但是因为当时军阀混战，没有军舰供他们见习，在校学习时间一拖再拖。有一天，北京政府海军总司令杜锡珪派他的副官告诉邓兆祥等广东籍学员，目前因护法运动，广东的船多，也需要人，还是回广东谋差为宜。[3] 作为北京政府下辖的海军学校的毕业生，要到广州军政府的舰队求职，谈何容易。幸好原烟台海军学校校长、时在南京担任"建威"舰舰长的佘振兴，给他们写了一封信，介绍他们去找军政府舰队（护法舰队）司令温树德。温与佘同为烟台海军学校第一届毕业生，并同批赴日、英留学。当时陈炯明已经背叛孙中山，温树德率护法舰队由广州去了汕头，于是邓兆祥一行直奔汕头，加入了

〔1〕马志安、海莲：《海军生涯话新生——记邓兆祥是怎样走上革命道路的》，中国人民解放军历史资料丛书编审委员会：《解放战争时期国民党军起义投诚·海军》，解放军出版社1995年版，第400页。

〔2〕邓兆兰：《邓兆祥二三事》，高要县政协文史资料委员会编：《高要文史》（第六辑），内部刊物，1990年，第21页。

〔3〕马志安、海莲：《海军生涯话新生——记邓兆祥是怎样走上革命道路的》，中国人民解放军历史资料丛书编审委员会：《解放战争时期国民党军起义投诚·海军》，解放军出版社1995年版，第400页。

护法舰队。邓兆祥被派到"肇和"练习舰当见习生，这是他参加海军近10年来的第一次上舰下海。1923年9月，他又被调往"海琛"舰当少尉见习员、候补员。

1923年12月18日，护法舰队司令温树德投靠直系军阀吴佩孚，策动"海圻""永翔""同安""肇和""海琛""楚豫""豫章"7舰北上，"豫章"舰驶至红湾海面时轮机损坏，未能随队同行，其余6舰分两队于1924年1月6日、13日驶抵青岛，同年3月被编为渤海舰队，司令部设于青岛莱阳路，舰队司令温树德、参谋长赵梯崑及各舰舰长都暂不作变动。邓兆祥随"海琛"舰北上后，1925年9月被调至"华甲"运输舰任中尉枪炮官，这也是他入海军以来首次担任正式职务。1924年9月，第二次直奉战争爆发，渤海舰队作为直系一方参战。"华甲"舰承担了运送兵员和军火的任务，在这个过程中，邓兆祥目睹了军阀混战、人民遭殃的惨景。奉系军阀获胜后接收了渤海舰队，东北海军沈鸿烈任渤海舰队司令，对舰队人员进行了调整。1927年10月，邓兆祥被调往烟台，担任东北海军海防第二舰队舰队长袁方乔的中尉副官。1928年，驻汕头的"飞鹰"舰舰长舒宗鎏由于员兵短缺向原广东海军的同学发出邀请。舒系广东海军学校第十五届毕业生，高邓兆祥一届。得到消息后，邓兆祥辞去副官一职，离开烟台，回到了广东。1月，他被任命为"飞鹰"舰上尉枪炮长，3月改任上尉航海长，1929年1月升任"飞鹰"舰少校副长。

1929年6月1日，南京国民政府海军部正式成立。同年7月，英国驻华公使兰浦森向国民政府提出重启海军学生留英的建议。为了充实海军的专业技术人才和指挥人才，国民政府接受了兰浦森的建议，双方签订协议，决定派出20名海军官兵赴英留学，其中军官8名，要求在舰服役2年以上，练习生12名，要求为国内毕业的候补员。第四舰队分得2个名额，邓兆祥和广东海军司令部副官陈香圃（烟台海军学校第十五届毕业生）入选。邓、陈从广州赶到南京，见到承办这项工作的海军部政务次长兼第二舰队司令陈绍宽。陈对他俩说："现在去英国留学的军官名额已经满了，还剩下2名练习生的名额。你们都是正式军官，这次就不要去了吧，等下一批再说。"邓兆祥认为，英国海军当时是世界上第一流的，这个留学机会很难得，既然已经来了，以练习生的名义去也没有关系。[1]于是，他和陈香圃就以练习生的身份派赴英国。1930年1月到达伦敦后，12名练习生以邓兆祥为领队，送往达特茅斯海军兵营，先上练习舰练习1年，再派往舰队各战斗舰艇实习1年，与英国士兵一起操练，熟悉舰上各个部门的业务技术，2年的海上实习生活后，进入格林尼治和朴茨茅斯等海军院校学习专业基本课程。最后由英国方面指定4人进修高级专业课，其余先行回国。邓兆祥和陈瑞昌、陈书麟、林遵因学习成绩优秀，被英方选定进修高级课程，其中，邓兆祥学习水中武器、林遵学习通信、陈瑞昌学习航海、陈书麟学习海军枪炮。1934年3月，邓兆祥圆满完成学业后回国，先后被任命为"宁海"巡洋舰枪炮长、"通济"练习舰副长，1936年6月调任海军水鱼雷营少校营长。

1938年10月21日，日军攻占广州，广东江防司令部迁往西江肇庆。海军总司令部以日军图谋广西，西江防务紧要，派海军水鱼雷营营长邓兆祥前往桂林行营，协同江防处筹划一切，并将所率员兵分为布雷、测量两队。1939年1月17日，邓兆祥率队驰抵广西梧州，视察封川江口一带形势，随即测量港道，并由海军调拨一批海丁式、海戍式电气触发水雷和海戍式电气漂流触发水雷。[2]6月，海军总司令部订定并公布海军布雷队编制，设6个布雷分队和2个布雷测量队。布雷总队部、各布雷分队及各布雷测量队均归第二舰队司令部节制，其中布雷队第一、三、四、五各分队归水雷制造所就近指挥，第二分队归派驻桂林的水鱼雷营营长邓兆祥就近指挥。[3]11月，邓兆祥兼任桂林行营江防处水雷总队长和西江第二守备总队长。

1940年9月，邓兆祥调任驻长江的海军第二舰队参谋，兼任驻三斗坪的长江上游江防总司令部参谋、阻塞课课长。1942年11月，邓兆祥被调往桐梓海军学校任中校训育主任。为了激发学员们的爱国热情和民族自强感，邓兆祥把

---

〔1〕马志安、海莲：《海军生涯话新生——记邓兆祥是怎样走上革命道路的》，中国人民解放军历史资料丛书编审委员会：《解放战争时期国民党军起义投诚·海军》，解放军出版社1995年版，第402页。

〔2〕国民政府海军总司令部编：《海军大事记》（下卷），殷梦霞、李强选编：《国家图书馆藏民国军事档案文献初编》（第十二册），国家图书馆出版社2009年版，第174页；苏小东：《中国海军抗日战史》，人民出版社2017年版，第380页。

〔3〕苏小东编著：《中华民国海军史事日志（1921.1—1949.9）》，九州图书出版社1999年版，第645—646页。

"雪甲午耻"几个大字制成匾额，悬挂在校图书馆的大门上，以期时刻激励学员，不忘民族耻辱，牢记雪耻救国。[1]此牌匾也成为桐梓海军学校的著名标志物之一。在海军学校的编制中，训育主任的地位仅次于校长，尤重对学生品德操行的培养教育。欲纠人过，先正己身。邓兆祥对自己要求极为严格，以身作则，躬身垂范，为学生树立了很好的榜样，他的一言一行给当时的海校学生留下了非常深刻的印象。1943年考入海军学校航海第十三期的徐学海在50多年后仍然对邓兆祥由衷敬佩。他说：

> 校长高宪申留个小胡子，很胖，很神气，几乎没和我们打过照面，只有偶尔朝会出来主持一下。所有事情都由训导主任邓兆祥负责，他让我们服气透了，现在找不出像他这样的一个政府官员。他把太太送回家乡广东肇庆，八年没有往来。他不只投入海校事务而已，每天比学生早起，比学生晚睡，我们的灯坏了，闪闪烁烁像鬼火一样，他自己搬个梯子上去修，负责尽职，让我们服气到了极点。另外，桐梓冬天很冷，早上洗脸用水几乎结成冰，就有同学偷取好不容易烧开的水来漱口、洗脸，被他抓到了。他除了处分那位同学之外，又集合全体同学，他拿了一个装满冷水的木盆说："没有不可以洗的呀！你认为洗脸难过，我现在洗脸洗头给你们看。"洗完、擦完后，又说："你们这一点苦都不能吃，将来上船，碰到晕船怎么办？"他的以身作则，令我们十分服气。
>
> ……
>
> 我们给邓兆祥取个"老牛筋"的绰号，这是因为有一次一位姓蔡的同学（后来转入卅九年班）曾在周记上写道："邓主任，我们看你的皮鞋年岁颇大，请问多少年了？"邓主任就在同学集合时回答说："有个同学问我的皮鞋几年了，现在已经十七年了，我还要穿到抗战胜利。"[2]

---

〔1〕马志安、海莲：《海军生涯话新生——记邓兆祥是怎样走上革命道路的》，中国人民解放军历史资料丛书编审委员会：《解放战争时期国民党军起义投诚·海军》，解放军出版社1995年版，第404页；邓兆兰：《邓兆祥二三事》，高要县政协文史资料委员会编：《高要文史》（第六辑），内部刊物，1990年，第23页。

〔2〕张力、曾金兰：《徐学海先生访问纪录》，张力、吴守成、曾金兰访问，张力、曾金兰纪录：《海校学生口述历史2》，九州出版社2013年版，第20页。

1945年9月，邓兆祥被任命为"长治"舰中校舰长，也是该舰首任舰长。"长治"舰原为日本海军"宇治"号炮舰，日本投降后由国民政府海军接收，改名"长治"，寓意"长江上的统治者"，编为第一舰队旗舰。

抗战期间，国民政府在寻求美国海军援助的同时，也在积极寻求英国的海军援助。英国为了维护其既得多年的长江航权和沿岸利益，同时也不愿美国在对华关系方面一家独大，遂同意按1941年3月美国国会通过的罗斯福"租借法案"，向中国赠送或转让部分舰艇。抗战胜利前后，国民政府先后派出3批接舰人员赴英训练并接收舰艇。1946年7月，邓兆祥调任赴英接舰学兵总队第一大队长。11月9日，经过邓兆祥和海军少校郑天杰（原是中校，因英国驱逐舰舰长都是少校，故暂降一级）的考察选拔，第三批赴英接舰人员600名自上海乘坐"澳大利亚皇后"号轮船启程赴英接收"重庆"舰和"灵甫"舰，邓兆祥带队，郑天杰副之，白树棉随行管理600名官兵的生活起居。1948年5月19日，中英两国代表在"重庆"舰上举行了两舰的交接仪式，26日，两舰在"重庆"舰舰长邓兆祥的率领下启航回国。8月14日，两舰抵达南京，泊于下关。至此，第三批赴英接舰人员完成了接舰任务。

"重庆"舰归来之时，蒋介石已悍然发动内战，邓兆祥振兴海军的满腔抱负被这一现实击得粉碎。他说，在国外常听人称中国是世界"五强"之一，他们曾为此感到骄傲和自豪。可是眼前这些活生生的现实却是，祖国的土地上依然到处横行着外国强盗；抗战的烽火刚刚熄灭，人民都盼望重建家园，可内战的硝烟又起。只要稍有正义感和爱国心的人，无不感到万分痛楚。[1]

很快，"重庆"舰被推上了内战第一线。1948年10月，辽沈战役即将结束，人民解放军正集中优势兵力攻打锦州，以堵住入关通道，全歼东北的国民党部队。蒋介石命令"重庆"舰开赴东北，并乘舰至葫芦岛，在舰上主持召开了辽沈战区高级军事会议。蒋离开后，留在葫芦岛的"重庆"舰被命令以舰炮猛烈轰击解放军占领的塔山、高桥阵地，邓兆祥既痛苦又无奈。他认为，自己人打自己人总不是好事，从内心来说，极不愿意打这种内战。再加上"重庆"舰到

---

〔1〕马志安、海莲：《海军生涯话新生——记邓兆祥是怎样走上革命道路的》，中国人民解放军历史资料丛书编审委员会：《解放战争时期国民党军起义投诚·海军》，解放军出版社1995年版，第406页。

东北期间，物价飞涨，士兵回到上海补发的薪饷，一个月津贴只够上街吃一碗阳春面。因此，是年11月，"重庆"舰从东北返回上海后，舰上不少军官另找门路调动工作，大批士兵纷纷逃亡或另谋出路。舰上陆续开小差的士兵竟达200人之多，约占全舰人数的1/3[1]。1949年2月12日、17日，"黄安"舰、201号扫雷艇相继起义，极大地影响了"重庆"舰官兵的思想。就在201号扫雷艇起义的同一天，国民党当局将"重庆"舰由高昌庙调至吴淞口待命，准备让其开进长江，配合海防第二舰队阻挡人民解放军渡江。

此时，"重庆"舰上的下级军官和士兵已经开始秘密联络，准备起义。1月下旬，士兵王颐桢、武定国等人，后联络了舰上各主要部门的一些士兵，形成了27人的骨干力量，并于2月中旬正式成立了"重庆"号士兵解放委员会。此外，少尉枪炮教练官曾祥福、少尉雷达官莫香传、少尉轮机官蒋树德、枪炮下士王继挺等人也发起了另一个16人的策划起义组织。他们在酝酿起义的过程中，由王淇等人牵线，与中共上海局策反委员会保持联系。经过精心策划和周密组织，解委会在2月25日凌晨1点30分发动了起义。事前，邓兆祥并不知道士兵们暗地策划起义的行动，起义时他正在房间里休息，起义领导人之一的王颐桢突然进来叫醒他，说他们已发动起义，要把军舰开往解放区，请他领航开船。为了弄清情况和对全舰官兵负责，邓兆祥并没有马上表态。当他和王颐桢、武定国等人谈完话，又叫来轮机、航海部门的军官详细询问了军舰情况后，毅然参加了起义，并亲自制定航线，下令开航，指挥航行，保证了起义的顺利成功。正如王颐桢所说："邓舰长最终同意开船，以及他开船后认真负责的态度，是对起义的最大支持，保证了军舰安全驶向解放区，也稳定了全舰官兵的心，对起义圆满成功起了很重要的作用。"[2] 在全舰爱国官兵的共同努力下，经过25小时、520海里的紧张航行，"重庆"舰于2月26日晨安全抵达山东解放区的烟台港外海。当天下午，邓兆祥等人被邀请上岸，受到了胶东军区东海军分区政治部主任张少华、烟台市市长徐中夫等军政领导的热烈欢迎。

---

〔1〕《重庆舰在吴淞口冲破黎明前的黑暗》，中国人民解放军历史资料丛书编审委员会：《解放战争时期国民党军起义投诚·海军》，解放军出版社1995年版，第92页。

〔2〕王颐桢主编：《重庆舰起义——永不磨灭的历史记忆》，青岛出版社2012年版，第24—25页。

"重庆"舰在上海突然"失踪",震惊了国民党的政界、军界和新闻界。蒋介石也非常生气,下令所有军舰不准出海,并派多架飞机对"重庆"舰进行侦察追踪,命令桂永清想尽一切办法把"重庆"舰找回来。桂永清在威逼利诱无果的情况下,下令对"重庆"舰实施狂轰滥炸。为了保护"重庆"舰,党中央决定把它从烟台开至葫芦岛。此时,邓兆祥被任命为中国人民解放军"重庆"号巡洋舰舰长。"重庆"舰转移至葫芦岛后,从3月17日起,国民党当局出动多批重型轰炸机连续对其进行轰炸,在护舰战斗中,有6人不幸壮烈牺牲,20多人受伤。为了减少损失,党中央及时做出了"弃舰全人"的决定。3月20日,"重庆"舰在卸下贵重的仪器及弹药后,打开海底门,自沉在葫芦岛港码头旁。

"重庆"舰自沉后,为了让这些接受过正规海军训练的技术人才尽快转变思想认识,更好地投身新中国的海防建设,1949年5月,中央军委决定,以"重庆"舰起义官兵为基础(另有"灵甫"舰起义官兵73人),组建中国人民解放军安东(今丹东)海军学校,主要任务是对起义官兵进行思想政治教育,培养他们成为合格的人民海军。邓兆祥任校长,原辽西军区副司令员朱军任政治委员,原东北行政委员会副主席、辽宁省主席和省军区司令员张学思任副校长,原辽东军区政治部副主任李东野任政治部主任。

1949年9月,邓兆祥作为特别邀请代表出席了第一届中国人民政治协商会议,并当选为全国政协委员。10月1日,邓兆祥登上天安门城楼,参加了举世瞩目的中华人民共和国开国大典,现场见证了激动人心的伟大时刻。

1950年3月,国务院、中央军委决定成立"重庆"舰打捞委员会,对外称葫芦岛港口司令部,朱军任打捞委员会主任,邓兆祥是委员会成员之一。打捞期间,1950年8月,邓兆祥被任命为海军快艇学校首任校长。通过艰苦的工作,在苏联技术人员的帮助下,1951年6月13日,"重庆"舰打捞工作顺利完成,并计划移往大连船渠工厂(即大连造船厂)展开修复。"重庆"舰此时已无动力,只能拖带。在筹备拖带工作时,由于我国北方没有大型拖船,只好分别由天津、秦皇岛调来2艘小型拖船。经过研究测算,确定采取系列拖带法,也就是先头拖船拉第二艘拖船,第二艘拖船再拉着"重庆"舰。这样,整个拖带的航行队列长达近400米,航行中难免受到风、流压的影响。因此,制定一个周密安全的拖带计划至关重要。这个重任落在了邓兆祥身上,他"四五天闭门不出，精心审阅海图，翻阅许多航海资料，最后提出一个拖带航行方案"。[1] 在邓兆祥的缜密筹划与细致实施下，1951年6月19日，"重庆"舰被成功拖至大连船渠工厂。

1955年，邓兆祥被授予海军少将军衔。之后，他从第一海军学校副校长任上调往海军青岛基地，先后担任副参谋长，副司令员等职。1960年，海军北海舰队成立时，他担任北海舰队副司令员。尽管身居要职，且年岁已高，但邓兆祥仍坚持每年深入基层连队指导教学训练工作。1965年，邓兆祥光荣地加入了中国共产党。1981年12月，邓兆祥被任命为中国人民解放军海军副司令员。从1983年起，他连续担任中国人民政治协商会议第六、七、八届全国委员会副主席，多次深入各地调查研究，积极参政议政，为国家和军队的现代化建设进言献策。1985年，经组织批准，83岁的邓兆祥退出现役。1996年1月，他以93岁的高龄亲赴西沙慰问部队。1998年8月6日，邓兆祥因病在北京逝世，享年95岁。

---

〔1〕朱军：《"重庆"舰的自沉与打捞》，中国人民解放军历史资料丛书编审委员会：《海军回忆史料》，解放军出版社1999年版，第341页。

郭寿生

郭寿生（1901—1967），又名郭景华，福建闽侯人。烟台海军学校第十六届毕业生。在校期间，积极追求进步，秘密组织读书会，创办《新海军》月刊，发起新海军运动，创建新海军社，先后组织成立了中国社会主义青年团烟台支部、中国共产党烟台小组，并担任负责人，是烟台第一位共产党员，也是烟台第一个党组织创始人。北伐战争期间，策动海军舰艇炮击军阀，支援上海工人武装起义。大革命后与党失去联系，参与编辑一系列海军刊物，撰写了大量研究和介绍国内外海军情况的文章，探索海军建设与发展的途径，产生广泛影响。解放战争前夕，重新与组织取得联系，按照周恩来的指示，参与策动国民党海军第二舰队起义、保护江南造船所等工作。1955年1月，被中央军委授予三级解放勋章。

1901年4月，郭寿生出生于福建闽侯鼓山乡（今属福州郊区）后屿村。其祖父郭沛棠，原为当地私塾老师，后考中举人，光绪年间曾任浙江浦江知县、代理杭州知府，因与洋人冲突被免职回乡，积郁而亡。其父郭叔惠，在家中排行第三，在乡间当过私塾老师，也在上海当过账房先生，20年代初病殁。郭寿生3岁时，因二伯父病故，嗣给二伯母黄氏抚养，然嗣母不久去世，遂由嗣母舅黄展云抚养。黄展云早年留学日本，是同盟会、中华革命党成员，曾任孙中山秘书。郭寿生自幼在黄展云家中成长，耳濡目染其革命言论和对青年学生的教育培养，深受民主革命思想熏陶。1916年，时任北京政府海军部总长程璧光打破惯例，面向全国招收海军学生。刚从福建省立二中毕业的郭寿生赴沪应考，以福建考区第一名的成绩被烟台海军学校录取，并被分配为第三班级长，开始其海军生涯。

郭寿生入学时，海军教育受北洋军阀控制，学校管理较为严苛，对学生的思想管控尤严，严禁读书看报，基本与社会完全隔绝。在这种情况下，青年学生倍感压抑与苦闷。1919年，五四运动爆发，消息传来，烟台海军学校学生倍受鼓舞。郭寿生和同学李之龙发动大家上街示威游行，开展反帝爱国运动。同年11月，以延长修业年限为导火索，烟台海军学校学生掀起罢课风潮，震惊全国，郭寿生参与其中，与同学们同赴上海罢课请愿。尽管此次罢课并没有实现预期目的，但是学生们普遍受到了磨炼，革命的种子亦在烟校悄然萌发。1920年春，郭寿生与李之龙等人秘密组织读书会，阅读和研究《新青年》《每周评论》《资本论入门》等进步书刊，以及李大钊、陈独秀等人的文章。是年底，他又与李之龙作为通讯会员，参加了北京大学马克思学说研究会，与中国北方宣传马克思主义的中心和早期马克思主义者建立了联系。

1921年7月，被烟台海军学校开除的李之龙在上海向董必武等人介绍烟台海军学校的情况，特别推荐了追求进步态度坚决的郭寿生。当年秋天，党中央和中国劳动组合书记部北方分部分别指派邓中夏、王荷波来到烟台，与郭寿生晤谈，并介绍其加入中国社会主义青年团，指定他负责烟台团组织的发展工作。为进一步发展组织，壮大力量，郭寿生在烟台海军学校读书会的基础上成立了烟台马克思学说研究会，并吸收韩廷杰、曾万里、梁序昭等进步学生入会。是年冬，郭寿生等人创办《新海军》月刊，力求发挥宣传之功效，刊物广受欢迎，除在校内发行外，还印发至各地海军学校、练营及舰队，但因其内容时有对海军教育的抨击，4期之后即被海军当局查禁停刊。

1922年夏，包括郭寿生在内的烟台海军学校第十六届学生，完成了在烟台的学习，转入南京鱼雷枪炮学校继续专业学习。在南京学习期间，郭寿生在浦口党小组长王荷波的指导下，深入津浦铁路工人群众，宣传先进理论，宣传劳工神圣，为开展工人运动凝聚力量。1923年上半年，经由王荷波和恽代英介绍，郭寿生加入中国共产党，成为烟台第一位共产党员。这一年年底，郭寿生在南京鱼雷枪炮学校修完所学课程，重返烟台海军学校学习。返校后，为了继续开展新海军运动，他在学校中秘密成立了新海军社，并以此作为党团的外围组织，将一大批进步学生吸纳其中，先后介绍曾万里、梁序昭、韩廷杰、叶守贞、王靖、柯圣举、林祥光、高如峰、陈训滢、程法侃等加入中国社会主义青年团。同时，为了进一步提高新海军社在组织上的严密性和行动上的一致性，郭寿生还制订了《新海军社章程》，使组织更加统一，成员更加团结。是年冬末，中国社会主义青年团烟台支部正式成立，直属上海的中共中央局领导，郭寿生为支部负责人。1924年2月9日，根据中央局陈独秀、王荷波来信指示，郭寿生撰写完成万余字的《最近烟台报告》呈报中央局，受到中央局的高度重视和充分肯定，在党中央机关报《向导》上予以全文刊发。是年，郭寿生根据中共三大所确定的国共合作方针，帮助组建了国民党烟台市党部，并以个人名义加入国民党，当选为国民党烟台市党部执行委员兼宣传部长。随着烟台海军学校革命力量的不断积累和发展，郭寿生先后介绍曾万里、叶守贞加入中国共产党，并成立了中国共产党烟台小组，使之成为烟台第一个党组织。1924年12月，郭寿生从烟台海军学校毕业，结束了近8年的海军学生生活，被分配至舰队服役。

1925年，郭寿生先被派往"华安"运输舰实习，后到"海筹"舰任职。虽然活动的地点从学校换到了军舰，但是郭寿生仍然积极开展新海军运动，壮大新海军社组织，尤其注重做好下层，即士兵阶层和富有革命精神的下级军官的工作。因为士兵阶层多系农民出身，也有少数工人出身，革命性较强，而军官的思想易于动摇，不尽可靠。但是，在开展军事行动时，如果没有具有技术的革命军官来指挥，就难免发生困难。由此考虑，郭寿生组织了海军青年军官团，作为新海军社的外围组织，由郭友亨、倪华鉴、王致光、韩廷杰等负责，在其中如发现思想进步、忠实可靠而富有勇敢牺牲精神者，则可介绍为新海军社社员。故士兵入社较为容易，军官入社则十分严格。不久，党中央为了扩大对海军的宣传，决定发行对海军的宣传专刊，定名为《灯塔》月刊，由郭寿生担任主编，其封面所用色板的灯塔图片是郭寿生亲手所画，三色钢板是郭寿生托他的大姑丈黄士俊向商务印书馆定制的，刊物由上海书店印刷，叶守贞负责收集稿件、校对和发行。

1926年7月，国民革命军开始北伐。其时，郭寿生也从"海筹"舰调派"建威"炮舰担任候补员。由于"建威"舰早已超龄老旧，只能停泊于上海高昌庙黄浦江内，不能出海航行，这就为郭寿生开展工作提供了极大便利。随着北伐军节节胜利，革命的势力不断向北拓展，郭寿生赋予新海军运动两项重大使命："一是求海军自身的改革；一是应积极参加革命的工作。"为了完成这两项使命，和统一指挥革命工作上的便利和需要起见，郭寿生将新海军社总社由烟台迁至上海，同时继续在全国海军系统中扩大新海军社组织，在海军学校、练营、鱼雷营、舰艇上建有多个分社，上海海军江南造船所（林轰、陈长钧、王荣瑛负责），南京海军水鱼雷营（王大华、翁忠琛负责），烟台海军学校（林祥光、陈赞汤负责），烟台海军练营（张钦泰负责），马尾海军学校（林家端负责），"建威"炮舰（郭友亨、陈嘉谟、陈统铨、刘训光负责），"建康"驱逐舰（倪华銮负责），"永绩"炮舰（王致光、曾万里负责），"应瑞"军舰（王介山、陈宝栋负责），"拱辰"炮舰（林聪如负责），海军总司令部（韩廷杰负责），还有"华安""海筹""海容""楚有"等舰，均先后成立新海军社分社。[1]

1926年10月，北伐军攻克武昌，北京政府海军向长江下游败退，集中于宁沪一带。新海军社成员有组织地潜伏于各舰队和岸上重要机关。此时上海局势动荡，郭寿生召集郭友亨、陈嘉谟、林轰、韩廷杰等新海军社骨干成员，会商联合各舰人员响应北伐之事。但是由于在联络中走漏风声，海军总司令部假借协助前方运输工作的名义，企图把郭寿生和陈嘉谟两人调派往南京第二舰队司令部软禁监视。郭寿生闻讯后，当夜销毁所有秘密文件，在郭友亨（兼代"建威"舰副长）的帮助下，离舰隐匿在市区四马路的旅馆内，等待派赴第二舰队的命令。不久命令下达，郭寿生没有到南京报到，而是与陈嘉谟一起潜伏于租界，郭寿生化名郭大中，陈嘉谟化名陈一枫。海军总司令部发现郭寿生没有到南京报到后，立即密令通缉，郭寿生不得不转移活动场所。是月，郭寿生在其表兄黄东鄂的汇源转运公司内（上海辣斐德路永裕里66号）召开新海军社代表大会，通过了修改后的《新海军社章程》，决定了参加北伐军革命军事行动的计划，并"训令各社应绝对服从总社的命令，分发各种宣传品由各代表秘密带回，以备军事发动时，分别散发海军各机关和一切舰艇；并派定沪队由郭

〔1〕郭寿生：《从组织"新海军社"到策动海防第二舰队起义》，中国人民解放军历史资料丛书编审委员会：《解放战争时期国民党军起义投诚·海军》，解放军出版社1995年版，第451页。

友亨、倪华銮负责指挥，宁队由曾万里、王致光负责指挥"[1]。当时，郭友亨、倪华銮、王致光均由郭寿生和罗亦农（中共江浙区委书记兼上海军事委员会主任）介绍加入了中国共产党[2]。16日，浙江省长夏超宣布归附国民政府并出兵进逼上海，时值孙传芳部被北伐军围困在江西，上海市区兵力空虚，中共上海区委遂决定在10月24日举行起义。广东国民政府在北伐开始后，也派出国民党中央委员、中央政治会议秘书长钮永键前往上海，主持党务和军事，并负责策反海军。钮永键策反的目标主要是北京政府海军总司令杨树庄等高级官员，这些高级官员认为形势未明，始终持观望态度，因此，策反工作成效不大。新海军社则通过走"下层路线"在海军中凝聚了一批革命力量。所以当钮永键获悉中共上海区委也在准备举行以工人为主并联合商、学、军的武装暴动时，便主动与共产党取得联系，经协商后决定国共采取联合行动。

发动起义前，郭寿生由罗亦农介绍与钮永键进行了一次会谈，协商海军如何配合起义的问题，郭寿生表示，新海军社所控制的舰艇，均可随时参加起义。他们约定，届时先由陆上人员在高昌庙附近施放焰火，海军"建威""建康"两舰见此信号即发炮攻击高昌庙兵工厂（原制造局），工人纠察队等武装则以炮声为号同时开始行动。郭寿生与钮永键会谈后，即将协商结果向中共上海区委的有关负责人罗亦农、赵世炎、汪寿华、王一飞、刘重民等做了汇报，并与他们反复研究了海军的行动计划，随后将计划通知驻泊高昌庙附近江面的"建威""建康"两舰负责指挥行动的郭友亨和倪华銮。1926年10月24日凌晨，到了预定起义的时刻，陆上负责焰火的金月石如期施放焰火，但没想到焰火都已失效，施放几次均未成功，此时已经有人注意金的行动，金遂放弃了任务。军舰上的郭友亨和倪华銮见不到信号，为慎重起见未敢下令开炮，[3]第一次起义遂告失败。

1927年2月17日，北伐军攻下杭州，次日攻占嘉兴。党中央决定发动第二

---

〔1〕郭寿生：《悼念曾万里同志》，马骏杰等编：《郭寿生海军研究文集》，山东画报出版社2017年版，第582页。
〔2〕郭寿生：《从组织"新海军社"到策动海防第二舰队起义》，中国人民解放军历史资料丛书编审委员会：《解放战争时期国民党军起义投诚·海军》，解放军出版社1995年版，第452页。
〔3〕《郭寿生自传》（1951年手稿），第25页。

次上海工人武装起义，配合北伐军向上海进攻。在此之前，中共中央军委书记周恩来已到上海，并直接领导郭寿生做海军参加起义的工作。在周恩来的亲自部署下，郭寿生特派韩廷杰、林聪如为联络员，及时向"建威""建康"两舰的郭友亨、倪华銮传达了起义密令。22日，第二次起义开始，当晚6时，已被新海军社成员控制的"建威""建康"两舰准时发炮，轰击龙华司令部和高昌庙兵工厂。但是，由于整个起义计划不够周密，浦东工人纠察队未能及时乘交通船去军舰取枪，致使南市工人纠察队孤军进攻兵工厂，没有形成策应，伤亡严重。其他各区的起义队伍听到炮声后虽已行动起来，但仅从军警手中夺得少量武器，而且未能按计划攻占各要点，第二次起义遂告失败。新海军社成员遭缉拿，被迫离舰上岸躲避，"建威""建康"两舰参加起义的官兵也离舰登岸潜入法租界。为纪念"建威""建康"两舰的壮举，《灯塔》月刊出版了二二二专号，说明海军青年军官和士兵同志参加革命的重大意义。上海总工会在复工命令中也指出："革命的海军，开炮对敌人轰击，表示革命的工人与兵士联合的伟大征兆。"[1]

1927年3月14日，北京政府海军总司令杨树庄率全体海军官兵发出通电，正式宣告归附国民革命军。3月20日，北伐军进抵上海近郊龙华，驻沪军阀军队陷入混乱。21日，上海工人在中共中央特委领导下发动第三次武装起义，终于取得胜利。然而，人们还没有来得及品尝革命胜利的喜悦，4月12日，蒋介石发动了四一二反革命政变，杨树庄遵照蒋介石的命令，下令紧急处理新海军社，逮捕相关人员。遵照党的指示，海军中的共产党人迅速转移。郭寿生接到了赵世炎传达的党中央电召的口信，乘船于4月14日抵达汉口。次日，他与国民革命军总政治部主任邓演达会商策动潜伏宁沪海军舰艇中的新海军社同志作为内应，协助讨蒋的计划。最终决定将新海军社总社由上海迁至汉口友益街丽华里7号，同时继续出版《灯塔》，由汉口民国日报馆代印（只发行了1期）。7月15日，汪精卫叛变革命，发动了七一五反革命政变，大革命失败，到处弥漫着白色恐怖的气息，新海军社的活动空间也随之愈发狭小。虽然情况不容乐观，但是党组织并不想放弃海军中多年积累的工作基础，党中央专门派王一飞

---

〔1〕张玉明等主编：《港城星火与两所海军学校》，海洋出版社1993年版，第5页。

（协助周恩来主抓军事工作）找到郭寿生，指示他"不必随军赴赣，仍须设法潜伏在国民党海军内作地下工作"[1]。郭寿生遂重返上海，试图谋取一个合适的职位，但此时形势已变，难以立足，他只得暂时躲避，由沪回闽，在黄展云创办的长乐县"营前模范村"担任禁烟处长，不久就和党失去了联系。

　　1929年5月，郭寿生再次奔赴上海，本欲和曾万里等人集合新海军社人员及海军中的进步分子，利用国民党内部反蒋势力，发展海军中的革命力量。但是到了上海后，郭寿生发现力量实在太过薄弱，遂决定再等待别的机会。经黄展云推荐，他在海军总司令部编译处担任编辑员，翻译了大量海军文献，并借以思考中国海军的建设问题。全面抗战爆发后，郭寿生随总司令部先后迁往武汉、岳州等地。1937年11月，他应海军水雷制造所所长曾国晟的邀请，参与组建"海军整建促进会"（后改称海军建设促进会），编辑《海军整建月刊》（从第二卷起改称《海军建设月刊》），并于1940年初基本筹备就绪，于当年4月15日推出创刊号。在编辑《海军整建月刊》的过程中，郭寿生撰写了大量研究和介绍国内外海军情况的文章，包括《六十年来的德国海军》《鄂中会战与海军》《一九四〇年各国海军实力》《日寇为什么要在粤闽浙沿海登陆》《我国海防建设着重点在哪里？》《格陵兰大海战》《马塔班英意大海战》《大战中的海上封锁与海上自由问题》《太平洋战争战略的观察》《日本与美英海军实力研究》等，都产生了很大影响。刊物很受欢迎，尤其受到青年海军军官的青睐，引发了海军当局的强烈不安，迫令其停刊。加之香港沦陷后，水雷制造所在香港的办事处也告撤销，来自英美各国的资料供应全部中断，这也给刊物的编辑带来了极大困难。[2]于是，刊物出版2卷共24期后，于1943年11月停刊。这期间，刊物编辑部随水雷制造所迁至湖南辰溪，郭寿生在这里与曾万里重逢，为了继续保持过去新海军社的精神，他们秘密恢复了新海军社小组，由曾万里主持。1944年1月，郭寿生调至重庆山洞海军总司令部任中校副官。

　　1946年6月，郭寿生调任海军上海指挥部中校参谋兼《新海军》月刊社社

　　〔1〕郭寿生：《从组织"新海军社"到策动海防第二舰队起义》，中国人民解放军历史资料丛书编审委员会：《解放战争时期国民党军起义投诚·海军》，解放军出版社1995年版，第453页。

　　〔2〕蔡鸿干：《〈海军整建月刊〉的前前后后》，文闻编：《旧中国海军秘档》，中国文史出版社2006年版，第160页。

长和总编辑。当时，军政部海军处接收了汪伪政府在上海的中央海军学校原址与校舍，成立了海军军官学校。学校成立后，邀请郭寿生兼任海军史教授。他认为这是一个向海军学生灌输进步思想的机会，于是应邀授课。授课过程中，郭寿生鼓励学生向月刊社投稿，并欢迎他们常到月刊社走动，以便多方面观察其思想言行，从中发现思想进步的海军青年。另外，由于月刊社社址靠近江南造船所，郭寿生经常到该所采访，了解工人状况，与工人、技术人员交朋友，为日后护厂打下了基础。1947年1月，桂永清任海军总司令后，将《新海军》月刊改名为《中国海军》月刊，直属南京的海军总司令部新闻处管辖，该处处长沈遵晦任社长兼总编辑，郭寿生任中校科员兼副总编辑，渐渐失去了办刊自主权。1948年8月，新闻处改称政工处，郭寿生任政工处上校专员兼编辑。

1948年9月，中共中央社会部在上海的负责人吴克坚指示中共地下党员林亨元接近并争取郭寿生归队。林亨元对此有详细回忆：

1948年秋，吴克坚同志找我说："国民党军海军有个月刊社社长叫郭寿生，听说很好，过去有过革命的历史，在海军里还有一定的影响，可否想办法和他联系上，交个朋友嘛。"不久，我找到一位党外朋友叫张汝砺（过去也是中共党员，以后脱党，但还是进步人士），他认识郭寿生，通过他的介绍，我和郭相识了。

郭寿生家住在虹口公园附近，我同张汝砺第一次到他家去，是装着无意路过那里，随便遛遛玩玩，我假称自己以前在广西大学当教授。经过多次接触，我和郭寿生很谈得来，我就请他和他的妻子到馆子里吃饭。他的妻子也是深明大义的人，对我们的工作很支持。我和他们夫妇还到北四川路一个小小跳舞厅（海宁路口的凯福饭店）去跳过舞。交往中，我们慢慢谈到国事，谈到政治形势，大家感到有共同语言，谈得很投机。另外，我又通过其他方面了解郭的为人，都说他是个好人。他办《中国海军》月刊，是上校社长，仍一直倾向我们。

我向吴克坚同志汇报这些情况后，吴说："你是不是可以公开自己身份？"他叫我对郭说："周恩来同志叫你归队。"大概吴已向中央汇报了。

那时我们有电台，这件事是要经过中央的。

有一天，我向郭寿生公开了我是共产党员，我对他说，我今天是奉组织的命令来跟你谈话："周恩来同志请你归队。"他听后非常兴奋。我又说，我来这里和你交朋友也是有目的的，因为你过去也有过一段革命的经历。他马上说："是的，北伐时期在上海举行武装起义时，我和周恩来同志同在一张办公桌上，面对面地坐着搞工作，周恩来同志很了解我。他叫我归队，我愿意归队！"我说，那你应该做些工作呀，海军方面就有很多工作可干。他说，要想干好工作，必须到南京海军总部去找人。他当时经济很困难，旅费都是我们给他的。他去了几次，拿回一些情报，都很有价值，不是外面可以得到的，吴克坚同志很赞赏。[1]

至此，郭寿生几经周折，终于重新回到了组织的怀抱。随后，郭寿生接到中共上海地下组织传达的周恩来关于策动海防第二舰队司令林遵起义的指示，他亲自前往镇江金山寺与林遵密谈。林遵表示决心参加革命，所待解决的，就是起义时间、地点与怎样配合人民解放军军事行动的问题。郭寿生向林遵建议，"要准备起义和进行革命工作，需要一个严密的中心组织，来担任联络、通报、决策和军事行动。你必须指派一位忠实可靠的同志，做你的代表和我联系。"[2]于是，林遵介绍了舰队轮机长阚晓钟负责这项工作。林遵起义前，郭寿生又考虑到，万一因军事变化，宁沪交通通信断绝，起义行动很可能在与人民解放军的联络配合上出现问题，遂请华东区指派军事代表直接和林遵联系。根据郭寿生的建议，华东区军事当局指派孙克骥（第3野战军第29军第85师政治委员）、杨进（华中军区政治部联络部副部长）为全权代表，与第二舰队及在上海的同志做详密的策划。林遵也指派阚晓钟、欧阳晋两人，经常和郭寿生、林亨元、孙克骥、杨进及吴平诸同志接触，先规定与解放军

---

〔1〕林亨元：《中共中央驻沪情报机构策动国民党军海防第二舰队起义经过》，中国人民解放军历史资料丛书编审委员会：《解放战争时期国民党军起义投诚·海军》，解放军出版社1995年版，第444—445页。

〔2〕郭寿生：《从组织"新海军社"到策动海防第二舰队起义》，中国人民解放军历史资料丛书编审委员会：《解放战争时期国民党军起义投诚·海军》，解放军出版社1995年版，第454页。

的联络信号，并供给海军情报。1949年4月23日，林遵在南京下游笆斗山宣布率队起义。

这期间，"民权"舰舰长程法侃（烟台海军学校第十八届毕业生）和郭寿生家是隔壁邻居。程法侃多次在回上海时与郭寿生晤面，一起谈论海军建设问题，谈论陈绍宽被迫下台后桂永清掌管海军的情况，也谈论蒋介石发动内战后的国内形势，对政治动荡不安、派系斗争激烈、经济通货膨胀，均表不满。在1948年冬的一次谈话中，郭寿生动员程法侃说："要识时务，待机起义，背弃蒋介石政权，将来参加建设人民新海军。"因程与郭有过烟台海军学校那段历史关系，彼此比较了解和信任，所以，程法侃接受了郭寿生的忠告。之后，国民党海军当局动员海军军官家属搬离上海迁往台湾，程法侃将其家属送回福州老家，做好了不去台湾的准备。1949年11月30日，程法侃随江防舰队在重庆起义。[1]除此之外，党中央还指示郭寿生策动江南造船所王荣瑛（新海军社同志）等同志进行护厂运动。王荣瑛接受任务后，凭借工作之便，一方面动员工程技术人员不去台湾，另一方面与各工场主管秘密商议，以需要修理军舰为名，拖延重要设备的拆迁时间，而且以次充好，把差的设备运往台湾。同时，千方百计与桂永清在江南造船所的亲信柳鹤图和驻厂军官巧妙周旋，费尽周折，冒险调换，最终将江南造船所自1905年至1949年的主要舰船图纸共2.6万余张装箱封好，转移到租界保存下来，全套造船年鉴也得以保存。[2]王荣瑛的出色工作为新中国成立后江南造船厂迅速恢复生产打下了基础。

1949年8月，周恩来亲切接见了郭寿生。9月，郭寿生列席了中国人民政治协商会议第一次全体会议，并参加了开国大典的观礼式。同月，郭寿生被任命为中国人民解放军华东军区海军司令部研究委员会副主任。1950年5月，郭寿生抵京担任海军司令部研究委员会副主任，分工海军史研究，撰写了许多专题材料，对护渔、领海、南沙群岛等问题提出了自己的看法。1955年1月，中

---

〔1〕程法侃：《回忆我起义前后》，中国人民解放军历史资料丛书编审委员会：《解放战争时期国民党军起义投诚·海军》，解放军出版社1995年版，第708—711页。

〔2〕周新民、周琴：《思敬园：上海城市记忆拾遗》，上海书店出版社2017年版，第265—266页。

央军委授予他三级解放勋章。1957年，郭寿生被错划为右派，受到不公正待遇。1961年9月，郭寿生因患肠癌住进解放军总医院，周恩来总理曾亲往探视，表示慰问。1963年下半年，海军司令部研究会撤销，郭寿生离职休养回到福州。1967年3月31日，郭寿生在福州病逝，享年66岁。1987年4月，他的骨灰被安放在福州文林山革命公墓。

曾万里

曾万里（1902－1944），字鹏飞，号玉生，福建长乐人。烟台海军学校第十七届毕业生。在校学习期间，参与建立党的外围组织——新海军社及发展社会主义青年团组织，并于1924年加入中国共产党，是旧海军中的早期共产党员之一，也是烟台第一个共产党组织的成员之一。毕业后，继续从事地下革命工作，策应过党领导的上海工人第一、二次武装起义。1944年4月14日，担任中国驻东南亚盟军总部海军上校联络官时，因印度孟买船坞爆炸案不幸殉难。同年8月25日追赠海军少将。

1902年4月16日，曾万里出生于福建长乐古槐镇感恩村，在家中排行第二，父亲为盐务职员，母亲善良勤俭、料理家务。1915年，曾万里考入福州海军制造学校（福州船政学堂前学堂改设而来），编入丁班，学习制造专业。1917年，曾万里所在丁班与戊班改学德文，准备赴德国留学学习制造，后因德国在一战中战败，留学计划遂告取消。加之国内舰船制造事业萎缩，致使制造人才供大于求，这批学生遂于次年转往福州海军学校（福州船政学堂后学堂改设而来）学习英文，改学航海专业。1920年11月，曾万里随同丁班、戊班转入烟台海军学校继续学习航海专业，成为该校第十七届学生。

曾万里进入烟台海军学校时，学校刚刚经历了1919年罢课风潮，追求进步与自由的种子已深深扎根于一部分学生心中，其典型代表就是第十六届学生、同样来自福州的郭寿生。曾万里入校后品学兼优，慷慨有大志，很得郭寿生的欣赏。二人意气相投，共同组织读书会，创办《新海军》月刊。1923年底，在南京鱼雷枪炮学校完成学业并已加入中国共产党的郭寿生重返烟台海军学校，与曾万里、梁序昭等经过讨论研究，决定在学校中秘密成立新海军社。在新海军社开展工作的过程中，曾万里不辞辛劳，勤奋肯干，表现得十分坚强勇敢，被郭寿生由衷称赞"促成新海军社的组织与领导新海军的运动，曾同志实居首功"[1]。是年，在郭寿生的介绍下，曾万里加入中国社会主义青年团。1924年5月，根据中共三大关于国共合作的指示精神，曾万里与郭寿生、梁序昭以个人身份加入国民党。同年，曾万里加入中国共产党。从此，他不仅是新海军社的重要骨干，也成为中共在旧海军开展地下革命活动的重要骨干。

1925年5月，曾万里从烟台海军学校毕业，被分配至"永绩"炮舰任少尉枪炮副[2]。他继续积极发展新海军社成员，尤其注意团结富有革命思想的下级军官、学生、士兵，增加革命的力量。1927年2月22日，"建威""建康"2舰炮击龙华司令部及高昌庙兵工厂。曾万里和王致光在驻泊南京的"永绩"舰上，要求舰长高宪申炮击浦口，拦截由津浦路南下援沪的奉军，策应沪队行动。后因北京政府海军总司令杨树庄于23日率"海筹"等舰宣布海军易帜，加入国民革命军，曾万里以大局已定，并闻在沪同志均获安全，遂中止炮击事。一个多月后，蒋介石在上海发动了四一二反革命政变，新海军社被查封，许多同志被捕遇害，曾万里又协助郭寿生将新海军社总社从上海迁至汉口，拟再次策动宁沪舰艇中的共产党员及新海军社同志作为内应，适时发动军事行动。然而，武汉七一五反革命政变后，海军奉令"清党"，白色恐怖再次裹挟而来，新海军社的工作完全处于地下状态，且难以继续得到党中央的直接领导，郭寿生在短期赴沪后，被迫由沪返闽。曾万里等人只好设法潜伏海军内部，等待合适的行动时机。这一时期，不仅革命处于低潮，而且国民党内部各派倾轧严重。1929年3月，蒋桂战争爆发。曾万里与"永绥"舰三副林溥良等认为可联合新海军社旧日同志及海军进步分子伺机进行革命活动，遂于5月间电促郭寿生速返上海，一道商议举措。然而，由于与党失联，缺乏组织领导，特务组织又强化了对海军的控制，开展革命工作困难重重，这次革命活动计划又未能实

---

[1] 郭寿生：《悼念曾万里同志》，马骏杰等编：《郭寿生海军研究文集》，山东画报出版社2017年版，第581页。

[2] 刘传标编纂：《中国近代海军职官表》，福建人民出版社2005年版，第101页。另据陈书麟回忆，曾万里当时"可能是航海二副"（见《陈书麟介绍曾万里情况的两封信》，张玉明等主编：《港城星火与两所海军学校》，海洋出版社1993年版，第103页）。

施。在险恶的环境中，曾万里等人只得继续潜伏。[1]之后，曾万里调任福州海军学校舰课班教官。

1931年3月，曾万里与韩廷杰、杨熙泰、林实哲、周伯泰、邵仑、吕叔奋、林继柏、郭懋来、李寿镛，作为南京国民政府海军成立后派出的第二批海军留学生赴英学习航海、鱼雷、枪炮各专业，后又赴英地中海舰队见习1年，于1934年4月回国。回国后，曾万里先后担任"应瑞""宁海"各舰航海官、"自强"舰副长、"通济"练习舰教练官。1936年11月，曾万里调任"宁海"巡洋舰少校枪炮长。次年，参与了江阴封锁线上著名的九二三之役，在战斗中左腿被弹片所伤，血流满地，犹指挥至最后一弹。旋又负痛下舰指挥，援救伤兵登陆，直至最后一刻，方离舰上岸，被送入医院。[2]

江阴大战之后，曾万里回福州养伤。其间，其父病故，处理完丧事后，曾万里自请再调前线效力。1938年，曾万里被任命为武汉卫戍总部田壁工程处参谋。同年10月，武汉沦陷。是时，海军军舰已在江阴一战后损毁殆尽，布雷战成为海军抗战的主要方式。1939年4月，曾万里调任设在常德的海军水雷制造所运输课课长兼桐梓海军学校舰课教官。他利用担任教官的有利条件，不失时机地向学生灌输爱国进步思想，激发大家的抗战热情。在水雷制造所工作期间，曾万里还遇到了久未谋面的郭寿生。当时，郭寿生是《海军整建》月刊编委会成员。这份刊物是由水雷制造所所长曾国晟在1940年初筹办的，旨在从理论上廓清海军的地位，进一步扩大海军的影响，特别是扭转自甲午之后，长期形成的漠视海军的社会心理，进行海军整建的启蒙。曾万里虽然不是刊物编辑，但对办刊非常支持，经常为刊物撰稿，笔耕不辍。刊物创办伊始，曾万里就在创刊号上发表了著名文章《由海军抗战事迹说到现阶段海军军人的重大使命》，以期鼓舞海军士气，坚定必胜信心。他在文章中指出："时至今日，经过了两年多的牺牲和消耗，不独是军舰差不多没有了，就是军舰所赖以活动的全部海洋，也几乎非被占领，便被封锁。于是，多数人每感到失望，有的热血

〔1〕郑则善：《旧海军营垒中的革命者——曾万里》，《福州党史通讯》1992年第1期，第19页。

〔2〕郭寿生：《悼念曾万里同志》，马骏杰等编：《郭寿生海军研究文集》，山东画报出版社2017年版，第583页。

填膺地满怀着'请缨无路'和'英雄无用武之地'的悲观阴影，甚至进一步还怀疑到我们海军此后的存在问题。这种现象，无疑是相当严重的。如果不是绝对的话，在抗战已到了发动全面、支持长期，以争取最后胜利的现在，我认为决不宜让这种不应有的现象，继续存在的。我们亟应虚心地加以检讨，详明地加以解析，和严重地加以纠正。这就是我提出这一个问题的动机。"在回顾了抗战以来海军在阻塞战、要塞战、布雷战英勇抗敌的事迹后，曾万里满怀深情地写道："我们海军雷队和炮队，由萌芽以至于生长，由尝试以底于成功，把海军光荣抗战史的内容充实了，页数加厚了。一水一陆，互相辉映，交织成一团异彩，随着抗战的局面展开。这一异彩在不久的将来，可必其更能发皇光大的。"由此，他进一步针对有人不明了海军抗战的具体情形，提出"江阴战后中国海军哪里去了呢"的疑问写道："这是难怪的，因为此则我们的海军大部分已不是原来真面目了。例如，一个穿着陆军制服的要塞炮兵，寻常人必不会相信他是海军军人；再如一个穿着便服的雷队士兵，寻常人更不会相信他是海军军人。事实上自江阴战后，我们海军军人只有更广泛而有计划地遍布到陆上的要塞和内地的河川。没有一个要塞，缺少得我们远距离的舰炮和技术谙熟的炮兵；没有一个河川，不浮系着我们威力猛烈的水雷和驻留着出生入死的雷队。总而言之，没有一个战区，没有我们海军军人公开地、秘密地站立在抗战的重要岗位，负荷着抗战的重要使命……我将代答道：中国海军没有去也没有来，只是永远地散布于整个抗战阵地的前方，直至最后胜利的一天。"在文章的最后，曾万里热情洋溢地鼓励海军战友继续坚持抗战，继续努力与奋斗，他说："在思想方面，我们要发挥海军忠勇爱国的革命精神以加强全面力量。……在行动方面，要继承第一二两阶段海军抗战之光荣战绩，踏着我们先烈的血迹前进，以配合全面反攻……继往开来，端赖我们海军军人共同负担着现阶段的重大使命，中华民族复兴的基础在此，海军复兴的基础也在此。"

1939年9月，曾万里兼任第九战区湘资沅澧四江封锁委员会设计股股长。是月，日军分由新墙、阳林、通城三路举兵南犯，进迫长沙。岳阳江面日军舰艇的活动开始频繁起来，试图掩盖行动企图。针对日军动向，曾万里与同事们先后在湘江的磊石山、老闸口、濠河口、霞凝港、营田、沉沙港、临资口、元潭、许家洲、三汊矶、易家湾、竹埠港、湘潭，沅江的杨柳湖、八金叉、南嘴、天灯庙、洪家嘴、岳飞嘴各处抢布水雷2000余具；湘阴以北芦林潭一带遍构雷区，使得登陆之敌阵地涣散，力量一时不能集中，首尾无法兼顾，且军火、粮食的输送均陷绝境，敌虽急退，而分段被歼之势已成，难逃败局。[1]在此次会战中，海军顽强的布雷行动，不仅为陆军作战赢得了时间，而且有力地保护了陆军侧面及后方的安全。当日军疯狂进攻之时，中国军队云集长沙以北、汨罗以南，倘若海军不能有效利用洞庭湖及湘江雷区层层阻止日军，中国陆军将腹背受敌，第一次长沙会战的结果就难以预料了。因此，曾万里等均膺奖叙。

1942年7月，曾万里因不满当局，离开水雷制造所，到重庆新成立的国防研究院担任研究委员，负责海军部门，先后将林遵等原新海军社成员介绍到院内任研究员。他工作勤奋，积劳成疾，1943年春吐血甚重，一度病危，待病体稍愈后，即投入对陆海空联合作战的战略研究，对当时一些人发出的所谓"中国不需要海军"的错误言论加以批驳。这一时期，他与仍在辰溪的郭寿生保持着密切联系。郭寿生在一次发自辰溪的信中写道："在反革命势力恶劣污浊的环境下，很容易使你的政治观念模糊，失去革命立场而不自觉，甚至为利欲所诱而变节。过去有许多同志就这样坠落了……"曾万里立即回复："……新海军社的精神，我是一向保持着的，而你我奋斗的光荣往史，更是永远铭在心坎，故我们的使命，仍一贯担负着，而我们的工作更不断地继续着。现在，尤其是最近，我能负责地将在高昌庙开炮声中所断送了的将近十七年的我们的希望，用极乐观的口吻，向你这一位海军革命创始人来报告了。我们的前途，也就是海军的前途，正在重要的展开中，而且极其光明。请你莫急，只站定岗位，待事实的演变，而预备发挥你的志愿好了。"不久，曾万里得知郭寿生已调山洞海军总司令部，特地从重庆赶到山洞，告诉郭："在研究院内，我们已有秘密小组织，把握敌人的武器，有了实力就可以发挥我们的力量。当我接到你在辰溪那封信时，我怕你对我没有信心，又怕你离开海军岗位，现在我们要苦干下去，虽然长期与党信息不通，可能他们已疑我们变了节，但我们能够保持新海军社

---

[1]《海军革命史1926—1927》，杨志本主编：《中华民国海军史料》，海洋出版社1987年版，第337—338页。

的精神，总有天亮的时候，水落石出的日子，请你莫急，要苦守下去。你若离开岗位，影响就很大。"这一时期，曾万里与郭寿生、林遵、陈书麟等人时常聚会，交换对时局的看法，并一再向海军当局提出坚持国共合作，一致对日作战的建议等。不久，国防研究院研究班结束，曾万里被派为中国政府驻东南亚盟军总部联络参谋。行前，郭寿生担心曾万里曾吐过血，肺部衰弱，恐怕乘飞机难过喜马拉雅山。曾万里则毅然决然地表示，此行将以勇气来克服顾虑，他已把妻子送往福州家乡。曾万里还与郭寿生约定，等回国后，再一起做新计划。[1]

曾万里到达印度后，东南亚盟军总司令英国海军上将蒙巴顿曾与他谈论军务，曾万里"偶有所言辄中肯要"[2]。1944年4月14日，为了解盟军在印度的设施机构，曾万里与中国派赴东南亚盟军总部人员及驻印使馆武官，在孟买驻军指挥官的陪同下，先后参观了亚历山大船坞和皇后船坞。下午4时左右抵达孟买船坞，其时，一艘装载军火的大型船只突然起火燃烧，进而发生爆炸，参观组一行皆受伤，曾万里因弹片击中头部不幸殉职，安葬于孟买维多利亚公墓，时年仅42岁。噩耗传回国内，引起很大震动，众人皆对曾万里的殉职深感痛惜。其挚友郭寿生对他有一段情真意切的"盖棺定论"之语："曾同志在求学时代是海军的领导，在本党工作期间是忠实的党员，在国民革命军是革命的海军先锋，在抗战中是海军的抗日健将，在新海军运动中是领导者，在国防研究院工作中是陆海空联合作战的战略家，在东南亚盟军总部中是中英两国的重要参谋，他以往的一切的确值得人们钦佩，垂之后世而不朽。假使这次没有发生这种不幸的事，则曾同志运筹帷幄，赞助盟军必定有极大的贡献。胜利以后，以他的抱负和经验，来建设新海军，也一定有伟大的成就。所以，曾同志的死，不仅是建设新海军的损失，乃是中国国防的损失，也就是中国国家和联合国的损失，诗云'痛哲人云亡兮邦国殄瘁'，我们由悼念曾同志兼论新海军运动，由新海军运动纪念到曾同志，实感觉着空虚、抱恨与无量的悲哀！"[3]

---

〔1〕郑则善：《旧海军营垒中的革命者——曾万里》，《福州党史通讯》1992年第1期，第22—23页。

〔2〕郭寿生：《悼念曾万里同志》，马骏杰等编：《郭寿生海军研究文集》，山东画报出版社2017年版，第584页。

〔3〕同上，第584—585页。

林 遵

林遵（1905—1979），又名林准，字尊之，福建福州人。烟台海军学校第十八届毕业生。曾先后赴英国、德国留学。抗战胜利后，率舰队收复并进驻西、南沙群岛。1949年4月23日，率海防第二舰队在南京江面起义，加入人民海军。1955年，被授予海军少将军衔。1977年8月，加入中国共产党。第一至三届国防委员会委员，中国人民政治协商会议第一届全体会议特别邀请代表，第一届政协全国委员会委员，第一至五届全国人民代表大会代表。1979年7月，病逝于上海。

1905年8月，林遵生于福建福州七星井，其曾祖父林霈霖是林则徐的弟弟，其父林朝曦是江南水师学堂附设之鱼雷班第二届毕业生。林遵幼年入私塾学习，16岁转入美国人开办的教会学校——福州格致中学。1922年前往南京，就读于金陵中学。1924年4月考入烟台海军学校。

林遵入校时，正值郭寿生与曾万里、梁序昭在校内创建新海军社，掀起新海军运动，以期团结更多的进步青年。新海军社的宣传深入人心，许多对旧海军不满的学生纷纷加入新海军社，希望能够通过自己的努力，改变海军的落后面貌，林遵也是其中的一员，并很快成为新海军社的骨干成员。特别是当第十六、十七届学生毕业后，包括林遵在内的第十八届学生更是成为烟台海军学校开展新海军运动的主力。其时，随着北伐军的节节推进，新海军社在烟台海军学校的活动引起了山东督军张宗昌的高度关注。1928年初，张宗昌以烟台海军学校师生私通北伐军为由，命令副总司令沈鸿烈查办此事，后由东北海军参谋长谢刚哲具体到校勘办。谢刚哲反反复复查了四五十日，没有得到任何证据，只得解禁撤离。离开前，在毫无证据的情况下，谢刚哲将学校军医官林俊雄，学生林遵、林祥光、高如峰、陈嘉柯、薛臻藩等8名所谓"嫌疑分子"强行带走。林遵等8人先被带往青岛，后又被带往济南的监狱。直到济南克复后，才得以出狱赶赴上海，与先期由烟台抵沪的同学相聚。1928年5月，烟台海军学校停办。林遵等尚未毕业的第十八届学生转入福州海军学校，作为烟台海军学校"寄闽班"继续学业，并于9月毕业。

1929年，经过考选，林遵作为练习生赴英留学，并因学习成绩优秀，被英方选定进修高级课程，学习通信，直到1934年8月学成归国。回国后，林遵相继被派往"宁海""海容"舰任枪炮员，1935年8月，任南京国民政府海军部副官室副官，1936年6月，又被派往海军学校担任教官兼航海学员队长。当时，海军学校各班均采用中国历史名将的名字或其封号为队名，以期让学生耳濡目染，效法先贤的精神。林遵担任的是1934年、1936年入校的航海第七、八届合成的"葆桢队"队长。

1936年12月，林遵调任"自强"炮舰上尉副舰长。1937年，英王乔治六世加冕，中国派出特使团参加其加冕典礼，孔祥熙任特使，海军部长陈绍宽以熟悉英国情况，并为利用时机前往欧洲各国就便联系添置海军设备，被任命为副使。林遵和军械司司长海军少将林献炘、少校周应聪作为陈绍宽随员，一同出使英国。卢沟桥事变发生后，陈绍宽被紧急电召回国。林遵则已于之前的5月下旬奉命前往德国，负责接收国民政府向德国订购的潜艇，并负责管理由国内来德学习潜艇技术的邱仲明、林濂藩、何树铎、刘纯巽、廖士澜、欧阳晋、刘震、卢如平、蒋菁、王国贵等10名学生。后来，随着德、意、日结成法西斯联盟，德国一再拖延原定计划，不让中国学生上军舰，海军训练营也不能去了，但也并没有马上切断和中国的一切联系。因此，林遵就带着留德学生抓紧时间学习德国人允许的内容，到克虏伯的工厂学习枪炮，到西门子的工厂学习鱼雷，驾驶课则改在室内讲授。1939年，德国已决定不再履行之前和中方签订的潜艇合约。此时，有学生提议改赴英国学习。但林遵经过认真考虑，决定不去英国，而是回国参加抗战。后经请示当局批准，在林遵的带领下，留德学生踏上了回国抗战的归途。他们先坐火车，到意大利上船，走新加坡，到越南海防上岸，通过镇南关，到了贵州。[1]就这样，林遵带着学生们，于1939年7月回到了国内。此时，据他赴欧已经过去了两年多时间。

林遵从欧洲回到国内时，南京、上海、广州、武汉均已失陷，海军的军舰也已损毁殆尽，布雷战逐渐成为海军对日作战的主要手段。1939年9月，鉴于日军急于打通长江航道，海军总司令部命令水雷制造所先组建长江中游布雷队，后又于当年11月，正式组建长江中游布雷游击队。布雷游击队"在陆军的协同掩护和敌占区群众的密切配合下，机动灵活地在长江敌后敷设漂雷，袭击敌舰艇和运输船只。这种无定时、无定形的钻隙乘虚的布雷游击，取得了丰硕战果"[2]。布雷游击队遂得以不断扩充和加强。1940年1月，海军总司令部修正《海军长江中游布雷游击队编制》，扩充组织。按照新编制，长江中游布雷游击队设1个总队部，5个队，11个分队，5部移动电台，任命刘德浦为总队长，叶可钰、何传永为副总队长。林遵为第五队少校队长兼第九分队分队长。第五队处于第一布雷游击区的皖南、赣北方向，驻扎在皖南贵池县的梅村一带，在23集团军148师的支援配合下，主要负责贵池方向沿江的游击布雷任务，主要武器是湖南辰溪海军水雷制造所设计和制造的海庚式漂雷。

1941年10月3日，海军总司令部又将长江中游布雷游击队改编为海军第二布雷总队，下设7个大队，14个中队，7座移动电台，以刘德浦为总队长，郑振谦、杨希颜调任副总队长。林遵任第五大队大队长兼第九中队中队长。"据不完全统计，从1940年1月至1944年1月的4年间，驻皖南、赣北的海军长江中游布雷游击队第一、二、三、五大队，在安庆、芜湖至江西湖口全程300余公里的长江地段内，前后向繁昌、铜陵、贵池、东流、香口、马当、彭泽、湖口等县轮番出击86次，布放漂雷1505具，击沉、击伤敌舰船101艘，其中大中型军舰13艘，运输船35艘，汽艇、驳船等53艘，敌舰船装载的军用品和货物的数量、价值无法统计。我游击布雷活动，也牵制了敌一部分海军兵力，阻梗

---

〔1〕欧阳晋口述、徐绥之采写：《口述历史——投身中国海军七十年》（五十一），《团结报》2005年3月5日，第4版。
〔2〕欧阳晋：《回忆抗战时期海军皖南、赣北长江布雷游击战况》，福州市政协文史资料委员会编：《福州文史资料选辑》（第14辑　纪念抗日战争胜利50周年专辑），内部刊物，1995年，第113—114页。

敌企图利用长江水道对我实施海陆空联合进攻。"[1]

1942年2月，林遵通过烟台海军学校同班同学林祥光介绍，到重庆国防研究院学习军事科学，1944年毕业，被分配在军事委员会参谋总长办公室任海军参谋。1945年8月，抗战胜利，林遵被派往美国，担任国民政府驻美大使馆海军上校副武官。不到半年，他又受命率领8艘美国租借军舰启航回国，成为这一重要海军事件的亲历者。

完成接舰任务后不久，林遵又接到了一项重要的任命。1945年10月25日，台湾光复，国民政府随即决定南海诸岛仍划归广东省管辖。此时有消息说，法国舰艇在西沙海域活动。据法新社西贡专电，"法国海军陆战队于1946年5月曾在西沙登陆，逗留十五天"。1946年8月又有消息称，菲律宾外交部长季里诺表示要将"新南群岛"（即我南沙群岛）并入菲国防范围之内，更引起国民政府的警惕。1946年9月2日，行政院外交部、内政部、国防部会商对策，决定尽快组织力量，协助广东省政府收复南海诸岛，并派军队驻守。1946年10月，国民政府行政院决定派遣舰队南下，收复西、南沙群岛，任命林遵海军上校为舰队指挥官兼接收西、南沙群岛指挥官。据时任舰队旗舰"太平"舰副舰长何炳材等人回忆："当时，中国海军官兵的思想复杂，很多中高级军官争着去接收'有油水'的地区和部队，有的舰长和舰上官兵则希望到渤海湾去巡逻以期达到劫掠民船自肥。但对远离大陆去接收西、南沙群岛则少有人问津。而林遵则认为这是海军军人的天职，欣然接受这一艰巨的任务。"[2]

1948年2月，林遵被任命为海防第二舰队司令。该舰队驻防长江地区，主要负责长江中下游防务，防线西起江西湖口，东至江苏江阴，正好是人民解放军强渡长江中下游极其重要的地段。抗战胜利后，林遵对国民党重建国家曾一度抱有幻想，但随着时间的推移，反动统治每况愈下，他的幻想也就破灭了。接着，国民党挑起了内战，林遵对此更加反对。1947年底至1948年初，林遵在上海曾和一些旧海军的老同事、老同学举行小型聚会交换意见，大家

〔1〕欧阳晋：《回忆抗战时期海军皖南、赣北长江布雷游击战况》，福州市政协文史资料委员会编：《福州文史资料选辑》（第14辑　纪念抗日战争胜利50周年专辑），内部刊物，1995年，第114页。

〔2〕何炳材、戴熙愉、林焕章：《难忘南沙领航时》，上海市长宁区政协文史资料委员会编：《长宁文史资料》（第12辑），内部刊物，1996年，第35页。

都认为国民党注定要失败，为了国家民族，为了个人出路，只有投向共产党才是光明大道，此外别无他路。当时他就产生了派人去香港和共产党取得联系的想法。后来他率领海防第二舰队来到长江，看到蒋介石下台，李宗仁上台，酝酿"和平谈判"，也一度幻想能和谈成功，国民党和平移交政权，使国家免遭战争创伤，这样对国家、对人民都有好处。但后来发现这只不过是国民党的一个骗局。此外，林遵认为海军总司令桂永清结党营私，骄横无能，由其领导海军，海军肯定搞不好。这也是加深他对国民党的不满，促使他下决心起义的一个因素。

为了能够做好争取林遵的工作，1948年9月，中共中央驻沪情报机构负责人吴克坚派出地下工作人员林亨元去找时任《中国海军》月刊社社长的郭寿生，向他发出"归队"的信号，并要郭去和林遵联系，动员林遵率舰队起义。1948年11月的一天，郭寿生来到第二舰队司令部驻地镇江，并在"惠安"舰上见到了林遵。多年未见，郭寿生向林遵说明来意，一是为《中国海军》月刊约稿，二是叙旧。由于舰上耳目甚多，两人没有深谈。林遵察觉到郭寿生言犹未尽，问郭是否还有别的使命，郭称还将去南京一趟。林遵邀郭从南京返回时再来镇江，届时陪郭去金山寺一游。两天后，郭寿生如约返回，林遵陪他游览了镇江名胜金山寺。他们边走边谈，从海军的人事关系、派系倾轧，一直谈到内战的形势，不觉已登上金山之巅。郭寿生见周围无人，便郑重告知林遵，周恩来近日让自己归队，另外，中共地下组织让自己来做林遵的工作，希望他率队起义，投向人民。[1]

由于林遵已有一定的进步思想基础，再加上他信任的学长和好友郭寿生亲自来动员，而且又是他希望找到的中共中央的上层关系，所以当郭寿生与他谈及起义问题时，他当即表示同意，但认为具体行动要见机而行。从1948年11月至1949年2月底，郭寿生来过镇江3次，每次都以游览金山寺作掩护，与林遵密谈很久。为了加强联络，林遵专门指派第二舰队总轮机长阙晓钟作为自己的代表，来往于上海与镇江之间，与郭寿生及中共上海地下组织互通信息，保

---

〔1〕《海防第二舰队在南京江面上的壮举》，中国人民解放军历史资料丛书编审委员会：《解放战争时期国民党军起义投诚·海军》，解放军出版社1995年版，第121—122页。

持联系。在郭寿生与林遵的谈话已经比较深入的基础上，吴克坚要求林亨元亲自与林遵面谈，落实起义事宜，于是，林亨元在郭寿生、阙晓钟陪同下到镇江与林遵见面。二人也是旧相识。林亨元分析形势后，直截了当地谈到了起义问题，并就起义方式、起义地点、情报提供等方面对林遵提出了3条要求，两人基本达成一致。林亨元告知林遵，会通知第三野战军速派人与其见面，以便共同合作，举行起义。

林遵与中共中央驻沪情报机构的联系，除主要通过阙晓钟居间进行外，欧阳晋也是联络人之一。欧阳晋与林遵相识已久，在德国留学和在长江中游布雷游击队任职期间，都是林遵的部下，两人关系甚好。林遵为了找可靠的助手在身边，主动将欧阳晋调到第二舰队司令部任中校参谋组长。欧阳晋对此也心知肚明，他说："我到二舰队的时候，林遵起义已经确定了，他主动要我去二舰队，就是参加这件事，做工作。他调我来当舰队中校参谋组长。他没有问我态度，他对我的情况都了解，所以敢对我讲。调我来，目的就是来帮他。1949年初，我一去，林遵就和我说'已经接上头了'，然后告诉我到什么地方和郭寿生接头。"[1]欧阳晋调至第二舰队后，多次被林遵派往上海与郭寿生、林亨元接头通气，交流情况。直到起义前夕的4月21日，还赴沪通报。

与郭寿生所代表的中共中央地下组织的联系，是推动林遵起义最重要的一条线索。欧阳晋说："二舰队起义还有好多条线，最后，郭寿生这条线是最主要的。"[2]林遵自己也表示："我和共产党取得联系，以及林亨元、郭寿生的来临，这是促成我起义的决定性因素。"[3]除了这条线索之外，中共还通过其他4条线开展了策反工作：经中共中央驻沪情报机构请示，中央军委通知人民解放军第三野战军，由三野派出孙克骥、杨进2人两次潜入镇江、南京、上海，准备直接协助林遵指挥第二舰队起义，虽未与林遵见面，但一直通过阙晓钟等人保持联系；阙晓钟之弟阙巍观的同学吴平北上投奔解放区，阙晓钟报告林遵同意，托他将准备起义的情况向中共组织汇报，后吴平及其女友曹一飞潜回

---

〔1〕欧阳晋口述、徐绥之采写：《口述历史——投身中国海军七十年》（五十六），《团结报》2005年3月26日，第4版。

〔2〕同上。

〔3〕林遵：《国民党军海防第二舰队起义经过》，中国人民解放军历史资料丛书编审委员会：《解放战争时期国民党军起义投诚·海军》，解放军出版社1995年版，第475页。

上海，专门负责将第二舰队的情报送至江北三野处；当时已与中共地下组织有联系的国民党海军少将署长曾国晟，在1948年3月，托"永绥"舰舰长邵仑向林遵转告起义事宜；中共上海局策反委员会的地下工作者何友恪曾约欧阳晋会面，策动第二舰队起义，欧阳晋如实转告林遵。

1949年4月22日下午，海军总司令部命令身在芜湖的林遵将芜湖至安庆段所有舰艇迅速集中到南京，并于23日拂晓前到部报到。午夜时分，林遵率队到达南京下关码头。至海军总司令部后，桂永清正在等他，让他带领军舰赴沪，并许之以中将副司令之职，林遵婉拒不应。桂百般说服，依然无果。桂永清等一众海军高官遂离开。临走时，桂永清留信以飞机轰炸相威胁。林遵感到起义的时机已到。23日清晨，林遵在南京笆斗山锚泊地，通知各舰舰长和艇队长到临时旗舰"永嘉"舰开会。林遵在会上先介绍了南京已撤守，桂永清等人已逃跑，江阴要塞已经易手等战局形势，并传达了桂永清要求舰队撤出长江的命令。然后，他请大家发言，发言很激烈，逐渐形成了主张留下和主张撤逃两种主要意见，双方均不能说服对方，会议出现僵局。林遵适时宣布休息，并要求几个坚定支持起义的舰长分头做一做反对派的工作。复会后，气氛稍缓和，林遵以切身安危和官兵前途启发大家，又是一番讨论后，林遵决定以不记名投票方式进行表决，少数服从多数。最终，16名舰长参加投票，8票赞成留下，2票反对，6票空白。林遵当即宣布，按照多数舰长的意见，舰队留下不走，但个别舰长非要走的话，也不阻拦。同时，安排人起草与解放军联系的信件。经讨论后，大家决定由"惠安"舰一名勤务兵送出信件。

此时，起义大局已定，但仍有波澜。23日傍晚，临时旗舰"永嘉"舰假传命令，带同6艘军舰逃跑。为了避免引发更大混乱，林遵没有同意炮击的建议，而是反复用无线电呼叫喊话。"永绥""楚同""安东""美盛"在明白真相后返回了下关。当日晚上七八点钟，林遵正在召集留下的舰长开会时，有一些不明真相且被蛊惑挑唆的士兵突然闹事，用枪威逼林遵下令开船。林遵态度威严，大义凛然，对闹事士兵进行了耐心的说服教育，坚决表示就是牺牲了生命也不能开船。后辅之以其他官兵的劝说，骚乱士兵未敢轻举妄动。23日当天，在起义的关键时刻，阙晓钟、欧阳晋等联系人都未在南京，三野的孙克骥也已赴沪。虽然之前会议决定由"惠安"舰派人送信，但后来由于不放心让一名士兵担此重任，也未送出。再加之下午以来发生的一系列事件，林遵感到，第二舰队虽已宣布起义，但军心很不稳定，亟需尽快与解放军取得联系。经过商量，林遵派副官王熙华和参谋戴熙愉前往对岸的浦口镇联络，并派出比较可靠的炮4号艇负责专送。戴、王二人驶近浦口后，打着灯光信号一边行驶，一边联系，一边呼喊，终于在23日晚上10点多钟见到了人民解放军第35军联络部副部长张普生。戴、王二人邀请张普生连夜一起乘艇返回舰队驻泊处，与林遵及各舰长、艇队长相见。这时已是24日凌晨。张普生首先代表三野首长接受第二舰队起义，并向第二舰队全体起义官兵表示热烈欢迎和慰问，接着，提出要第二舰队派舰艇协助解放军渡江。25日上午，林遵带着"联光"舰舰长郭秉衡、参谋戴熙愉到第35军军部驻地即原"励志社"社址，见到了第35军军政首长。第35军领导向林遵转达了中共中央、毛泽东主席和三野党委、首长对第二舰队起义官兵的欢迎和慰问，同时传达了上级领导关于舰艇疏散防空的指示。第35军何克希政委说，毛主席对第二舰队官兵的爱国举动表示高度赞扬。毛主席指示，我们要的是建设海军的人才，当然军舰也很重要，要尽可能保存，但保存不住也不要紧，我们将来一定会有的。这番话使林遵深受感动，充分体现了中共中央和毛主席对起义官兵的关怀和信任。从此，他打消了"功成隐退"的想法，决心为人民海军建设贡献终生。[1]

至此，林遵率第二舰队起义圆满完成。起义舰艇计有："惠安""永绥""太原""江犀""楚同""安东""联光""吉安""美盛"9艘军舰（"楚同""永绥""吉安""太原""安东"后被国民党军飞机炸沉，"惠安"被炸沉后又经打捞修复并改名"瑞金"），各型艇只21艘，合计舰艇30艘、官兵1271人。[2]这是解放战争中最大的一起国民党海军集群起义。

1950年8月20日，林遵与国民党起义人员曾国晟、金声、徐时辅等，在华东军区海军司令员兼政治委员张爱萍的带领下赴京，28日，毛泽东主席在中南海住所接见了他们。9月15日，中共中央军委任命林遵为华东军区海军第一副司令员。不久，他作为特别邀请代表出席了第一届中国人民政治协商会议，并

---

〔1〕《海防第二舰队在南京江面上的壮举》，中国人民解放军历史资料丛书编审委员会：《解放战争时期国民党军起义投诚·海军》，解放军出版社1995年版，第133页。

〔2〕同上，第117页。

当选为全国政协委员。10月1日，林遵登上天安门城楼，参加了举世瞩目的中华人民共和国开国大典。

1951年1月，林遵调任中国人民解放军军事学院海军教授会主任。1955年被授予少将军衔，荣获一级解放勋章。1957年任中国人民解放军海军学院副院长，并由刘伯承元帅推荐，参加《辞海》军事条目的编审工作，为培养合格海军人才做出重大贡献。1972年4月，因患鼻咽癌，林遵先后在南京、上海、青岛等地治疗休养，1974年病愈。1975年5月，任中国人民解放军东海舰队副司令员。1977年8月12日[1]，已是古稀之年的林遵加入中国共产党。1979年7月16日，因鼻咽癌复发，林遵在上海病逝，享年74岁。

〔1〕杨肇林:《林遵传》，人民出版社2016年版，第448页。

附　录

烟台海军学校大事记[1]

1903（光绪二十九年）

北洋海军统领叶祖珪，命北洋海军帮统兼"海圻"舰管带萨镇冰负责筹办海军学堂，于烟台嵩武军中营旧址，金沟寨村北的海军练营内附设学堂，以应海军人才之急需。

萨镇冰拟具"开办水师学堂章程暨开支经费清折"，将初步建校设想呈交直隶总督兼北洋大臣袁世凯。袁世凯表示同意，并批示"如拟办理，俟将学生招齐，开办日期报查"。

12月，招收第一班学生入校，练习驾驶之学。海军练营管带谢葆璋兼任监督（校长），总理学校教学及行政事务。

1904（光绪三十年）

春，招收第二班学生，在校学生总数达到40人。

1905（光绪三十一年）

7月29日，总理南北洋海军事宜兼广东水师提督叶祖珪病逝于上海，殁年仅54岁。

8月，萨镇冰升任总理南北洋海军事宜兼广东水师提督。

10—11月，温树德、佘振兴、饶鸣銮、陈文会等第一届毕业生24名毕业。

---

[1]大事记所录月份、日期，均为阳历。

由教学教习徐裕源率领第一、二届学生20余人赴北京候考，22人考取，留学日本学习海军，陈石英、叶芳哲二人派送美国波士顿厂学习制造。

1906（光绪三十二年）

4月，第一、二届学生22名由海军游击郑祖彝率领，乘轮赴沪，数日后，乘法国商轮东渡，入日本东京深川区商船学校学习。学生赴日后，学校空额较多，再招考三班共计60名学生入学。

是年，原堂址已不敷应用，于烟台东山金沟寨村之南建筑新堂舍，派谢葆璋兼管督造学校新校舍事宜。

1907（光绪三十三年）

春，留日湖北籍学生刘钟秀因言语冲突被日生殴打，激起中国学生公愤，全体罢课，要求校方惩罚肇事日生，并到驻日公使馆请愿。

夏，留学生赴日预科学习已一年，数次向日方询问下学期是否可入日本海军兵学校就读，均未能得到确切答复。留日学生以在商船学校无学可求，徒费年月，请求调回派舰服务。清廷批准已在国内接受过海军基础教育的烟台海军学校学生回国，派往舰上练习船务。

9月，原留日海军学生中，烟台海军学校的温树德、佘振兴、任光宇、刘永诰，江南水师学堂的吕德元、孟慕超、奚定谟、沈奎等8人，被派赴英国东方舰队学习。

1908（光绪三十四年）

1月，新堂舍完工，俗称新学堂（之前堂舍称旧学堂），学校正式成立，名为"海军学堂"，谢葆璋任监督。

3月，第二届许秉贤、曾以鼎、严寿华等19名学生毕业。新学堂建成后，在津沪两地招收各96名学生，总额共192名。新生到校后，根据入学考试成绩加以分班，共分8个班，分别冠以"孝""悌""忠""信""仁""义""礼""智"的班名。

是年，经萨镇冰与英方交涉，由英国海军提督上将摩亚伯爵（Adm. Sir

William Miore）向英海军部请求，允许派佘振兴等8名中国留学生分赴英国东方舰队、地中海舰队、大西洋舰队、海峡舰队见习。

1909（宣统元年）

1月，清廷派沈觐安（候补道）率随员2人到学校考察教授、财政、医务及其他校事，成绩优良。

7月15日，清廷派郡王衔贝勒载洵、提督萨镇冰充筹办海军大臣。

8月13日，陆军部会同海军大臣奏定筹办海军入手办法，拟分7年筹办海军，正式拉开晚清最后一次振兴海军的序幕。

8月25日到9月24日，载洵、萨镇冰南下巡阅海防，共巡视广东、福建、浙江、江西、湖北、安徽、直隶、山东、江苏等9个沿海、沿江省份的海防情况。"考察海军学堂"是此次巡阅的7项重要事件之一。清廷选派八旗近支子弟伊里布、傅黎青、张德亨等30人到校，饬校方加紧训练，使其提前毕业，以备任用。

10月，佘振兴等8名中国留学生入英国海军最大学府，位于伦敦东南区、泰晤士河南岸的格林威治海军大学学习。载洵、萨镇冰率员赴欧洲考察海军，学生曾诒经、陈藻藩、王助、王孝丰、郭锡汾、冯涛，及第二届毕业生曾以鼎、金轶伦等随同前往英国，留英学习制造船炮。

11月，第三届田士捷等14名学生毕业。

1910（宣统二年）

3、4月间，佘振兴等8名中国留学生结束在格林威治海军大学的学习，被派至新成立的本土舰队参加2个月的作战演习。后又被派往朴茨茅斯之鲸岛海军训练基地学习枪炮术、航海和鱼雷共6个月。

7月，第四届陈志、袁方乔、萨福锵等13名学生毕业。

11月，筹办海军事务处派遣军法司司长郑汝成监考第五届学生毕业考核，并调查满汉学生冲突事件。

12月4日，清廷改筹办海军事务处为海军部，载洵为海军大臣，潭学衡为副大臣，以海军提督萨镇冰统制巡洋、长江舰队，统制处设在上海高昌庙。

第五届李庚熙等17名学生毕业。

1911（宣统三年）

2月，前期学成回国的佘振兴等8名中国留学生，向海军部军学司报到，佘振兴等6人参加鉴定考试，孟慕超、刘永诰2人随"海圻"舰出访。

4月，郑汝成接任监督，兼任海军警卫队统带，但未赴任。5月，赴英考察海军学堂，归国后到任。

6月，第六届李世甲等83名学生毕业。这是学校历史上毕业人数最多的一届，有"八十三万班"之称。

10月10日，驻湖北武昌新军中的资产阶级革命党人发动武装起义，一举成功，打响了辛亥革命的第一枪。

11月12日，烟台革命党人发动武装起义。13日，黎明时分，烟台全城光复。14日，郑汝成带着学校的满人学生匆忙逃京。教职员推举江中清为临时校长，主持校务。

12月，第七届李宝瑛等11名学生毕业。

是年，谢葆璋编订并经海军部大臣批准颁行《烟台海军学堂现行章程》，分总则、编制、课程、招考、校员、学生、讲堂、操场、学舍、餐堂、浴房、休假、请假、记功、记过、退学、考试、毕业、军服、奖赏、经费、疾病等22个方面。

谢葆璋因满汉学生冲突事件离职。

学校学生及毕业生在各地积极参加革命。学生参加烟台游行示威活动，散发革命传单；以第六届毕业生为代表的多名毕业生在驻宁海军、驻鄂海军的易帜过程中做出重要贡献；第四届毕业生萨福锛参加上海志愿决死队、京津同盟会，后壮烈牺牲。

1912（民国元年）

1月1日，孙中山在南京宣誓就任临时大总统，宣告中华民国正式诞生。17日，南京临时政府海军部正式成立，下设军政、船政、教务、经理、司法等五局及军械处和上海要港司令处。烟台海军学校由北洋直隶海军部。

7月，南京临时政府海军部派蒋拯接任校长。

是年，海军部颁订《烟台海军学校章程》，正式定名"烟台海军学校"。

该章程大多数条款都沿用了《烟台海军学堂现行章程》的内容，随时代变化做了部分修订。

南洋海军学堂经费无着，两班在校学生共60人，归并到烟台海军学校继续学习。

1913（民国二年）

2月，学校发生学潮，事发后校长蒋拯即致电海军部，报称学生萨师俊因犯校规扑责，旧生竟全体哄辱师长，庶务长常书诚因被辱请求辞职，请速示办法。海军部接电后，即令"海圻"号巡洋舰舰长汤廷光前往会同办理。

3月1日，学潮仍未平息，"海圻"舰舰长汤廷光和校长蒋拯会衔致电海军部称，奉命将为首学生吴葆森、林葆懂、邹毅、李思沆、程嵋贤、刘崇襄等6人斥革后，二、三班学生即由讲堂暴动，哄闯官厅喊骂，全体束装离校。4日，学潮以处分学生了结。10日，袁世凯篡夺辛亥革命果实，在北京就任临时大总统。30日，临时大总统袁世凯任命刘冠雄为海军部总长。

5月16日，北京政府临时大总统袁世凯令，任命蒋拯为海军部军衡司司长，郑祖彝为烟台海军学校校长。

6月17日，大总统袁世凯批准刘冠雄赴直沽校阅海军各舰之请。

7月，第八届萨师俊等32名学生毕业。

7月25日到28日，刘冠雄特委派军学司司长施作霖、任官科科长姜鸿澜乘"飞鹰"巡洋舰赴烟台海军学校进行为期大约3天的考察。整个校阅结束后，刘冠雄在呈报给袁世凯的《校阅报告书》中专列一条，对烟台海军学校、练营加以评价："学校各员管理均尚得法，学生亦感奋。即前被革回校之学生，亦知悔愧，改行顺从。练营兵勇内外场功课轮流兼习，教练颇周。教授之员尚能认真办理，练勇等亦能恪遵教令。惟该营、校尚有应行修改添设之处，已饬筹议酌办。"

是年，海军部计划对海军教育进行全面改革，编撰《增设改良海军教育预算案》。烟台海军学校在整个海军教育体系中的定位是"小学校"，基础教育阶段。

1914（民国三年）

冬，交通部所属吴淞商船学校因经费困难，被迫停办。经过校长萨镇冰与交通部、海军部协商，决定由海军部接收这所学校，并将其改为吴淞海军学校。商船学校60多名学生由萨镇冰署名开具介绍信，经过简单的检查身体程序，转入烟台海军学校学习。

1915（民国四年）

9月，第九届林赓藩等24名学生毕业。这是烟台海军学校和吴淞海军学校分任海军初、高级教育后，新学制下的第一批毕业生。

10月5日，郑祖彝调任吴淞海军学校校长，海军部派少将视察曾瑞祺接任烟台海军学校校长，兼任烟台海军枪炮训练所所长。

是年，鉴于海军军官学校已于1914年停办，海军部遂对1913年《增设改良海军教育预算案》中的三级教育方案进行了新的调整，将初、中、高三级教育体系改为初、高两级教育体系，以吴淞海军学校作为海军高级学校，以烟台海军学校作为海军初级学校。烟台海军学校的教育目标为培养海军初级军官，并授以海军普通学术及军官应有技术。学生在烟台海军学校学完3年6学期的海军基础课程后，再调往吴淞海军学校继续学习2年4学期的海军专业课程，毕业学生仍列为烟台海军学校的毕业届次。

1916（民国五年）

6月，袁世凯病亡，黎元洪继任大总统，任命程璧光为海军总长。上任后，程璧光对海军学校招生规则进行了改革，面向全国招生。

9月，海军部咨京兆尹及各省省长，并附海军学校招生章程，请其保送学生应考。

10月，海军部在上海高昌庙海军总轮机处设立考选委员会，以参事厅首席参事吴振南为会长。

12月11日，面向全国招考海军学生的考试开始，考试延续三至四天，考试科目为汉文、数学、英文三门。29日，海军部在沪录取海军学生100人。

第十届董沐曾、欧阳格、周宪章等49名学生毕业。

1917（民国六年）

12月，第十一届梁同怡等22名学生从吴淞海军学校毕业。

是年，学校取法美国海军制度，添设轮机一科，凡航海学生必须兼习轮机，以备缓急时可担任轮机员的职务。

1919（民国八年）

夏秋之际，受五四运动鼓舞，学生压抑已久的不满情绪被点燃，学生查夷平领头，爆发了学校历史上规模最大、持续时间最长的一次学潮。罢课的具体原因是学生认为校方腐败无能，贪污学生伙食费，大家吃不饱，教官的知识水准低，学不到什么东西，要求撤换校长和教务长。

9月，学校当局惩罚了厨子，在饭堂责打20军棍；对学生则采取镇压手段，准备开除学生，激起众怒。

11月23日，96名罢课学生携带简单铺盖，从学校后门冒雪而出，来到烟台市悦来客栈，购票候船，乘搭新丰商船前往上海请愿。25日，赴沪请愿学生向南北当局及各要人发出《烟台海军学生公电》。29日，罢课学生到达上海，经上海学生联合会介绍，入住威海卫路中国公学第二寄宿舍和闸北青年会义务学校。罢课事件发生后，海军部派军学司科长王传炯、林继荫二人赴烟查明情形，并令正在上海的军务司司长陈恩焘，会同上海司令处人员劝说学生尽快返烟复课。

12月1日、4日、5日、23日，罢课学生在《申报》以《烟台海军学校全体学生泣告书》为题接连向全国发声，详细阐述罢课动因和诉求。学生在《泣告书》中所揭"黑幕三事"："改订民国五年颁定海军学生考选章程之黑幕；学校中之黑暗情形；毕业延期之原因及其用意。"

8日，罢课学生在《申报》发表《海军学生第二次宣言与呈文》，重申第一次宣言所提出的三点目的，即"（1）恢复民国五年所布考选章程；（2）改造学校腐败欺骗教育；（3）反对无故延长学年而不增功课"。更特别强调第一条是最重要最根本的目的。

13日，至迟在此日，王传炯、林继荫从烟台来到上海，校方派出的学监许秉贤也随之一并赴沪协助。

14日，学生在中国公学大礼堂召开全体大会，交流来沪后的工作进展和未来筹划，专门表决了不听从王传炯的笼络，不与王传炯做私人接洽。

22日，学生派杨锡茂、高翔鹄两名代表乘津浦夜车往京面谒海军部总长萨镇冰，据情陈诉一切，并代呈全体学生上总长一书。

31日午后，王传炯致函全体学生，转告关于开除齐镇午、李锡祉、查夷平、聂开一、黄秉衡、翟骥深、高翔鹄、杨锡茂等11名学生代表的部电，但学生看原电的要求遭到拒绝。

1920（民国九年）

1月3日，王传炯离沪返京，留下林继荫、许秉贤继续与学生谈判，二人与学生多方接洽，一再劝说学生早日回校，免碍学业，贻误前程。9日，学生以《海军学生最近谨告全国书》再次发声，向国人请求支持。

2月，学生身心俱疲。留在上海的校方代表许秉贤不断加以劝说，并"采取分化办法，颇收效果"，绝大多数学生返校复课，学潮结束。

校长曾瑞祺被调往海军部任参议。

3月，"楚谦"舰舰长佘振兴代理校长。吴淞海军学校也在此时并入烟台海军学校，烟校的学制由三年改为五年。五年修业期内应学习的内场和外场课程有所变化。

5月，佘振兴结束代理校长生涯，实授为烟台海军学校校长。

6月，第十二届傅成等60名学生毕业。

11月，烟台海军学校从福州海军制造学校整体调来曾万里、梁序昭、姚玙、欧阳宝、何布琨、何惠等一班学生，用以补充学额，是为烟台海军学校第十七届学生。

12月，来自广东海军学校的12名学生被列入第十四届，称为"补习班"。是月24日，广东补习班学生修业完成，举行考试，发给证书，并转入南京鱼雷枪炮学校学习。

是年春，第十六届李之龙、郭寿生等进步学生，在烟台海军学校组织成立"读书会"，秘密组织进步青年阅读和研究《新青年》《每周评论》《资本论入门》等进步书刊，以及李大钊、陈独秀等人的文章。

年底，李之龙、郭寿生作为通讯会员，参加了北京大学马克思学说研究会。

1921（民国十年）

3月，第十三届冯家琪等54名学生毕业。

6月，李之龙因不满海军当局克扣军饷，鼓动校役百余人罢工，被开除学籍、军籍。

9月，李之龙随董必武回到武汉参加革命活动。

秋，党中央指派中共北方区委负责青年工作的邓中夏"专程赴烟台，找到海军学校郭寿生，调查了解海军军运情况"。一个多月后，负责北方工运工作的中国劳动组合书记部北方分部，也派出津浦工会委员长王荷波到烟台海军学校，与郭寿生会面交谈。

10月，邓中夏、王荷波介绍郭寿生加入中国社会主义青年团，并指定郭寿生负责烟台团组织的发展工作。

12月，李之龙加入中国共产党。

冬，郭寿生主编的《新海军》月刊创刊号问世，这是中国共产党在海军中最早的宣传刊物。

是年，郭寿生根据党的指示，在烟台海军学校读书会的基础上成立了烟台马克思学说研究会，最早吸收的，是思想进步的同届学生韩廷杰和第十七届学生曾万里、梁序昭。郭寿生以刊物为阵地，发起新海军运动。由于时常刊登抨击海军教育制度的文章，《新海军》月刊引起北京政府海军部和校方的疑忌，迫令停刊，并将其列入违禁品。在出刊四期之后，办刊工作不得不宣告结束。

1922（民国十一年）

春，中共北方区委负责组织工作的罗章龙，根据王荷波的汇报，专程由济南经青岛到烟台视察党团活动，并当面对郭寿生进行具体指导。

夏，包括郭寿生在内的第十六届学生，完成了在烟台的学习，转入南京鱼雷枪炮学校继续专业学习。

9月27日，佘振兴调任"建威"军舰舰长。此时，新校长尚未到任，佘振

兴将校务交托佐理官戚本恕代为打理，即赴南京就任。

12月，北京政府海军部派军学司航海科科长林继荫接任校长。

1923（民国十二年）

4月，第十四届邓兆祥等8名学生于南京鱼雷枪炮学校毕业（广东海军学校转入），是为烟台海军学校第十四届毕业生，也是烟台海军学校历史上人数最少的一届毕业生。

10月，郭寿生应陈独秀约见，专程赴上海，汇报、研究工作。

是年上半年，经王荷波、恽代英介绍，郭寿生加入中国共产党，成为烟台第一位共产党员。

秋，浦口（含浦镇）党小组成立，根据党小组组长王荷波的安排，郭寿生深入津浦铁路工人群众，开展宣传活动。

年底，郭寿生这班学生寄驻烟台海军学校，以"应瑞"舰舰课班的名义学习舰课。

郭寿生先后介绍陈嘉谟、曾万里、梁序昭等入团。

冬末，中国社会主义青年团烟台支部正式成立，直属上海的中共中央局领导，郭寿生为支部负责人。

1924（民国十三年）

2月9日，郭寿生撰写完成《最近烟台报告》呈报中央局。

3月4日，郭寿生在《中国青年》杂志第22期上发表了《中国海军状况及我们运动的方针》一文。

4月，福州海军制造学校和飞潜学校因经费支绌而合并，制造学校陈赞汤、程法侃、高如峰、林祥光等31名学生转入烟台海军学校，改学航海专业。这一批转自福州的学生，加上其他正常招考或推荐的学生，组成了烟台海军学校第十八届学生。

国民党山东省临时党部成立，根据党的"三大"的指示精神，郭寿生等人开展工作，帮助国民党在烟台建立组织。

5月，中央局对郭寿生的《最近烟台报告》十分重视，认为其"极有价值"，自当月7日的第64期开始，以《烟台调查》为题，分五期在中央局机关报《向导》周报上全文刊载。

国民党烟台党部成立大会在老同盟会员戚纪卿的私立医院——东亚医院秘密举行。郭寿生与曾万里、梁序昭一起以个人身份加入了国民党，担任执行委员兼宣传部长，并负责在烟台海军学校设立的第二区分部。会后，他与曾万里、梁序昭一起在会场合影留念。

7月，第十五届宋锷等39名学生毕业。

12月，第十六届郭寿生等26名学生毕业。

是年，为了保证组织的严密统一和各处同志的团结一致，郭寿生特别制订了《新海军社章程》。

郭寿生先后介绍曾万里、叶守贞加入中国共产党。年底，中国共产党烟台小组正式成立，郭寿生任组长，直属中共中央局领导。

1925（民国十四年）

夏，山东军务督办兼山东省省长张宗昌假借巡察名义，亲自来烟台海军学校检查。

5月，第十七届曾万里、梁序昭等22名学生毕业。烟台海军学校的党团工作和"新海军社"的工作遂交由仍留烟台的唯一一名中共党员叶守贞和社会主义青年团团员王靖负责。

冬，第十八届学生傅润霖被开除，引发学生不满，爆发罢课风潮。叶守贞等进步学生提议，罢课赴上海请愿，向海军总长杜锡珪控诉，并借此机会要求当局撤换校长、惩办学监，收回开除傅润霖的决定。学生抵达上海后，杜锡珪大为愤怒，不接见学生代表，也不问情况，下令将全班学生一律开除。学生家长亦施加压力，加之物质条件匮乏，罢课陷入困境。叶守贞被开除。

是年，张宗昌检查烟台海军学校数月后的一天傍晚，其得力干将毕庶澄义突然来校视察并训话。

1926（民国十五年）

2月8日，阴历腊月二十六，临近年关，林继荫又一次前往上海促款。气

候恶劣，过程不顺，"受怒郁结于心，寒冷侵袭于外"，回校后即卧床不起。

3月11日，林继荫病逝于学校住所内，成为第一位在任上离世的校长。学校总教官江中清升任校长。

当年10月至1927年3月，在中国共产党的直接领导下，"新海军社"成员参加了上海三次工人武装起义，真正实现了"新海军运动"与革命的结合。

12月27日，江中清不堪忍受经费之缺、请款之难，向海军部递交辞呈，要求辞去烟台海军学校校长一职。

是年，为了配合北伐节节胜利的形势，更好地服务于革命，"新海军社"总社由烟台海军学校迁至上海，并进一步在全国海军系统中扩大"新海军社"的组织。

1927（民国十六年）

2月20日，江中清病逝于任内。22日，海军部军学司士兵科科长兼帮理司务科长曾宗巩接任烟台海军学校校长。

5月10日，曾宗巩回京辞职，其担任校长的时间仅为三个月。许秉贤代理校务。海军部代理部长谢葆璋下部令，命许秉贤接任校长。

6月20日，奉系军阀张作霖在北京成立安国军政府，组成北洋军阀统治时期最后一届内阁，次日就任"中华民国陆海军大元帅"，将原北京政府海军部、陆军部合并为军政部，改设军政部海军署，何丰林为军政部部长，温树德任军政部次长兼海军署署长。

7月26日，许秉贤照例前往北京参谒署长温树德，并报告烟台海军学校状况。

8月4日，张作霖任命许秉贤代理烟台海军学校校长。14日，军政部部长何丰林委任许秉贤为烟台海军学校校长。

1928（民国十七年）

年初，张宗昌以烟台海军学校师生私通北伐军为由，命令东北海军副总司令沈鸿烈查办此事，沈鸿烈即派东北海军海防第二舰队少将舰队长袁方乔具体负责，并派东北海军参谋长谢刚哲亲自率兵到烟台海军学校查勘。反复调查了四五十日，谢刚哲没有查到任何证据，只得解禁撤离。离开学校前，在毫无证据的情况下，将烟台海军学校军医官林俊雄，学生林遵、林祥光、高如峰、陈嘉栩等8名所谓"嫌疑分子"强行带走。

上半年，学校被迫南迁，许秉贤等教职员率学生乘船赴沪。

5月，烟台海军学校停办。

国民革命军克复济南后，被强行带走并关押在济南第一模范监狱的烟台海军学校8名员生得以脱身，并陆续绕道来沪。至此，烟台海军学校第十八届学生共30人俱集于沪。

21日，南京政府海军总司令部以烟台海军学校已停办，调许秉贤为海军总司令部额外参谋。其他教职员亦各有安排。全体学生则由海军总司令杨树庄送往福州，进入福州海军学校继续学习，称为"寄闽班"。

9月，林祥光等寄闽班30人全部毕业，是为烟台海军学校第十八届毕业生，也是最后一届毕业生。

烟台海军学校历任校长

（1912年之前为"烟台海军学堂监督"）

1.谢葆璋（天津水师学堂驾驶第一届）（1903—1911）

2.郑汝成（天津水师学堂驾驶第一届）（1911）

3.蒋　拯（天津水师学堂驾驶第二届）（1912—1913）

4.郑祖彝（天津水师学堂驾驶第二届）（1913—1915）

5.曾瑞祺（福州船政后学堂驾驶第九届）（1915—1920）

6.佘振兴（烟台海军学堂第一届）（1920—1922）

7.林继荫（江南水师学堂驾驶第一届）（1922—1926）

8.江中清（天津水师学堂驾驶第六届）（1926.3—1926.12）

9.曾宗巩（天津水师学堂驾驶第四届）（1927.2—1927.5）

10.许秉贤（烟台海军学堂第二届）（1927—1928）

烟台海军学校历届毕业生

（总计十八届共546名）[1]

第一届计24名，光绪三十一年（1905）十月毕业

林希曾　陈石英　郑　衡　饶鸣銮　陈永钦　陈文会　戚本恕　林焕铭

郑畴纲　罗忠冕　刘永诰　佘振兴　郑耀庚　刘永谦　温树德　叶葆骏

叶芳哲　任光宇　李君武　杨树韩　龚庆霖　张建勋　张洪基　邬宝祥

第二届计19名，光绪三十四年（1908）二月毕业

许秉贤　陈子明　刘道源　黄忠瑄　金轶伦　戴钟麟　严寿华　林培熙

曾以鼎　叶鹏超　萨福畴　谢为仪　俞俊伟　俞俊杰　蒋　斌　欧阳勣

张秉充　任积慎　路振坤

第三届计14名，宣统元年（1909）十月毕业

李申之　王大焜　田士捷　陈永昱　严以庄　朱天昌　翁　鑫　刘安国

孟琇椿　陈　拔　陈　龙　毛镇才　林絮藩　沈作人

第四届计13名，宣统二年（1910）六月毕业

陈　志　丁士彦　陈式藩　吴熹炤　袁方乔　黄忠璟　唐　筹　张衍学

---

[1]毕业生名册参考张侠等编《清末海军史料》，海洋出版社1982年版，第455—458页；沈天羽《海军军官教育一百四十年（1866—2006）》（上），（台湾）"国防部海军司令部" 2011年版，第493—495页。其中，前七届毕业时间为阴历月份，自第八届起毕业时间为阳历月份。

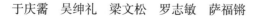

于庆霭　吴绅礼　梁文松　罗志敏　萨福锵

第五届计17名，宣统二年（1910）十一月毕业

李赓熙　褚凤章　蒋启麟　林其湘　张运陶　田炳章　田焕章　刘勋达
唐德煌　黄开烈　杨占鳌　程耀枢　黄硕藩　云惟祐　陈秉清　周文炳
王定中

第六届计83名，宣统三年（1911）五月毕业

冯　涛　邵　钟　杨廷纲　王世英　常光球　章焕文　张镜清　齐植规
郑贞槩　齐兆霖　任光海　曾冠瀛　雷曰楠　杨砥中　刘德浦　赵梯崑
丁士芬　戴熙经　杜功新　谢世恩　卢景贤　杨绍震　邵　新　林　郢
刘承谟　王世宇　林自新　邓则勋　马宾兴　王夏蕭　陆　拯　周希文
倪则烺　李宜和　冯昌模　许清渠　郑耀枢　叶鹏翔　许资时　陈君涛
沈彝懋　刘勋铭　阳　明　陈培坚　万绍先　谢为良　吴同章　林骏声
赵竞昌　陈　瑜　张其铣　齐粹英　林振华　林培堃　欧　济　刘　樾
郭治铿　钟星耀　郑世璋　陈先启　谢渭清　刘焕乾　蒋元基　何传滋
庄蔚菁　王　钧　曾　伟　陈汝昌　翁敬萱　尹祖荫　吴应辉　戴文骏
刘瑞祺　沈春祥　许世廉　蒋　英　詹寿光　黄　勋　胡文溶　郑　沅
郑耀恭　盛建绩　李世甲

第七届计11名，宣统三年（1911）十一月毕业

李宝瑛　林　均　李葆祁　潘福基　原　炳　王俊宗　陈与煊　赵　镇
潘文绚　冯彦图　沈敏清

第八届计32名，民国二年（1913）七月毕业

汪积慈　卢文祥　张锡杰　陈绍基　孙　新　熊　兆　陈承辉　李国圭
沈德燮　孟慕庄　丁延龄　陈泰植　胡宗渊　萧翊新　卢　淦　王北辰
郑畴芳　萨师俊　严　陵　陈作梅　张　佺　魏朱英　郭詠荣　沈麟金
潘士椿　黄　振　王兆麟　陈泰培　蒋　瑜　曹明志　蒋元俊　朱宗筠

第九届计24名，民国四年（1915）九月于吴淞海军学校毕业

张鸿逵	程嵋贤	陈泰炳	陈　勋	孙起潜	吴　寅	李思沆	伊里布
邹　毅	林赓藩	华国良	杨　昭	张仁民	吕　琳	叶可松	于寿彭
徐　沛	吴　鋈	杨光炘	唐　虞	朱树勋	黄道炳	曹　杰	叶进勤

第十届计49名，民国五年（1916）十二月于吴淞海军学校毕业

陈嘉梀	周宪章	金　谷	陈立芬	欧阳格	刘世桢	欧阳璋	王伦钦
苏搏云	胡筱溪	何天宇	吴煦泉	王　载	蔡道铤	秦福钧	
刘震海（刘振海）	林景濂	刘孝鋆	胡　凌	杨道钊	秦庆钧	傅亚魁	
董沐曾	陈文裕	徐世端	孙道直	樊锡九	韦庭鲲	张知乐	江绍荣
王福曜	葛世平	顾维翰	李毓藩	张德亨	毕载时	陈天骏	陈甡欢
张寿堃	李申荣	许演新	丛树梅	饶琪昌	江泽澍	林　浩（林昭琪）	
汪正第	盛延祺	徐秉钧	傅藜青				

第十一届计22名，民国六年（1917）十二月于吴淞海军学校毕业

梁同怡	谢镜波	王连俊	曾以苌	林叔同	叶裕和	陈长卿	陈耀宗
郑大澂	薛家声	王　杰	吴际贤	叶登瀛	罗嘉惠	赵启中	苏　民
钟滋沅	叶　时	陈长熇	蒋金钟	王孝铣	林植津		

第十二届计60名，民国九年（1920）六月于吴淞海军学校毕业

傅　成	甘礼经	王致光	翁寿椿	郭友亨	沈树铭	郑震谦	林良缪
曾万青	王希哲	林建生	赖汝梅	林恭蔚	梁熙斗	叶水源	吴　侃
何尔亮	贾　珂	林聪如	郭汉章	钟子舟	王　经	彭祖宣	严传经
杨峻天	高鹏举	王履中	翁　筹	颜锡仪	陈长栋	杜功迈	严　智
赵文溶	林康藩	张秉燊	蒋质庄	方济猛	彭景铿	郑翙汉	陈挺刚
张鹏霄	李廷琨	高　秸	陈懋贤	何传永	陈　锟	陈　迪	刘学枢
倪华銮	郑祖瑾	卢　诚	陈光缓	於鲁峰	林　锋	刘公彦	谷源达
陈兆璜	李维伦	杨希颜	饶毓昌				

第十三届计54名，民国十年（1921）三月吴淞海军学校毕业

冯家琪　吴建彝　滕士标　聂锡禹　严以梅　冯　凤　曾国奇　林　奇

承纪曾　林秉来　戚天禧　薛才燊　孙兆麟　黄　锈　周应聪　林溥良

沈有瑆　顾树荣　陈诗晖　李光郇　许　沁（许怀英）陈绍弓　潘子腾

王　健　梁丰麟　章仲樵　梁磐瑞　安其邦　高　澍　郑家玉　刘炳炎

倪奇才　韩国桢　李世锐　严又彬　叶永熊　方　均　王　梃　林　霞

程裕生　叶森章　蒋亨湜　朱邦本　许汝昇　林际春　曾国晟　陈　桐

林崇鸿　欧瑞荣　常　旭　邱昌松　韩廷枫　钟树楠　梁毓骏

第十四届计8名，民国十二年（1923）四月毕业

吴　敏　邓兆祥　陈祖达　黄文田　许汉元　周济民　郑建镕　江国桢

第十五届计39名，民国十三年（1924）七月毕业

冉鸿翮　任　毅　姚汝钰　陈启鹏　林百昌　姜炎钟（姜西园）方联奎

王之烈　曹树芝　李信侯　何典燧　宋乐韶　杨保康　陈香圃　郑体和

谢崇坚　金荫民　程景周　苏　武　邹振鸿　刘　赓　田乃宣　黄海琛

翁纪清　徐锡邕　邹镇澜　梁康年　张鹏霄　卫启贤　宋　锷　娄相卿

张介石　俞　健　马步祥　马云龙　孟宪愚　刘　栋　赵宗汉　吕桐阳

第十六届计25名，民国十三年（1924）十二月毕业

王燕猛　刘　铠　王　浣（王天池）晏治平　高光佑　刘　璞　陈兆庭

温焱森　杨茂林（王志晋）杨建辰　马崇贤　王立勋　吴支甫　郝培芸

周耀仁　郭寿生　严怀珍　杨熙焘　郑贻鼌　时修文　陈嘉谟　陈体贞

曾国遑　韩廷杰　赵秉献

第十七届计22名，民国十四年（1925）五月毕业

林宝哲　曾万里　梁序昭　吴徵椿　李向刚　刘大丞　林赓尧　欧阳宝

陈　澍　陈祖政　姚　玙　陈大贤　郭鸿久　许仁镐　叶可钰　梁　忻

林家炎　何希琨　谢宗元　张国威　郑国荣　何　惠

第十八届计30名，民国十七年（1928）九月于福州海军学校毕业

陈赞汤　林祥光　林溁　林夔　林准（林遵）　程法侃　高如峰

孟汉鼎　廖德棪　王廷谟　魏应麟　张大澄　李世鲁　张天浤　陈训滢

李慧济　翁政衡　陈寿庄　林克中　江涵　杜功治　程豫贤　陈嘉栩

沈德镛　郎鑑澄　谢为森　薛臻（薛臻藩）　吴芝钦　江家驹　刘崇平

参考文献

史　料

[1] 朱寿朋.光绪朝东华录:第四册,第五册.张静庐,等,点校.北京:中华书局,1958.

[2] 宣统政纪//沈云龙.近代中国史料丛刊:三编第十八辑.台北:文海出版社,1986.

[3] 甘厚慈.北洋公牍类纂:二,三.台北:文海出版社,1966.

[4] 左宗棠等.船政奏议汇编:卷四十九,影印本.台北:文海出版社,1973.

[5] 张文襄公全集(影印本):卷三十七.台北:文海出版社,1963.

[6] 骆宝善,刘路生.袁世凯全集:第九卷,第十一卷,第十四卷,第二〇卷,第二二卷,第二三卷,第二七卷,第三三卷.郑州:河南大学出版社,2013.

[7] 茅海建.清代兵事典籍档册汇览:第九十二册,第九十八册,第九十九册.北京:学苑出版社,2005.

[8] 张侠,杨志本,罗澍伟,等.清末海军史料.北京:海洋出版社,1982.

[9] 杨志本.中华民国海军史料.北京:海洋出版社,1987.

[10] 中国史学会.辛亥革命:第五册,第七册,第八册.上海人民出版社,1957.

[11] 张国淦.辛亥革命史料//沈云龙.近代中国史料丛刊:续编第二十六辑.台北:文海出版社,1976.

[12] 章开沅,罗福惠,严昌洪.辛亥革命史资料新编:第八卷.武汉:湖北人民出版社,2006.

[13] 英国蓝皮书有关辛亥革命资料选译:上.胡滨,译.北京:中华书局,1984.

［14］上海社会科学院历史研究所.辛亥革命在上海史料选辑(增订版).上海人民出版社,2011.

［15］天津市档案馆.辛亥革命期间有关天津的档案资料选辑//天津社会科学,1981(1).

［16］张怿伯.镇江沦陷记.嵇钧生,编注.北京:人民出版社,1999.

［17］宋恩荣,章咸.中华民国教育法规选编.南京:江苏教育出版社,2005.

［18］陆军训练总监.民国五年改订军制学教程.1916-08-15.

［19］许钟璐,等.山东省福山县志稿:一.于宗潼,等,纂.成文出版社,1931.

［20］中国第二历史档案馆.政府公报(影印本):第152册.上海书店,1988.

［21］殷梦霞,李强.国家图书馆藏民国军事档案文献初编:第十二册.北京:国家图书馆出版社,2009.

［22］池仲祐.海军大事记//沈云龙.近代中国史料丛刊:续编第十八辑.台北:文海出版社,1975.

［23］姜鸣.中国近代海军史事编年(1860—1911).北京:生活·读书·新知三联书店,2017.

［24］刘传标.近代中国海军大事编年:上卷,中卷.福州:海风出版社,2008.

［25］刘传标.中国近代海军职官表.福州:福建人民出版社,2005.

［26］苏小东.中华民国海军史事日志(1921.1—1949.9).北京:九州出版社,1999.

［27］中共烟台市委党史研究室,烟台市档案局.中共烟台历史大事记:第一卷(1919—1949).北京:中共党史出版社,2003.

［28］冯资荣,何培香.邓中夏年谱.北京:中国文史出版社,2014.

［29］郭寿生自传.1951年手稿.

［30］许秉贤.海军史略.1957年手稿.

［31］海军司令部研究委员会.中国近代海军史参考资料1.内部刊物.1960.

［32］林樱尧.马尾首创中国航空业资料集.福州:福建音像出版社,2006.

［33］长风社."重庆""灵甫"接舰专刊.1948-11-01.

［34］中华人民共和国开国文献.东北新华书店远东分店,1949.

［35］郭岚生.烟台威海游记.天津:百城书局,1934.

［36］马骏杰,张伟,陈美慧.郭寿生海军研究文集.济南:山东画报出版社,
　　　2017.

［37］加州理工学院档案馆.冯·卡门就希望钱学森继续留美研究与王助来
　　　往书信.张现民,译//上海交通大学钱学森研究中心.钱学森研究:第3辑.
　　　上海交通大学出版社,2017.

［38］日本防卫厅防卫研究所战史室.日本海军在中国作战.天津市政协编
　　　译委员会,译.北京:中华书局,1991.

［39］海军整建月刊社.整建月刊,1940,1(1).辰溪:海军整建月刊社,1940.

［40］海军整建月刊社.海军整建,1940,1(5).辰溪:海军整建月刊社,1940.

［41］海军整建月刊社.海军建设,1941,2(1).辰溪:海军整建月刊社,1941.

［42］韬奋,柳湜.全民抗战:第7号.1938年7月26日.

［43］国民政府海军总司令部编译处.海军抗战事迹汇编.1941.

［44］申报:影印本.第143册,第161册,第162册,第166册,第188册,第190册,
　　　第192册,第195册.上海书店,1982.

回忆录、口述历史

［1］文闻.旧中国海军秘档.北京:中国文史出版社,2006.

［2］湖北省政协.辛亥首义回忆录:第一辑,第三辑.武汉:湖北人民出版社,
　　　1980.

［3］全国政协文史资料研究委员会.辛亥革命回忆录:第四集,第六集,第七集,
　　　第八集.北京:中华书局,1962,1963,1981,1982.

［4］罗章龙.椿园载记.北京:生活·读书·新知三联书店,1984.

［5］全国政协文史资料委员会.中华文史资料文库:第八卷政治军事编.北京:
　　　中国文史出版社,1996.

［6］全国政协文史资料委员会.中华文史资料文库:第九卷军政人物编.中
　　　国文史出版社,1996.

［7］全国政协文史和学习委员会.文史资料选辑:第85辑,第123辑,第129
　　　辑,第147辑.中国文史出版社,1983,1991,1995,2002.

［8］万建清,孙甫.文史资料存稿选编:军事机构(上).北京:中国文史出版社,

2002年.

[9] 上海市政协文史资料委员会.上海文史资料存稿汇编:抗战史料.上海古籍出版社,2001.

[10] 福建省政协文史资料研究委员会.福建文史资料:第八辑.福州:福建人民出版社,1984.

[11] 福建省政协文史资料研究委员会.福建文史资料:第十一辑,第十五辑.内部刊物,1985,1986.

[12] 福建省政协文史资料编辑室.福建文史资料(选辑):第一辑.内部刊物,1962.

[13] 福建省政协文史资料委员会.文史资料选编:第四卷 政治军事编(第一册).福州:福建人民出版社,2002.

[14] 江苏省政协文史资料委员会,镇江市政协文史资料委员会.辛亥镇江将军录(江苏文史资料第103辑、镇江文史资料第30辑).《江苏文史资料》编辑部,1997.

[15] 广东省政协文史资料研究会.广东文史资料:第62辑.广州:广东人民出版社,1990.

[16] 海淀区政协文史资料委员会.文史资料选编:第三辑.内部刊物,1989.

[17] 上海市长宁区政协文史资料委员会.长宁文史资料:第12辑.内部资料,1996.

[18] 福州市政协文史资料委员会.福州文史资料选辑:第14辑 纪念抗日战争胜利50周年专辑.内部刊物,1995.

[19] 武汉市政协文史学习委员会.武汉文史资料文库:第一卷 政治军事.武汉出版社,1999.

[20] 烟台市政协文史资料研究委员会.烟台市文史资料:第二辑,第十四辑.内部刊物,1983,1991.

[21] 长乐市政协文史工作委员会.长乐文史资料:第7辑.内部刊物,2000.

[22] 长乐县政协文史资料工作组.长乐文史资料:第3辑.内部刊物,1987.

[23] 高要县政协文史资料委员会.高要文史:第六辑、第七辑.内部刊物,1990,1991.

［24］南宫市政协文史资料研究委员会.南宫文史资料:第5辑.内部刊物,
　　　 1995.

［25］欧阳晋.口述历史——投身中国海军七十年.徐绥之,采写.《团结报》
　　　 第4版,2005-02-24,2005-02-26,2005-03-01,2005-03-03,2005-03-
　　　 05,2005-03-15,2005-03-17,2005-03-22,2005-03-24,2005-03-26,2005-04-
　　　 02,2005-04-05.

［26］陆宝千,官曼莉.郑天杰先生访问纪录.北京:九州出版社,2012.

［27］张力.黎玉玺先生口述历史.北京:九州出版社,2013.

［28］张力,曾金兰.池孟彬先生口述历史.北京:九州出版社,2013.

［29］张力,吴守成,曾金兰.海校学生口述历史.北京:九州出版社,2013.

［30］张力,吴守成,曾金兰.海校学生口述历史2.北京:九州出版社,2013.

［31］中共烟台市芝罘区委组织部,中共烟台市芝罘区委党史研究室.郭寿
　　　 生纪念图文集.内部刊物,2014.

［32］冯克力.老照片:第122辑.济南:山东画报出版社,2018.

［33］辛元欧.船史研究:第15期.《船史研究》编辑部,1999.

［34］王颐桢.重庆舰起义——永不磨灭的历史记忆.青岛出版社,2012.

［35］卓如.冰心全集:第二册,第五册,第六册,第七册.海峡文艺出版社,2012.

［36］中国人民解放军历史资料丛书编审委员会.海军回忆史料.北京:解放
　　　 军出版社,1999.

［37］中国人民解放军历史资料丛书编审委员会.解放战争时期国民党军起
　　　 义投诚·海军.北京:解放军出版社,1995.

论　著

［1］唐宏,袁华智.烟台海军学校.北京:海洋出版社,1994.

［2］沈天羽.海军军官教育一百四十年(1866—2006)(上).台湾"国防部海军
　　　 司令部",2011.

［3］包遵彭.中国海军史.中华丛书编审委员会,1970.

［4］海军司令部《近代中国海军》编辑部.近代中国海军.北京:海潮出版社,
　　　 1994.

［5］史全生.中国近代军事教育史.南京:东南大学出版社,1996.

［6］汤锐祥.护法舰队史.广州:中山大学出版社,1992.

［7］中共中央党史研究室.中国共产党历史:第一卷(1921—1949)上册.北京:中共党史出版社,2011.

［8］中共烟台市委党史研究室.中国共产党烟台画史:第一卷(1921—1949).北京:中共党史出版社,2015.

［9］苏小东.中国海军抗日战史.北京:人民出版社,2017.

［10］苏小东,马骏杰,戴彦清,等.怒海惊涛——中国共产党人与民国时期的海军.北京:解放军出版社,2002.

［11］陈悦.船政史(下).福州:福建人民出版社,2016.

［12］陈悦.辛亥·海军——辛亥革命时期海军史料简编.济南:山东画报出版社,2011.

［13］陈悦.北洋海军舰船志.济南:山东画报出版社,2015.

［14］陈悦.清末海军舰船志.济南:山东画报出版社,2012.

［15］陈悦.民国海军舰船志(1912—1937).济南:山东画报出版社,2013.

［16］陈悦.民国海军舰船志(1938—1945).济南:山东画报出版社,2016.

［17］陈悦.中国军舰图志(1895—1911).上海书店出版社,2015.

［18］张玉明,肖学辉,陈健伟.港城星火与两所海军学校.北京:海洋出版社,1993.

［19］李新,孙思白.中华民国史资料丛稿:民国人物传(第一卷).北京:中华书局,1978.

［20］宗志文,朱信泉.中华民国史资料丛稿:民国人物传(第三卷).北京:中华书局,1981.

［21］朱信泉,严如平.中华民国史资料丛稿:民国人物传(第四卷).北京:中华书局,1984.

［22］严如平,熊尚厚.中华民国史资料丛稿:民国人物传(第八卷).北京:中华书局,1996.

［23］严如平,宗志文.中华民国史资料丛稿:民国人物传(第九卷).北京:中华书局,1997.

［24］萨支辉,萨本仁.锐舰:海军耆宿萨镇冰传.天津人民出版社,2010.

［25］侯宜杰.袁世凯评传.郑州:河南教育出版社,1986.

［26］张玉法.近代变局中的历史人物.北京:九州出版社,2013.

［27］徐友春.民国人物大辞典.石家庄:河北人民出版社,2007.

［28］东方鹤.上将张爱萍:上卷.北京:人民出版社,2007.

［29］陈书麟.陈绍宽与中国近代海军.北京:海洋出版社,1989.

［30］杨肇林.林遵传.北京:人民出版社,2016.

［31］吴殿卿,袁永安,赵小平.毛泽东与海军将领.北京:人民出版社,2013.

［32］刘琳.中国长乐海军世家.福州:海潮摄影艺术出版社,2009.

［33］中共福建省委党史研究室.福建红色人物:上卷.北京:中共党史出版社,
     2012.

［34］福州晚报.革命者.福州:海峡文艺出版社,2018.

［35］福州市委宣传部,福州市社会科学院.福州历史人物:第八辑.内部刊物,
     1994.

［36］罗尔纲.晚清兵志:第五卷.北京:中华书局,1999.

［37］李宏生,刘大可,张登德.齐鲁烽火——辛亥革命在山东.济南:山东人
     民出版社,2011.

［38］甘少杰.清末民国早期军事教育现代化研究(1840—1927).沈阳:辽宁
     人民出版社,2016.

［39］张德旺.道路与选择.北京:天地出版社,2019.

［40］周新民,周琴.思敬园:上海城市记忆拾遗.上海书店出版社,2017.

［41］福建省文史研究馆.百年闽诗(1901—2000).福州:海风出版社,2004.

论 文

［1］刘晓琴.甲午战后的海军留英教育.天津师范大学学报:社会科学版,
    2003(6).

［2］孙琴.清末留学生日本创办期刊概述.图书情报工作,2010(5).

［3］王双印.甲午战后中国海军近代化建设述论(1896—1911).中国社会科
    学院研究生院学报,2003(6).

［4］张利民.辛亥革命中的海军起义.军事历史研究,2011(3).

［5］于潇,王凌超.民国前期海军学校人才培养的特点与问题.宁波大学学报:
教育科学版,2018(6).

［6］李来容.留学生与晚清海军教育.徐州师范大学学报:哲学社会科学版,
2007(6).

［7］金延铭.烟台海军学校校址寻查记.春秋,2014(3).

［8］臧济红.我的姥爷与护法舰队.春秋,2015(3)(4).

［9］马骏杰.民国海军中的共产党人郭寿生.传承,2009(11).

［10］马骏杰.萨镇冰的海军生涯.海洋世界,1996(7).

［11］王植伦.近代海军宿将萨镇冰传略.理论学习月刊,1988(4).

［12］田庸,蒋玮.萨镇冰事迹与评价.辽宁大学学报,1994(4).

［13］周京南.载洵、萨镇冰出国考察海军始末.军事历史,1994(4).

［14］马骏杰.共产党人郭寿生与新海军运动.钟山风雨,2004(2).

［15］马骏杰.中国海军参加上海三次工人武装起义纪实.世纪,2004(6).

［16］山曼.冰心在烟台故地系年系事.烟台师院学报:社科版,1987(1)(2).

［17］高晓星.李之龙.历史教学,1984(5).

［18］雷锦章,廖元龙.关于李之龙的几个史实考辨.武汉师范学院学报:哲学
社会科学版,1984(1).

［19］唐宏,王红.冰心之父的海军生涯——记北洋政府海军次长谢葆璋.航海,
1995(6).

［20］王淼.海军名宿谢葆璋.军事文摘,2016(5).

［21］叶俊之,肖平,吴哲明.抗战名将萨师俊.武汉文史资料,2005(10).

［22］钟兆云.中山舰最后一任舰长萨师俊.百年潮,2006(1).

［23］陈骥.记抗日英雄萨师俊舰长.福建杂志,1987(31).

［24］吴洽民.海军佘振兴将军之生平(1889－1963).山东文献,1989,14(4).

［25］郑恒萃.海军耆宿佘振兴将军传略.山东文献,1983,9(2).

［26］尹洁.严复家族走出的忠义之士.理论导报,2014(8).

［27］郑则善.旧海军营垒中的革命者——曾万里.福建党史通讯,1992(1).

［28］苏小东.抗战胜利后中国对台澎地区日本海军的接收.台湾研究集刊,

2006(1).

［29］肖季文,吴琼.中华民国军事志略:之三.军事历史研究,2003(2).

［30］冯天瑜.辛亥革命间的海军反正.甘肃社会科学,2011(5).

［31］吉星昇.辛亥革命中的海军起义.档案与建设,2011(10).

［32］南晨.辛亥前传:革命党人的暗杀时代.文史博览,2013(10).

［33］宋玉娥,王桂芳.烟台海军学堂.山东文献,2000,26(3).

［34］张心玲.烟台海军学堂.山东文献,2002,28(2).

［35］郑恒萃.烟台海军学校史略.山东文献,1979,4(4).

［36］徐凡.抗战时期的国防科学技术策进会.中国科技史杂志,2017(1).

［37］刘传标.中国共产党组织在近代海军中的组建与途径.福建党史月刊,
2017(3)(4)(5).

［38］陈辉.海上沙场的开路先锋——人民海军扫雷部队历史上四大扫雷战
回望.党史博览,2019(2).

［39］黄建平.北洋海军中的闽籍将领——对晚清一个特殊军事群体的研究.
硕士学位论文.福建师范大学,2007.

［40］李洪英.近代海军群体研究.硕士学位论文.吉林大学,2009.

［41］邓同莉.民初海军部研究(1912年－1919年)——以海军总长刘冠雄为
中心.硕士学位论文.陕西师范大学,2010.

［42］王金连.晚清新式教育述论.硕士学位论文.山东师范大学,2001.

后　记

　　写作的过程中，我一直在想象敲击完最后一个句号后那种欣喜万分的心情。但事实上，脱稿的那一刻，我心里更多的是忐忑不安，而想象中的那份欣喜却稍纵即逝。

　　回想写作以来的日日夜夜，白天忙于日常教学和一些事务性工作，难以奢求大块的时间，只有当夜幕降临，才是我进入写作状态的黄金时段。我迫不及待地把思绪穿越到百年之前的烟台海军学校，希望通过资料的研读，更清晰更细致地把握学校的发展脉络，也希望通过语言的阐述，更充分更饱满地展现学校的人物和事件。写得顺畅时，我神清气爽，每每产生一点小小的创见，心中都会涌出一种无以言表的愉悦感。而思路停滞时，我心烦意乱，这也让手中的鼠标不幸承受了过多压力，以至于其中四位都先后"罢工"。每每这时，我都会从书桌旁起身来到窗口，向不到三公里之外的烟台海军学校旧址远眺沉思，虽然什么都看不见，但我仍然期盼能从中获得一丝灵感。随着阅读的资料愈来愈广、思考的程度越来越深，这种"波峰"与"波谷"式体验交替出现，我所驾驶的这艘名为"烟台海军学校历史"的"大船"也在"汹涌波涛"中顶风踏浪、奋力航行，虽不乏颠簸摇摆、修修补补，但好在最终入港靠岸。此时，再看看一路上的"风雨兼程"，着实因自己能力之不足而对交出的答卷倍感忐忑。

　　现在，这份答卷已呈现在诸君面前，任君评判。我想说的是，凡对一些问题的创新拓展，都有赖于此领域的先行者们提供的宽厚臂膀，是他们让我得以站得更高、看得更远。凡疏漏谬误之处，皆缘于自身学识之浅陋。对于前者，我心向往之，行追随之，视其为激励自己在学术之路上继续前行的推进剂；对于后者，我心警醒之，行改进之，视其为让自己在学术之路上始终谦虚严谨、戒骄戒躁的清醒剂。我深深感到，创作过程既是对以往学术积累的释放和思考研究的总结，也是重理思路，继续沉淀，新的探寻的开启，因此，书稿有终结，研究无终点。

研究及写作的过程虽然不易，但总有一些帮助带给我勇气和力量。我要衷心感谢著名海军史学者、也是我的老领导马骏杰教授在写作过程中给予的悉心指导和无私帮助，感谢山东画报出版社的怀志霄编辑为本书出版所付出的辛勤劳动，感谢我的家人、同事对我写作此书的大力支持。你们赋予我的力量对于这本小书的问世是不可或缺的。

最后，我由衷希望，我的写作能够抛砖引玉，让更多的人关注并研究烟台海军学校，关注并研究中国近代海军教育，以便于我们更加全面透彻地认识这段历史，从而在历史与现实的回响中借鉴转化，推陈出新，让海军教育为海军发展提供更加强劲的动力。

吴峰敏

于山东烟台